UMA
GUERRA
CONTRA
O BRASIL

EMÍLIO ODEBRECHT

UMA GUERRA CONTRA O BRASIL

Como a Lava Jato agrediu a soberania nacional, enfraqueceu a indústria pesada brasileira e tentou destruir o grupo Odebrecht

PREFÁCIO DE
RUBENS RICUPERO

2ª edição

Copyright © Emílio Odebrecht

EDITOR
José Mario Pereira

EDITORA ASSISTENTE
Christine Ajuz

ASSISTENTE DE PESQUISA
Alcides Moreno

REVISÃO
Miguel Barros

PRODUÇÃO EDITORIAL
Davi Holanda

CAPA E PROJETO GRÁFICO
Miriam Lerner | Equatorium Design

DADOS INTERNACIONAIS DE CATALOGAÇÃO NA PUBLICAÇÃO (CIP)
(CÂMARA BRASILEIRA DO LIVRO, SP, BRASIL)

Odebrecht, Emílio
 Uma guerra contra o Brasil : como a Lava Jato agrediu a soberania nacional, enfraqueceu a indústria pesada brasileira e tentou destruir o grupo Odebrecht / Emílio Odebrecht ; prefácio de Rubens Ricupero. -- 1. ed. -- Rio de Janeiro : Topbooks Editora, 2023.

 Bibliografia
 ISBN 978-65-5897-021-7

 1. Experiências - Relatos 2. Histórias de vidas 3. Homens - Biografia 4. Odebrecht, Emílio 5. Políticos - Brasil - Biografia 6. Relatos pessoais I. Ricupero, Rubens. II. Título.

23-141695 CDD-920.71

Índices para catálogo sistemático:
1. Homens : Biografia 920.71
Aline Graziele Benitez - Bibliotecária - CRB-1/3129

TODOS OS DIREITOS RESERVADOS POR

Topbooks Editora e Distribuidora de Livros Ltda.
Rua Visconde de Inhaúma, 58 / gr. 203 – Centro
Rio de Janeiro – CEP: 20091-007
Tels: (21) 2233-8718 e 2283-1039
topbooks@topbooks.com.br

Dedico este livro a Regina, pelo apoio e companheirismo em todos os momentos, e a nossas filhas e filhos Mônica, Márcia, Marcelo e Maurício, meu sucessor na representação da família e nos negócios. Dedico também a minhas irmãs Ilka e Marta, a meus irmãos Norberto e Eduardo, a minhas cunhadas e cunhados; a minhas noras e genros, e a minhas netas e netos Maurício, Manuela, André, Bruno, Maria, Felipe, Rafael, Gabriel, Lucas, Marianna, Maria Luiza, Gabriella, Rafaella e Luiz Eduardo — com a esperança de que possam viver num país mais justo e melhor para todos que, com o compromisso de educar, temos o dever de legar para eles.

SUMÁRIO

PREFÁCIO | Rubens Ricupero 15

PARTE I

Um dia para não esquecer: a Polícia Federal bate
às portas da Odebrecht 29

Sob ataque: a Lava Jato não quer Justiça, quer
escândalo público 33

Naquelas circunstâncias, só uma pessoa tinha como
assumir o comando da defesa: eu 37

A fúria do juiz que julga os réus segundo seu humor do dia 42

A ruidosa estreia da Lava Jato: num só dia, 129 mandados,
prisões e conduções coercitivas 46

O doleiro Youssefi descobre que sua cela foi grampeada.
Pela própria Federal 49

Acéfalas e sem comando, empresas eram obrigadas a
paralisar suas atividades 55

Reflexões sobre o "caixa 2", do Estado Novo aos dias
de hoje 58

Uma fábrica de delações se instala nos porões da
Polícia Federal, em Curitiba 61

Abuso de autoridade, a principal arma dos
procuradores federais 65

O justiceiro Sergio Moro entra em ação 67

Na escalada que alimenta o ódio, a Odebrecht vira
"case" nos EUA 73

Apagão contratual, bloqueio de recursos
e insegurança jurídica 78

O juiz lê uma apelação de 1.400 páginas em três minutos.
Isto mesmo: 1.400 páginas 82

A forma com que cada processo foi conduzido tornou
a operação um descalabro 87

A Lava Jato ceifou reputações e empregos e deixou um
irrespirável ambiente de polarização 89

A humanidade sabe o destino de uma mentira repetida
mil vezes 91

O país pagaria um preço alto por ter se deixado enganar 94

Justiça e força-tarefa eram uma coisa só: investigadores
e juiz trabalhando juntos 96

"Bota Marcelo mais 30 anos na cadeia e ele faz o acordo (...).
Quebraremos a espinha do Emílio" 98

Outra "verdade absoluta" propagada pela Lava Jato: a lenda
do sítio de Lula 104

Acusações terminam em carimbos: "Anule-se!",
"Arquive-se!" 106

Vendemos ativos que deveriam ser vistos como
um patrimônio da nação 110

PARTE II

No alicerce da nossa história, 160 anos de trabalho, princípios e fé no Brasil 119

Chegamos ao Recife junto com uma revolução: o concreto armado 122

A II Guerra quebra a economia e da noite para o dia não tínhamos mais matéria-prima 125

A Odebrecht nasce pioneira ao compartilhar lucros e resultados com os empregados 127

O Grupo cruza as fronteiras nordestinas e entra no árduo, exclusivo mercado do Sudeste 131

O primeiro projeto da Odebrecht para a Petrobras é de 1953, com a estatal recém-nascida 133

O fim do "milagre" abre as portas do mundo: logo estaríamos falando oito línguas, em dezenas de fusos horários 137

Ao lado de nossas obras deixávamos cidades, escolas, comunidades que antes nem existiam 142

Consolidados no Hemisfério Sul, fomos produzir petróleo no Mar do Norte 146

Construindo pontes, de mãos dadas com a diplomacia do Itamaraty 149

Sete anões atravessam o caminho do nosso progresso 153

Sucessão planejada: olhando para o futuro do Brasil e da empresa 158

A nossa cultura, nosso diferencial 164

Espírito de servir: senso de obrigação, consciência
do valor do trabalho 167

Educação pelo trabalho: as pessoas que formamos são
o mais rico legado que podemos deixar 169

Investimento social: nossas ações são muitas e nós
as vemos como obrigação ética 172

A Lava Lato fingiu não ver que o BNDES é um banco
voltado para financiar o progresso 177

PARTE III

Um mergulho nas raízes para olhar o futuro: chegamos
à Novonor 187

Na escuridão do cemitério, dois vultos circulam com
Lina Bo Bardi 192

Um ensinamento hereditário: fazer juntos, para fazer melhor 200

O meio fornece as lentes pelas quais o indivíduo enxerga
a vida. Eu sou um empresário 207

A melhor educação transforma crianças e jovens,
a cada geração 214

A referência estratégica do nosso grupo é sobreviver,
crescer e perpetuar 217

Um texto de sete anos atrás, espantosamente atual 220

O primeiro pilar de um Projeto de Nação terá a nossa
intransigente defesa da democracia 223

Não desaparecemos, apenas hibernamos. Há reserva
de vontade para a construção do futuro 231

"Ganha-ganha", uma relação benéfica entre pessoas, sócios,
instituições, empresas e clientes 234

Novonor renova no presente as ações que ajudarão
a construir o futuro que desejamos 236

PARTE IV

"A terra arrasada em que Moro transformou o Brasil
levará décadas para renascer" 241

Clandestinamente um hacker expõe ao público as vísceras
da Lava Jato 244

Um Judiciário amedrontado, receoso de ser tachado
de aliado de corruptos 249

"O jornalismo brasileiro ao longo dessa cobertura, com
raras exceções, não passou de propaganda" 256

Um juiz sem escrúpulos sequer para respeitar a intimidade
de uma adolescente 264

O cenário atual da política brasileira é a herança
que a operação nos deixou 266

A "Fundação Lava Jato", uma armadilha política financiada
com dinheiro público 269

Indústria pesada e trabalhadores, unânimes: a Lava Jato
quebrou a economia brasileira 272

"Nos Estados Unidos ninguém destruiria empresas de
vanguarda como a Petrobras e a Odebrecht" 277

A receita vem pronta de Washington: "Para condenar
alguém é necessário que o povo odeie essa pessoa" 282

"O objetivo é proteger os interesses dos EUA e a capacidade
de empresas americanas de competir no futuro" 285

A "República de Curitiba" não era um delírio. Os falsos
heróis tinham planos políticos e pessoais 294

"Senhor Odebrecht, eu não imaginava que os brasileiros
fossem tão autofágicos" 299

EPÍLOGO 303

O que me moveu a colocar no papel minha experiência
pessoal na crise brasileira 307

Hoje o Brasil está fora do mercado mundial de engenharia
e construção 309

PREFÁCIO
(ou: A demolição do futuro...)

Rubens Ricupero

O QUE SOBROU DA OPERAÇÃO LAVA JATO? QUAL É O SALDO líquido que deixou na sociedade brasileira, no sistema político, na vida econômica, no combate à corrupção e no funcionamento do Poder Judiciário? Existe já distância histórica suficiente para um balanço equilibrado, isento, sem exagero em nenhum sentido?

De saída, confesso que não tenho resposta satisfatória para nenhuma dessas perguntas nem sei se alguém teria. É considerável a bibliografia sobre o assunto, desde os artigos de primeira hora, alguns longos, quase ensaios. Os livros também se vêm acumulando, inclusive no exterior. Até filmes e séries para a televisão foram produzidos ainda no calor dos acontecimentos.

Faltam, mesmo assim, elementos indispensáveis para amparar um julgamento. Não surgiu até agora, creio, e talvez não surja, nenhum estudo jurídico analítico da operação, escrito por jurista competente em direito penal e direito processual penal, examinando as diversas etapas seguidas, o conteúdo das sentenças, as diferentes posições que se contrapuseram nas instâncias judiciárias. Estudo que permitisse uma síntese dos resultados, as condenações confirmadas ou alteradas em recursos, a quantidade dos casos de prescrição, das acusações descartadas por investigações sem fundamento ou inconclusivas.

Nesse setor essencial para julgar uma operação judicial, predomina o cotejo de posições apriorísticas favoráveis ou contrárias que prolongam, no âmbito editorial, o jogo de acusação e defesa que se desenrolou nos tribunais. O panorama não é diferente quando se consultam os comentários relativos às consequências políticas, sociais, econômicas, culturais, da operação. A impressão que se retira da leitura da massa de material acumulado é que as pessoas se definiram desde os primeiros momentos. Mesmo quando individualmente tenham mudado de opinião no curso da operação ou à luz de revelações posteriores, os campos dos favoráveis ou contrários já se encontravam demarcados em termos gerais e suas grandes linhas pouco se modificaram com o tempo.

Quase sempre, os artigos e livros sobre o tema se destacam mais pela narração dos eventos e a descrição dos personagens do que por raras discussões de caráter analítico, de busca de explicações sociológicas ou jurídicas mais profundas para o comportamento dos implicados. Uma das ausências mais notáveis nesses escritos se refere à importância de uma característica central do sistema político e eleitoral: a disputa dos partidos por recursos para financiamento das campanhas, que, a meu ver, explica muito do que sucedeu. A falha é significativa pois não se dá por desconhecimento das práticas tradicionais na política brasileira nesse setor, que são de conhecimento público e notório há muito tempo. Sua omissão sugere que não se quis ou não se pôde apontar o dedo para a causa verdadeira do escândalo, que se localiza no coração do sistema político-partidário-eleitoral.

No que concerne às investigações da Polícia Federal ou às denúncias do Ministério Público Federal, não surpreende que os agentes do cumprimento da lei se concentrem em examinar os fatos em si próprios, a fim de enquadrá-los na tipificação de delitos do direito penal, sem maiores indagações a respeito das causas profundas. Não se pode, todavia, sustentar atitude parecida quando se assume a ambição de explicar por que os fatos aconteceram dessa forma e seus agentes escolheram agir da maneira como atuaram.

Quem ambiciona chegar à raiz das coisas não tem o direito de se limitar a retratar o *como* à maneira de um fotógrafo, sem descer ao menos à tentativa de atingir o *porquê* de tudo o que ocorreu. Evidentemente, o esforço requerido passa a ser maior, obrigando a proceder como o historiador que, a partir de fatos e situações individuais, alcança nível de abstração teórica que possibilite explicação racional aceitável. Nada disso se acha disponível no mercado editorial dedicado até agora à Lava Jato.

Nem seria cabível, num prefácio despretensioso como este, tentar empreitada de tamanho porte, ainda que estivesse ao alcance de quem já confessou no princípio destas linhas ter apenas perguntas e nenhuma resposta. Chego até a indagar se haverá alguma longínqua possibilidade de atingir consenso mínimo no julgamento que a história fará sobre a operação no dia em que a passagem do tempo crie condições para visão conclusiva e avaliação desapaixonada.

De qualquer forma, faltava até aqui uma condição absolutamente indispensável e que sequer tem sido mencionada pelos aderentes à versão da acusação: a voz e o ponto de vista da defesa, dos que foram acusados, presos, condenados pelos alegados delitos. O que ressalta da enorme quantidade de material informativo impresso ou veiculado pela televisão é o domínio maciço da perspectiva acusatória, sem contraditório. Exceções existem, mas quase exclusivamente da parte de importantes figuras políticas vítimas da ação penal e que receberam o apoio e a defesa de seus seguidores, pessoas como o ex-presidente Lula e outras personalidades de relevo do Congresso e de partidos.

No mundo empresarial visado, as tentativas de explicação ou defesa foram invariavelmente submersas pelo predomínio da visão acusatória, apesar da neutralidade aparente do noticiário da televisão ou dos jornais na forma, não no conteúdo. A fim de assegurar a aparência da isenção, consta sempre ao final das reportagens ou editoriais a ressalva de que, consultados, os advogados ou acusados negaram os fatos ou se reservaram para falar nos autos dos processos. A isenção verdadeira, a imparcialidade da presunção da inocência exigiria oferecer aos acusados espaços e meios de exposição iguais aos da acusação, o que na prática jamais ocorre.

É essa a grande novidade do livro que ora vem a público. Que eu saiba, é uma das primeiras ocasiões, se é que houve outras, em que se apresenta ao grande público e ao escrutínio dos críticos um relato completo e desimpedido da defesa de um dos acusados, e não dos menores. Emílio Odebrecht, que assina a obra, é o símbolo que encarna a maior empresa atingida pela Lava Jato, a primeira companhia de construção do Brasil e da América Latina e uma das maiores do mundo. Ao menos era essa a situação antes que a força-tarefa da operação dirigisse a mira contra a firma, e por pouco não a destruísse por completo. O Antes e o Depois da história da demolição fornecem os parâmetros da narrativa deste livro.

Conheci de perto a empresa nos dias de apogeu. A convite de Emílio, integrei o Conselho de Administração da *holding* do grupo desde 2005, quando voltei ao Brasil após me aposentar da UNCTAD, até meados de 2018, quando o velho conselho foi dissolvido em meio à tempestade da Lava Jato. Por alguns anos ainda participei do GAC (*Global Advisory Council*), grupo consultivo internacional que acompanhou o processo de transformação da empresa.

Durante mais de quinze anos, tomei regularmente parte nas reuniões do Conselho, nos encontros de fim de ano, geralmente na Bahia, nas discussões especiais para traçar a estratégia para o futuro. Viajei com os membros do Conselho para visitar obras no estado de Veracruz, no México, ao sítio de construção de submarinos, inclusive o nuclear, para a Marinha de Guerra, no litoral do Rio de Janeiro, às instalações da Braskem no extremo Sul e no Nordeste.

Não possuía anteriormente nenhuma experiência direta da vida de uma empresa. Toda a minha vida, havia sempre atuado como funcionário público federal ou professor, diplomata dos quadros do Itamaraty e, após me aposentar em 1995, funcionário das Nações Unidas por nove anos. Para mim, a experiência do Conselho consistiu na revelação de um mundo novo. Em processo de constante aprendizado, fui exposto aos desafios do cotidiano de engenheiros, administradores, financistas, pesquisadores de novos compostos bioquímicos a partir de material verde e renovável, os problemas da implantação de plantios de cana-de-açúcar e da construção de refinarias para a produção de etanol, as questões logísticas e de obras para os Jogos Olímpicos e a Copa do Mundo.

Ouvi fascinado as histórias de perigo dos executivos que tiveram de construir usinas hidrelétricas em províncias remotas de uma Angola devastada pela guerra civil; as peripécias de sequestros, de negociações com guerrilheiros impiedosos no Iraque, na Líbia, na Colômbia; os riscos pessoais e empresariais de áreas do mundo onde nenhuma organização internacional ousa penetrar. Pude ver pessoalmente como os engenheiros e administradores da Odebrecht selecionaram e treinaram milhares de angolanos, venezuelanos, peruanos, dominicanos, moçambicanos, mulheres e homens, transformando-os em técnicos especializados, em executivos de talento empregados pela empresa em outros países.

Escutei de representantes de governos de países africanos e latino-americanos o apreço que sentiam pela disposição da empresa em transmitir tecnologia, de partilhar o conhecimento tecnológico e gerencial que possibilitaria aos locais desenvolver capacidade própria na área de construção pesada. Constatei como centenas de fabricantes ou de prestadores de serviços brasileiros conseguiam pela primeira vez exportar seus produtos graças aos contratos da Odebrecht.

Acompanhei nas discussões de Conselho as possibilidades de aproveitamento hidrelétrico do rio Madeira, a dificuldade de lançar uma obra gigantesca em Rondônia, onde a companhia tinha de substituir o ausente Estado brasileiro e treinar milhares de pessoas para trabalhos exigentes de construção civil. Nos debates sobre outros projetos, acabei por me familiarizar um pouco com os intrincados problemas técnicos da mobilidade urbana, da construção naval, dos serviços de perfuração de poços petrolíferos em alto-mar, do desenvolvimento pioneiro de um plástico brasileiro a partir do etanol de cana-de-açúcar.

Passávamos horas discutindo, de um lado, as soluções tecnológicas de vanguarda a fim de conquistar eficiência e adiantar prazos na entrega dos grandes empreendimentos de construção civil; do outro, a possibilidade de ajudar Angola a construir e gerir seu primeiro supermercado, de adaptar às condições africanas o cultivo de cana para permitir ao país tornar-se autossuficiente na produção de açúcar. Poderia continuar a encher páginas e páginas sobre os tópicos concretos que examinávamos e discutíamos na busca das melhores soluções, mas esses poucos exemplos são suficientes para mostrar a seriedade, o empenho, a constante procura do aprimoramento tecnológico e empresarial que ocupavam os membros do Conselho.

Em momento algum, em todos esses anos, testemunhei, ouvi ou surpreendi, direta ou indiretamente, qualquer alusão, ainda que velada, a essas atividades corruptoras que as versões propaladas pela Lava Jato e retomadas na imprensa atribuíam ao cotidiano das empresas da Odebrecht. Ao contrário, assisti a inúmeras exposições das dificuldades encontradas junto aos funcionários da Petrobras nas questões relativas ao desenvolvimento do setor petroquímico. Recordo bem, por exemplo, dos relatos que ouvimos dos responsáveis pelos projetos no rio Madeira a respeito da má-vontade com que a presidente Dilma Rousseff encarava as propostas da companhia. O governo federal da época, em lugar de corresponder à versão fantasiosa de favorecimento e parcialidade, tudo fez para alijar dos empreendimentos a Odebrecht, o que logrou em parte, embora todo o planejamento do aproveitamento do potencial hidrelétrico do rio tivesse sido exclusivamente financiado e conduzido por ela.

Houve inúmeros exemplos como esse, nos quais os obstáculos maiores não provinham da concorrência, da preferência compreensível por condições mais vantajosas de qualidade e preços, e sim devido a interesses e posições de duvidosa racionalidade da parte de meios políticos e governamentais. Nada disso se coaduna, obviamente, com o folclore que se inventou sobre uma companhia favorecida por supostas facilidades propiciadas pelos poderes públicos. Em situações de dificuldades com o governo, as iniciativas para persuadir setores do Executivo a superar problemas, ou a influir junto ao Congresso em projetos de lei de interesse da indústria, não se diferenciavam do que testemunhei nos Estados Unidos, ou em outros países em que servi como diplomata, a respeito das atividades legais dos lobbies.

Dessa experiência direta de mais de quinze anos no Conselho de Administração, a visão que retirei e conservo da Odebrecht coincide com a que Emílio descreve com sólidos antecedentes históricos e amplos pormenores na Parte II do livro. Em contraste, não me reconheço, nem aos companheiros de Conselho ou os engenheiros e executivos com que convivi, na imagem distorcida que se depreende das ações policiais e judiciárias da força-tarefa da Lava Jato descritas na Parte I. Acredito que a demonstração cabal e definitiva de que a realidade corresponde à visão de Emílio, não à dos policiais e justiceiros, provavelmente virá da realização do projeto de refundação, de renascimento da empresa, articulado na Parte III. O aprimoramento da governança como base para futuras conquistas vai depender, igualmente, de que se materialize o programa de revitalização do Brasil esboçado nas páginas da Parte IV e do Epílogo da obra.

Estamos longe de poder afirmar que essas condições se confirmarão nos anos vindouros. Os efeitos demolidores da Lava Jato ainda não terminaram de passar, como se viu nas eleições de 2 de outubro de 2022. Embora se encontrem talvez enfraquecidos em relação ao sucedido em 2018, fizeram-se sentir com força não só na votação de presidente como em certas disputas para o Congresso, inclusive de alguns dos protagonistas principais da operação. Pode-se ter a esperança, mas não a certeza, de que o Brasil conseguirá renascer das cinzas do incêndio aniquilador que se propagou sobre a política, a economia, o emprego do país.

À luz dessa colheita de ruínas, impõe-se indagar se operações policiais-judiciárias dessa envergadura são necessárias ou desejáveis, uma vez que equivalem, na capacidade de causar demolição e sofrimento, ao potencial destrutivo de cataclismas humanos como revoluções ou guerras. Só dois países, ao que consta, a Itália e o Brasil, passaram por experiência desse gênero, o que já nos faz pensar. Será que somente nesses dois países a dimensão da corrupção justificaria tamanha herança de destruição? Ou a razão está com países mais sábios e prudentes, conscientes de que a corrupção política ou nas empresas deve ser combatida por métodos menos espetaculares e mais efetivos de educação e aperfeiçoamento das leis e instituições?

Embora a operação tenha sido oficialmente extinta somente em 1º de fevereiro de 2021, data da dissolução das forças-tarefas, os efeitos da Lava Jato continuam a se manifestar até nossos dias, como dissemos acima. Na Itália, contudo, este ano de 2022 marca o trigésimo aniversário da operação *Mani Pulite* ou Mãos Limpas, precursora e modelo da brasileira. Já se dispõe naquele país de distância bastante para dar balanço no impacto da operação. Iniciada em 17 de fevereiro de 1992, durou até 1994, quando a eleição de Berlusconi e a demissão do procurador Antonio Di Pietro marcaram sua liquidação.

No balanço de diversos artigos que o jornal *Il Giorno* dedicou ao aniversário da Mãos Limpas (*Mani Pulite: cosa accade, cosa è rimasto*, 17/2/2022), destacam-se juízos que soam familiares a ouvidos brasileiros. Por exemplo, após aprovar o objetivo de acabar com a corrupção e a impunidade, o jornal condena um dos efeitos da operação: substituir a corrupção do dinheiro pela corrupção das almas, dividir o povo em bons e maus, fazer passar a crença de que política é sempre propina, que os partidos são um câncer, que se deve confiar aos promotores públicos o destino do país. Aponta como um dos erros da acusação não ter sabido distinguir entre financiamento da política e enriquecimento pessoal (*Mani Pulite, trent'anni dopo*, Michele Brambilla).

Ilustrando a corrupção das almas, o próprio Di Pietro admitiu em entrevista recente que se teria registrado uma "degeneração do sistema inquisitivo", consistente na atitude de que agora "primeiro se prende o assassino e depois se procura o morto", isto é, considera-se alguém culpado antes de encontrar o crime de que é acusado. Comenta o articulista do jornal que a confiança na magistratura, então plebiscitária, se fragmentou, e conclui: "A Justiça, de recurso se converteu em problema, talvez o problema". O impacto mais grave, contudo, se manifestou na esfera da sociedade e da política: "nasceram naquele tempo a antipolítica, o rancor, o ódio social, o conspirativismo" (Idem, ib.).

Um dos magistrados mais respeitados da operação e de outras grandes investigações como o da Loja maçônica P2, Gherardo Colombo, hoje com 75 anos e aposentado, declarou a *Il Giorno*: "Não conseguimos descobrir tudo o que se tinha feito, mas somente uma parte mínima, e mesmo aquela mínima parte não levou a uma reavaliação da relação entre os cidadãos e as normas. Até sob o aspecto penal, tudo terminou em muito pouco" (Gherardo Colombo, *"La cultura non si cambia coi processi penali"*, Andrea Gianni).

Melancolicamente observa o jornal que, trinta anos depois, a política italiana nunca se recuperou. Hoje, quando se busca um nome respeitado para a chefia do Estado é preciso recuar aos quadros do passado, gente perto dos 80 anos ou mais velha. Na história da Itália, a operação Mãos Limpas assinalou o ponto de ruptura entre a Primeira República, nascida depois da Segunda Guerra Mundial, e o regime atual. Outras causas influíram para esse desenlace, mas foram as revelações da investigação que atuaram como o fator final de dissolução de todos os grandes partidos democráticos que haviam dominado a vida política: a Democracia Cristã, o Partido Socialista Italiano, o Partido Social Democrático, o Partido Liberal (o Partido Comunista, maior do Ocidente, já havia sucumbido ao fim da União Soviética e do comunismo "real").

No lugar deles surgiram agremiações como a regionalista e de início separatista *Lega Lombarda*, mais tarde *Lega Nord*, hoje simplesmente *Lega*, de extrema direita, xenófoba, violentamente anti-imigrantes e refugiados, agrupamentos populistas como o Movimento 5 Estrelas, o neofascista *Fratelli d'Italia*. Sobretudo, o clima antipolítica gerado pela operação permitiu o aparecimento do fenômeno Berlusconi. Por ironia trágica, uma iniciativa judiciária para purificar o país da corrupção resultou no domínio, por mais de nove anos, da política peninsular por um personagem implicado em mais de vinte processos, com várias condenações em primeira instância por corrupção, fraude fiscal, fraude de balanço, financiamento ilícito de partido, das quais se livrou em recursos ou por prescrição!

O mais recente capítulo dessa triste história consistiu na vitória, nas eleições de 25 de setembro de 2022, da aliança com a *Lega* e a *Forza Italia* de Berlusconi dos neofascistas *Fratelli d'Italia*, os mais votados. Como que extraindo o sentido profundo do legado amargo de 30 anos, Gherardo Colombo resumiu, na entrevista acima, a lição principal dessa experiência numa frase de sabedoria definitiva: *"Não se muda a cultura, nem, portanto, a Itália, com processos penais"* (ênfase minha).

Ela se aplica não só à cultura e à Itália, mas ao Brasil, à política, à economia, aos aspectos relevantes da vida social aqui ou em qualquer país. Não é com processos judiciais que se vai transformar a cultura de uma sociedade, a organização do seu sistema eleitoral e partidário, ou a tradição de patrimonialismo de seus políticos. Tentar modificar a sociedade por operações judiciais é inútil e contraproducente. Inútil porque só reformas políticas e econômicas estruturais de longo prazo são capazes de produzir mudanças sociais e culturais. Contraproducente porque a instrumentalização da Justiça penal para fins políticos acaba por gerar desastres históricos para a sociedade e compromete a fé no sistema judiciário.

Foi o que sucedeu na Itália, onde é opinião corrente que a operação Mãos Limpas pode não ter acabado com a corrupção, mas certamente acabou com a Primeira República. Ainda mais grave, se possível, tem sido o estrago em curso entre nós. Lá ao menos nenhum dos magistrados e procuradores se converteu em ministro da Justiça de governo que a investigação ajudou a chegar ao poder. Em novembro de 2018, ao anunciar-se que Sergio Moro aceitara o cargo, o jornal *O Estado de S. Paulo* solicitou a opinião de Gherardo Colombo, que respondeu: "Eu não teria tomado essa decisão. Estaria traindo a minha independência de magistrado, colocando em dúvida a imparcialidade com a qual desenvolvi meu trabalho" (Marcelo Godoy, *A metamorfose de Moro*, 12/10/2022). Como é sabido, esse argumento forneceu a base da decisão do Supremo Tribunal Federal de considerar que Moro não agira com imparcialidade nos processos.

No mesmo sentido, a Transparência Internacional, que apoiara a operação, assim se expressou: "Associar a luta contra a corrupção ao candidato Jair Bolsonaro é prestar imenso desserviço à causa e desvirtuar o que ela fundamentalmente representa". Colombo terminou a entrevista ao *Estado de S. Paulo* com um pedido: "Eu seria muito grato se, no futuro, as pessoas fossem mais prudentes ao estabelecer paralelos entre a Lava Jato e a Mãos Limpas".

De fato, muito mais longa do que a congênere italiana, a Lava Jato deixa rastro que não se conta apenas nos milhões de empregos perdidos, na redução significativa da produção econômica, na eliminação total da presença brasileira do campo mundial da construção pesada e outros danos que se encontram muito bem documentados no livro de Emílio Odebrecht. Pior é o que não é possível quantificar: o terrível efeito de aniquilamento da confiança nas instituições da democracia representativa e do Estado de Direito, sem o qual não se consegue explicar a guinada do país à extrema direita e a eleição de Bolsonaro.

Esse efeito é como o dos gases estufa: permanecem na atmosfera muito tempo depois que emitidos e hão de, infelizmente, continuar a envenenar o clima político e a convivência democrática no Brasil, como se viu nas eleições de 2 de outubro. Ao associar suas ambições políticas pessoais ao projeto de Bolsonaro e apoiar explicitamente sua reeleição, os protagonistas principais da Lava Jato confirmaram a mais grave acusação que se faz contra eles: a de que a operação se transformou objetivamente em valiosa força auxiliar da extrema direita brasileira, qualquer que tenha sido a intenção subjetiva inicial de seus autores.

Apresentada sob a forma original de luta contra a corrupção, a iniciativa acaba tristemente, da mesma forma que na Itália, como cúmplice de um governo inseparável das emendas secretas para compra de equipamento com sobrepreço, barras de ouro como suborno para acesso a verbas de educação, do encobertamento de "rachadinhas" e compras de imóveis com lavagem de dinheiro. Ao passar agora a ler a obra de Emílio, lembre desses pontos e pergunte-se ao fim de cada parágrafo: será que o Brasil ficou melhor depois da Lava Jato?

São Paulo, 13 de outubro de 2022.

PARTE I

Um dia para não esquecer: a Polícia Federal bate às portas da Odebrecht

Eram pouco mais de seis horas da manhã do dia 19 de junho de 2015, uma sexta-feira, quando o telefone tocou na fazenda Baviera, em Itagibá, Bahia, cidade próxima de Ilhéus, trezentos quilômetros ao Sul de Salvador. Minha esposa, Regina, atendeu à ligação vinda de São Paulo.

Ela e eu estávamos lá para preparar a festa de São João, que aconteceria quatro dias depois. Fazíamos isso todos os anos, pensando na alegria de nossas netas e netos, que estariam quase todos lá.

O telefonema transmitia uma notícia grave: minutos antes a Polícia Federal tinha iniciado mais uma fase da Operação Lava Jato, a 14ª, e um dos alvos era a Odebrecht.

Ao saber do que se tratava, Regina passou o telefone para mim. Do outro lado da linha estava meu filho Marcelo, que aparentava até certa tranquilidade, mas foi objetivo: contou que sua casa, em São Paulo, havia sido invadida por nove agentes armados da Polícia Federal para cumprir mandados de busca, apreensão e para levá-lo preso. Ele disse:

— Não se preocupe, meu pai, tudo vai ser resolvido.

Em seguida, fui informado de que, além dele, outros quatro executivos do Grupo Odebrecht eram alvos de ordens de prisão: Márcio Faria, César Rocha, Rogério Araújo e Alexandrino Alencar. Márcio era presidente da Odebrecht Engenharia Industrial. César e Rogério eram diretores também da Engenharia Industrial. Alexandrino atuava como diretor da Construtora Norberto Odebrecht. No mesmo momento a Federal batia à porta da Construtora Andrade Gutierrez e, além de prender o presidente da empresa, Otávio Marques de Azevedo, levou junto alguns de seus principais executivos.

Marcelo era, desde 2009, presidente da Odebrecht S.A., a empresa holding do grupo. Ele pediu que eu não me preocupasse. Procurava me tranquilizar, apesar de tudo. Sua reação não foi uma surpresa para mim naquela manhã. Marcelo sempre fora assim.

Respondi a ele também recomendando que se mantivesse calmo, não criasse problemas para os policiais, e disse que estava indo imediatamente para lá. Ele me ouviu, concordou com tudo — e terminamos a conversa, até porque meu filho estava sendo solicitado pelos agentes, os quais naquele momento colocavam sua casa de pernas para o ar.

Chocadas e aterrorizadas, a esposa de Marcelo, Isabela, e suas três filhas, Rafaella, Gabriella e Marianna, presenciavam tudo. Foi rápida, portanto, tal ligação. Não obstante, permanece, até hoje, como um dos mais dolorosos telefonemas que recebi em toda a minha vida.

O nome utilizado pelas autoridades para essa fase da operação era especialmente pomposo: "Erga Omnes", tradução da expressão latina "vale para todos". A acusação foi a de sempre: participação de ambas as empresas em esquemas de corrupção e fraudes de licitações na Petrobras.

O que havia agora de diferente era que, segundo a PF e o Ministério Público Federal — que compunham a força-tarefa criada para conduzir a Lava Jato —, essas empresas tinham feito depósitos de dinheiro para diretores da estatal através de contas bancárias no exterior. A acusação que justificava a ação da polícia não era acompanhada de nenhuma prova. Nada, zero.

A mesma fase da operação que provocou um vendaval na empresa e na família ocorria, simultaneamente, nos estados de São Paulo, Rio de Janeiro, Minas Gerais e Rio Grande do Sul. Naquela manhã de sexta foram executados onze mandados de prisão, 38 de busca e apreensão e oito de condução coercitiva.

Para Alexandrino Alencar foi decretada prisão temporária, que seria transformada em preventiva no decorrer da semana seguinte. Contra os demais — César Rocha, Márcio Faria, Marcelo Odebrecht e Rogério Araújo — foi determinada prisão preventiva, que só chegou ao fim com a delação premiada, como aconteceu com a maior parte dos que acataram fazê-la.

Originalmente meras suspeitas, fatos posteriores viriam a escancarar a força do arbítrio: além de, na maioria dos casos, ter sido obtida à força, a colaboração com a força-tarefa da Lava Jato, mediante acordos de delação, sempre esteve longe de ser fundamentada ou incontestável. As pressões exercidas sobre os presos eram para que dissessem o que os procuradores queriam — ou precisavam — ouvir para compor o tabuleiro de xadrez de seus diversos objetivos. Como a opinião pública saberia depois, eram objetivos políticos, pessoais, econômicos e ideológicos.

Naquele mesmo dia, todos foram levados para a sede da Polícia Federal em São Paulo e de lá para a carceragem em Curitiba, cidade sede da 13ª Vara da Justiça Federal, cujo titular, o juiz Sergio Fernando Moro, era responsável pela operação. O transporte para a capital paranaense deu-se em avião da PF, ao final da tarde.

Em despacho público, Sergio Moro atacou os aprisionados — legalmente, até então, todos inocentes. No documento ele afirmava "parecer inviável" que Marcelo e Otávio não soubessem da suposta corrupção posta em prática por Odebrecht e Andrade Gutierrez. Não se tratava, segundo o que escreveu no despacho, de uma denúncia, uma acusação, mas de um julgamento subjetivo em que o verbo utilizado — "parecer" — se transfigura em certeza: "... Parece inviável que ele [o valor das tais propinas] fosse desconhecido dos presidentes das duas empreiteiras, Marcelo Bahia Odebrecht e Otávio Marques de Azevedo...". O lapso verbal expunha, a quem quisesse ver, um pré-julgamento, decorrente do conluio entre o juiz Moro e os procuradores.

A soberba do magistrado parecia não ter limites. Ao pé do extenso despacho que disparou contra a Odebrecht e seus diretores, ele sacramentava, soberano: "Para a expedição de mandados de prisão, *condução coercitiva* [grifo do autor] e buscas, deverá a autoridade policial apresentar, no prazo mais expedito, o rol de endereços confirmados dos investigados e das empresas acima citadas". Deveria causar espanto até a um calouro de primeiro ano de Direito que um juiz Federal ignorasse o que diz a lei brasileira sobre a condução coercitiva — ou "sob vara", segundo o jargão jurídico: só pode ser submetido a tal medida o acusado ou testemunha que, por duas vezes seguidas, tenha ignorado intimação para depor à Justiça. E nenhum dos vitimados pela artilharia de Moro tinha sido citado, convocado ou intimado para o que quer que fosse. A ilegalidade desse procedimento só foi reconhecida na fase final da Lava Jato.

Sob ataque: a Lava Jato não quer Justiça, quer escândalo público

Chegando a São Paulo, Regina e eu nos dirigimos para a casa de Marcelo. A viagem não foi das mais fáceis. Tivemos primeiro de conseguir que viesse, de Salvador, um pequeno avião, um Cessna, para Itagibá. De lá fomos direto para a capital paulista em voo extremamente estressante, tanto pela espera quanto pela viagem em si.

Regina se convertera em mãe tensa, triste, angustiada, ansiosa, aflita, atormentada pelo que havia acontecido com seu filho e preocupada ao extremo com suas três netas e a nora. A isso somava-se a apreensão pela prisão dos outros quatro companheiros e pelos efeitos em suas famílias, que ela conhecia tão bem. Eu próprio vivia sentimentos idênticos.

Quase que simultaneamente, entrei em contato com os familiares dos demais executivos detidos naquela manhã, também me solidarizando com eles. Buscamos confortar emocionalmente a todos, dentro do possível em situação tão inerentemente dolorosa. Acho que conseguimos — um pouco, ao menos.

Os presos, infelizmente, estavam incomunicáveis, e assim permaneceram até o embarque no jato da Polícia Federal (todos submetidos à desnecessária e humilhante situação de viajarem algemados às suas poltronas) rumo a Curitiba, onde permaneceriam encarcerados. O que parecia essencial ali não era a operação em si, mas torná-la um escândalo público. Era preciso fazer estardalhaço, semear manchetes para a mídia, chamar a atenção do Brasil — tal como viria a ocorrer em todas as operações da Lava Jato comandadas por Moro e sua força-tarefa.

Na época eu já estava afastado do dia a dia da Odebrecht havia mais de uma década. Deixara a presidência executiva da empresa em 2001, fora sucedido por Pedro Novis e permanecia apenas na liderança do Conselho de Administração. Novis, formado em Direito na Universidade Federal da Bahia, começou a carreira na Odebrecht como estagiário, em 1968. Não pertencia à família, mas à época estava conosco há 33 anos. Ficou na presidência executiva até o final de 2008, quando foi sucedido por Marcelo. Em fevereiro de 2014, falecera minha mãe, Yolanda. Em julho, cinco meses depois, meu pai, Norberto Odebrecht, a quem todo o conglomerado tanto devia, também nos deixou.

Na metade de 2015, na verdade, eu já estava prestes a me retirar inclusive do Conselho da Odebrecht S.A. Minha intenção, já com 70 anos de idade, era dedicar-me apenas à Kieppe, holding da família Odebrecht. E também ter mais tempo para conviver com meus netos e cuidar dos investimentos produtivos representados pelas fazendas e o sítio de minha propriedade, de modo a consolidar a autossuficiência financeira e assegurar a continuidade após minha morte, sob a responsabilidade de meus filhos.

Ao chegar à casa de Marcelo, Regina e eu encontramos nossa nora Isabela e as meninas extremamente abatidas. Não houve ameaças físicas dos policiais contra elas nem contra os executivos da companhia presos na ocasião — desde que não se considere violência os maus-tratos e as pressões emocionais, psicológicas, que existiram sim, até pelo ato em si. Afirmo com segurança que existiram e deixaram sequelas, as quais até hoje não foram de todo sanadas na maioria das famílias dos que foram expostos àquela situação.

Os dias posteriores foram de profundo sofrimento, potencializado pela exposição cruel e sem limites na mídia, recheada com matérias fornecidas pela força-tarefa já como um movimento preparatório para a pressão que se seguiria visando à obtenção de delações. Não importava se seriam verdadeiras ou não, exageradas ou distorcidas. Bastava que servissem aos objetivos de Sergio Moro e sua equipe de procuradores.

Ocasionalmente, me perguntam se os acontecimentos de 19 de junho de 2015 me pegaram de surpresa. Sim, pegaram, sem sombra de dúvida. Aliás, não só a mim, mas a todos na Odebrecht.

Márcio, Rogério, Alexandrino, Marcelo e César jamais haviam se negado a colaborar com as investigações da força-tarefa. Na verdade, quatro dentre eles já tinham comparecido à sede da Polícia Federal em Brasília e haviam prestado depoimento nos inquéritos da operação que estavam tramitando no Superior Tribunal de Justiça e no Supremo Tribunal Federal.

Mais que isso: todos haviam transferido à Justiça Federal do Paraná a totalidade dos documentos que lhes foram solicitados e tinham se oferecido reiteradas vezes, e formalmente, a prestar depoimentos — ofertas que jamais receberam sequer uma resposta de Sergio Moro.

Ao aprisionar todas aquelas pessoas, Moro afirmara que lhe parecia "inviável" que fossem desconhecidos dos presidentes da Andrade Gutierrez e da Odebrecht os esquemas criminosos que ele acreditava serem operados por tais empresas. Ou nos quais precisava acreditar para alcançar os seus objetivos.

Se tinha tal impressão, por que ao menos não interpelou os profissionais antes de encarcerá-los? Existiam provas, naquele momento específico, para privá-los da liberdade? A resposta, quase consensual à época (e hoje, ainda mais), é não. Não existiam.

Alguém pode argumentar que "provas" surgiram posteriormente, via delação premiada feita pelos executivos. Sim, após muito tempo encarcerados, e sofrendo com as pressões da força-tarefa sobre seus familiares, alguns capitularam e confessaram o que não fizeram, fornecendo informações falsas ou distorcidas que se transformaram em "provas".

Mas aí a situação revela-se ainda mais grave: quer dizer que a Lava Jato fazia prisões com o objetivo de arrancar confissões — é isso?

O correto, sob o prisma jurídico, não é exatamente o oposto? Primeiro deve-se obter um mínimo de provas e só depois prender os supostos criminosos. Não foi nesta direção que o Direito caminhou no mundo ocidental, pelo menos do século XVIII para cá? Enfim, havia base legal para as prisões ocorridas em 19 de junho de 2015?

Naquelas circunstâncias, só uma pessoa tinha como assumir o comando da defesa: eu

Era enorme o volume de providências urgentes a serem tomadas naquela sexta-feira e nos dias que se seguiram: tudo tinha de ser feito muito rapidamente. E, não obstante a perplexidade diante da prisão dos executivos e da invasão de nossos escritórios, começamos a nos organizar para suportar o maremoto que desabava sobre nós.

Quando, enfim, a PF foi embora, levando uma quantidade incalculável de documentos, além de toda sorte de equipamentos eletrônicos (celulares, arquivos digitais, computadores etc.), reuni nossos diretores para decidir o que fazer dali por diante.

De imediato, precisávamos defender os companheiros que haviam sido presos, apoiar suas famílias e proteger a empresa de possíveis futuras investidas da força-tarefa. E ainda fazer com que o Grupo seguisse honrando compromissos com seus clientes, trabalhadores, acionistas, sócios e credores.

Diante da multiplicidade e complexidade das missões que tínhamos diante de nós, decidimos compartilhar e distribuir entre vários ombros o peso da carga. Para conduzir a companhia a partir dali, e enquanto Marcelo permanecesse preso, Newton de Souza foi nomeado presidente executivo da Odebrecht S.A. e eu ficaria inteiramente disponível para os apoios que ele desejasse. Newton, até então, respondia pela vice-presidência de Assuntos Jurídicos e Governança da holding.

Providenciamos um comunicado interno que assinei como presidente do Conselho de Administração, que foi distribuído no mesmo dia, e preparamos um comunicado externo para dar conhecimento à sociedade sobre o que havia ocorrido e para registrar nossa postura oficial sobre os fatos. A essa altura, eu, que residia em

Salvador, já tinha tomado a decisão, com Regina, de nos mudarmos para São Paulo pelo tempo que fosse necessário.

A todos nós parecia evidente que Marcelo em poucas semanas estaria solto, tal a fragilidade das acusações que contra ele pesavam e o levaram à prisão. A despeito da inconsistência de tais acusações, e para espanto de muitos, inclusive personalidades da sociedade civil, infelizmente a saída de Marcelo do regime prisional fechado ainda demoraria dois anos e meio para ocorrer. Ninguém jamais podia imaginar tal desfecho — mas seguimos em frente.

Enquanto Newton passava a garantir a continuidade das operações, eu chamei para mim a defesa no âmbito da operação Lava Jato, e nesta função permaneci até o término do processo. Foi bastante penoso tomar tal iniciativa. Mas, assim como não me sinto no direito de queixar-me, também não me arrependo de não ter transferido para outro companheiro a missão que exigia, simultaneamente, zelar pelo equilíbrio no trato dos diversos temas em jogo e dar prioridade às medidas voltadas para a sobrevivência dos negócios.

Havia decisões indelegáveis a tomar que exigiam a legitimidade que só eu tinha naquele momento como presidente da Kieppe, controladora da Odebrecht, mandatário da Família Controladora e presidente do Conselho de Administração da holding Odebrecht S.A.

Essa missão custou algumas incompreensões, inclusive de meu filho Marcelo, mas eu estava seguro de que as decisões sobre os interesses pessoais não poderiam prevalecer sobre o interesse coletivo — representado pelo futuro do Grupo.

Quanto a isso minha convicção era inabalável: se havia uma convergência mobilizadora naquele momento, esta era a preservação de nossas empresas. Sei que as pessoas encarceradas em Curitiba sofreram muito mais, mas aprendi com meu pai a converter adversidades e crises em fontes de aprendizado e a enfrentá-las de maneira estoica.

Para auxiliar-me na tarefa de proteger a Odebrecht contei com o apoio de Maurício Ferro, advogado, casado com minha filha Mônica, também advogada, e que igualmente trabalhou duro naqueles tempos tão amargos. Fui socorrido também, aliás, como sempre, pela valorosa contribuição estratégica de Pedro Novis no trato dos temas relacionados à Lava Jato, tanto no âmbito interno quanto no externo.

Destaco Mônica e estes dois companheiros porque mantínhamos contatos quase diários, nos quais trocávamos ideias, e eles me ajudavam nas decisões e implementação do que precisava ser feito — mas agradeço a todos que me apoiaram naquela dura missão. A preocupação central, no caso, era assegurar às empresas, das quais éramos parceiros nas mais diversas iniciativas, que permaneceríamos firmes com os compromissos assumidos.

E ainda tomamos o cuidado de reforçar para os grandes bancos a solidez do nome Odebrecht. Vários de nós — Newton, eu e a equipe da área financeira — conversamos com as lideranças de tais instituições, que nos apoiaram amplamente.

Ainda na sexta-feira, no meio da tarde, distribuímos o comunicado interno, dirigido a todos os 180 mil integrantes das nossas empresas. Até hoje o leio e percebo como, mesmo sob pressão, conseguimos usar as palavras certas para que cada membro da Odebrecht se sentisse menos inseguro perante o que se dera:

Aos Integrantes da Organização Odebrecht

A Polícia Federal deflagrou na manhã desta sexta-feira, 19/06/2015, mais uma fase da Operação Lava-Jato, cumprindo mandados de prisão preventiva, de prisão temporária, de condução coercitiva e de busca e apreensão em empresas investigadas, entre as quais algumas da Organização Odebrecht.

Cumpriu mandados de prisão de cinco de nossos executivos: Marcelo Odebrecht, diretor presidente da Odebrecht S.A.; Marcio

Faria, Rogério Araújo e Cesar Rocha, respectivos Líder Empresarial e diretores do Negócio de Engenharia Industrial; e Alexandrino Alencar, diretor da Construtora Norberto Odebrecht.

Lamentamos profundamente o ocorrido e consideramos desnecessária esta medida de força já que nossas Empresas e seus Integrantes estão, como sempre estiveram, desde o início da Operação Lava Jato, à disposição das autoridades para colaborar com as investigações.

A Polícia também cumpriu mandados de busca e apreensão nos escritórios da Construtora Norberto Odebrecht do Rio de Janeiro e de São Paulo, na sede da Odebrecht Óleo e Gás no Rio de Janeiro, e na sede da Braskem em São Paulo. Suas equipes obtiveram todo o auxílio para acessar qualquer documento ou informação buscada.

Enfatizo, especialmente aos Líderes Empresariais dos nossos 15 diferentes Negócios, a importância de todos continuarem no desempenho de suas responsabilidades e na busca dos resultados de seus PAs, alinhados com os princípios fundamentais da delegação e da descentralização.

No que diz respeito à Holding Odebrecht S.A., durante o período de ausência do seu diretor presidente, os assuntos corporativos, inclusive a representação nos Conselhos de Administração dos Negócios, ficarão sob a responsabilidade de Newton de Souza.

A coordenação dos cinco Negócios de Engenharia e Construção ficará a cargo de Paulo Oliveira Lacerda de Melo.

Não se deixem abater, pois estaremos todos juntos neste momento de dificuldade. Fiquem certos de que assegurarei que todas as providências sejam tomadas e de que estarei mais presente enquanto perdurar esta fase. Tenho plena confiança de que, unidos, superaremos estes desafios, como sempre o fizemos.

> *Peço, finalmente, àqueles que estão próximos das famílias dos Integrantes acima citados que ampliem ainda mais sua presença no apoio que necessitam nesse momento.*
> *Emílio Odebrecht, presidente do Conselho de Administração da Odebrecht S.A.*

Nos dias e semanas subsequentes, eu receberia retorno positivo de um sem-número de companheiros, os quais comentariam o quanto a leitura de tais palavras, no próprio 19 de junho, os havia confortado e lhes dado ânimo para prosseguir naqueles tempos tão hostis nos quais vivíamos. "Não se deixem abater, pois estaremos todos juntos neste momento de dificuldade" escrevi — e eles não se curvaram.

A fúria do juiz que julga os réus segundo seu humor do dia

Na segunda-feira, 22 de junho, voltei a falar, dessa vez para o público externo, acerca do que acontecera. Abaixo, transcrevo os tópicos principais do Comunicado que publicamos:

> *A Organização Odebrecht, em respeito a seus Clientes, Sócios, Investidores, Instituições Financeiras, Fornecedores, Usuários de seus Serviços, Amigos e Integrantes, expressa sua indignação com as ordens de prisão de cinco de seus executivos e de busca e apreensão em algumas de nossas empresas como resultado da 14ª fase da Operação Lava Jato, ocorrida nesta última sexta-feira (19/06).*
>
> *A decisão, que decretou as prisões de nossos executivos e deferiu as buscas e apreensões, evidencia que, passado mais de um ano do início da Lava Jato, a Polícia Federal não apresentou, como alegado na decisão judicial, qualquer fato novo que justificasse as medidas de força cumpridas, totalmente desnecessárias e, por isso mesmo, ilegais.*
>
> *Na realidade os únicos elementos novos apresentados agora representam manifesto equívoco de interpretação de fato:*
>
> ** O "depósito" supostamente feito pela Odebrecht na conta da empresa Canyon View Assets S/A, apontado como um dos principais fundamentos para a decretação das prisões, e amplamente difundido pela imprensa nos últimos dias como prova irrefutável de corrupção, não é um depósito. Trata-se de um investimento realizado por um dos réus da Lava Jato em títulos privados (bonds) emitidos por uma empresa da Organização Odebrecht e livremente negociados no mercado internacio-*

nal, obrigatoriamente por meio de instituições financeiras e sem qualquer controle ou envolvimento da Odebrecht.

* Quanto ao e-mail de 21/03/2011, trocado entre nossos executivos, também amplamente divulgado pela mídia como prova de ilicitude, esclarecemos:

– A sequência de mensagens que antecede o referido e-mail, constante do Relatório Policial, mas omitida na decisão proferida, deixa claro que se trata de discussões técnicas entre os executivos para a preparação de proposta visando à contratação de operação de sondas, entre partes privadas, sem qualquer ilegalidade. O uso isolado de apenas uma das mensagens trocadas retirou do seu real contexto a comunicação ocorrida.

– O termo "sobrepreço" utilizado no e-mail nada tem a ver com superfaturamento, cobrança excessiva, ou qualquer irregularidade. Representa, apenas, a remuneração contratual que a Odebrecht Óleo e Gás, como operadora de sondas, propôs à Sete Brasil, e que compreende o reembolso do custo de operação e manutenção (cost) das sondas, acrescido de uma remuneração fixa sobre o referido custo. Ou seja, representa a tradução do termo usual de mercado "cost plus fee".

A sustentação de prisão para evitar a reiteração criminosa, por não terem as autoridades competentes proibido a Construtora Norberto Odebrecht de contratar com a Administração Pública, principalmente no que concerne o último pacote de concessões que no momento é apenas um conjunto anunciado de intenções, é uma afronta aos princípios mais básicos do Estado de Direito. Tanto assim que a Controladoria Geral da União, a Advocacia Geral da União e o ministro da Justiça afirmaram publicamente que as empresas somente podem sofrer restrições para contratar com a Administração Pública após julgadas e condenadas com observância do devido processo legal.

Outra afronta ao Estado de Direito é a presunção do conhecimento de fatos supostamente ilegais pela alta administração das companhias como medida suficiente para justificar o encarceramento de pessoas.

Ainda, a afirmação da decisão judicial de que as empresas da Organização Odebrecht nada fizeram para apurar em seu âmbito interno as supostas irregularidades não corresponde à realidade. Todas as nossas empresas possuem e praticam um Código de Conduta e um Sistema de Conformidade (compliance), efetivos e amplamente divulgados, em total alinhamento à legislação anticorrupção brasileira e internacional.

Além disso, a Organização Odebrecht nunca colocou qualquer tipo de obstáculo às investigações. Ao contrário, seus executivos sempre se colocaram à disposição das autoridades para prestar esclarecimentos.

Ainda que profundamente perplexos e indignados pelo ocorrido, não nos deixaremos abater.

Nosso modelo de gestão, baseado nos princípios de delegação e descentralização, assegura que nossas 15 áreas de negócio e mais de 100 empresas, lideradas de forma plena e independente por nossos executivos e por suas equipes, prossigam normalmente com o cumprimento de nossas obrigações, como sempre o fizemos, de forma reconhecida ao longo dos mais de 70 anos de nossa história, dos quais metade dela com presença no exterior.

Este é o nosso compromisso com os Clientes, Sócios, Investidores, Instituições Financeiras, Fornecedores, Usuários de nossos Serviços e Comunidades nos 21 países onde atuamos.

Finalmente, neste momento, expressamos a nossa solidariedade irrestrita e apoio às famílias dos executivos que injustamente tiveram cerceado seu direito constitucional de liberdade.

Seguiremos juntos na defesa de nossos integrantes, e para tal continuaremos ainda mais à disposição das autoridades, colaborando para que todas estas questões sejam rapidamente esclarecidas, convictos de que a verdade virá à tona e a justiça prevalecerá, pois acreditamos que os fatos ocorridos decorrem de equívocos de informação e interpretação.

Percebe-se o tom duro e as palavras enfáticas que empreguei. Fui criticado por alguns, à época, por essa aspereza. Mas não foi a única ocasião em que a Odebrecht denunciou os excessos, a imoralidade e até a ilegalidade da fúria da Lava Jato. Conselheiros me alertavam de que tal postura acirraria o ânimo de Sergio Moro contra nós. Eu respondia:

— Acirra-lhe o ânimo? Quer dizer então que ele julga de acordo com o humor do dia, ou com intenções subjacentes ao seu papel de magistrado, e não de acordo com as leis e as provas disponíveis?

Era um desabafo — mas hoje, após virem à tona tantos e tão deploráveis exemplos de perversão do devido processo legal cometidos pela Lava Jato, eu percebo que, na verdade, tal pergunta fazia todo o sentido. E a resposta para ela é uma só: sim. Era assim que ele julgava.

A ruidosa estreia da Lava Jato: num só dia, 129 mandados, prisões e conduções coercitivas

Para que se tenha uma compreensão mais clara do que significaram os fatos relatados até aqui, é essencial contextualizar, com uma marcha à ré cronológica, o que aconteceu no Brasil desde que a Operação Lava Jato começou.

São fatos conhecidos e amplamente divulgados — mas há atitudes e comportamentos que precisam ser melhor observados nas estratégias da força-tarefa, criada especificamente para levar em frente a operação, e do juiz que se encarregou de decidir sobre praticamente todos os inquéritos por ela abertos. Quem se dispusesse a enxergar o que se encontrava sob o noticiário já poderia antever o que pretendiam aquelas autoridades, mas só posteriormente elas viriam a ser desmascaradas por revelações estarrecedoras.

Um breve parêntese resume o conceito de força-tarefa. O nome é autoexplicativo: trata-se de uma reunião de diversas autoridades (no caso, promotores, delegados de polícia e demais investigadores), as quais abandonam temporariamente suas outras funções e unem-se em uma equipe com uma missão pré-determinada.

O marco zero da Lava Jato é o dia 17 de março de 2014, uma segunda-feira, data em que acontece o que se convencionou chamar de primeira fase da operação. Na ocasião, a Polícia Federal cumpriu 81 mandados de busca e apreensão, 18 de prisões preventivas, 10 mandados de prisão temporária e ainda 19 de condução coercitiva. Apesar de realizar num só dia 129 ações policiais, a Lava Jato ainda não era a vedete da grande mídia. Na *Folha de S. Paulo*, a notícia perdeu a manchete para uma outra sobre futebol, e no *Estadão* para a suspeita de que a Petrobrás teria mantido ligações espúrias com uma offshore europeia.

A prisão temporária, na legislação brasileira, é um encarceramento que pode durar cinco dias, prorrogáveis por mais cinco. A prisão preventiva é a constrição máxima que alguém pode sofrer antes de ser julgado; pode durar meses, a depender das condições jurídicas de cada caso específico. Já os mandados de busca e apreensão conferem à polícia a prerrogativa de vasculhar locais previamente determinados e de retirar deles aquilo que julgue útil a uma investigação.

Concebida e comandada a partir de Curitiba, capital do Paraná, aquela foi a manifestação inaugural de algo que teria desdobramentos futuros dramáticos (ainda que ninguém imaginasse isso à época). A operação de março de 2014 visava a desmantelar uma organização que se dedicava à lavagem de dinheiro. Deu-se na própria Curitiba e em outras 16 cidades dos estados de Santa Catarina, São Paulo, Paraná, Rio Grande do Sul, Rio de Janeiro, Mato Grosso e também no Distrito Federal. O principal preso daquele dia foi Alberto Youssef. Embora tivesse como residência a cidade de Londrina (PR), ele foi preso em São Luís, no Maranhão, acusado de ser o líder daquela organização.

As investigações que deflagraram a ação haviam começado em 2013. Alegava-se que o grupo de Youssef fazia movimentação financeira e lavagem de dinheiro de pessoas envolvidas em corrupção de agentes públicos, sonegação fiscal, evasão de divisas, extração e contrabando de pedras preciosas e desvios de recursos do governo brasileiro, em seus vários níveis. Também se acreditava que o suspeito tivesse envolvimento com tráfico internacional de drogas.

Essa primeira ação foi batizada de Lava Jato, alcunha escolhida porque o grupo operava uma rede de postos de combustíveis e lavagem de carros montada para "lavar" dinheiro próprio e de terceiros. A partir de então toda a campanha ficaria conhecida assim, embora cada uma de suas oitenta fases posteriores viesse a ter sua própria denominação — algumas especialmente enigmáticas, como "Nessum Dorma", "Poço Seco", "Tango & Cash" e "Boeman", entre outras.

Em 20 de março, portanto apenas três dias depois de deflagrada a Lava Jato, se dá a segunda e decisiva fase da operação. Naquela data foi preso Paulo Roberto Costa, que havia sido diretor de Refino e Abastecimento da Petrobras durante um longo período (de 2004 a 2012). A acusação era a de destruir e ocultar documentos de um suposto esquema de corrupção na estatal.

As autoridades chegaram até ele devido a relações que tinha com o já encarcerado Alberto Youssef. Antes de ser preso, Paulo Roberto havia sido submetido a uma condução coercitiva na fase inaugural da Lava Jato. Segundo o MPF (Ministério Público Federal), seu encarceramento se devia à acusação de, nesse curto ínterim, ter-se dedicado a fazer desaparecer provas que pudessem incriminá-lo.

Intitulada "Dolce Vita", a terceira fase da Lava Jato, ocorrida um mês depois, em abril, inicia-se com agentes federais visitando a sede da Petrobras, no Rio de Janeiro, com o intuito de apreender documentos que sustentassem investigações que já estavam em curso. A "Dolce Vita" cumpriu 23 mandados de prisão e de busca e apreensão nas cidades de São Paulo, Rio de Janeiro, Campinas, Macaé, Niterói e vários municípios menores.

Enquanto isso as revelações sobre e de Paulo Roberto Costa se multiplicavam. Em depoimento à Polícia Federal, ele disse que recebera um carro de luxo de Alberto Youssef (um Land Rover), mas alegava que se tratava de pagamento por um serviço de consultoria prestado por ele ao doleiro, após deixar a Petrobras. Além disso, documentos apontavam que ele, aparentemente, recebera depósitos na conta feitos por Youssef em uma de suas empresas.

O doleiro Yousseff descobre que sua cela foi grampeada. Pela própria Federal

A partir daí os fatos se sucedem de forma vertiginosa. Em 23 de abril a Justiça Federal do Paraná aceitou a denúncia do MPF contra Youssef. Ele e outras seis pessoas tornaram-se réus. As primeiras desconfianças de que a atuação das autoridades não parecia respeitar os preceitos legais surgiram quando o advogado de Youssef reclamou que seu cliente tivera conversas gravadas de forma ilegal em sua cela, na sede da Polícia Federal em Curitiba. O equipamento de espionagem fora descoberto pelo próprio Youssef. Era um primeiro sinal de que a força-tarefa estava disposta a usar métodos pouco ortodoxos para alcançar seus objetivos. O que, de fato, mais tarde se confirmou. Dois dias depois, em 25 de abril, a Justiça acata a denúncia contra Paulo Roberto Costa, que perde a condição de suspeito e torna-se réu.

Enquanto as sucessivas operações do grupo de Curitiba se desenrolavam, sempre com seus apelidos extravagantes, no dia 14 de maio a Lava Jato dá à luz a seu primeiro efeito colateral: o Senado decide instalar uma Comissão Parlamentar de Inquérito, a chamada "CPI da Petrobras", com quatro objetivos declarados:

- Apurar eventuais irregularidades na aquisição, pela estatal, de uma refinaria em Pasadena, no Texas.
- Esclarecer se houvera pagamento de propina para funcionários da Petrobras por parte da companhia holandesa SBM Offshore.
- Apurar denúncias segundo as quais plataformas da Petrobras estavam sendo lançadas ao mar sem que tivessem equipamentos básicos de segurança.

- Desvendar se existira superfaturamento na construção de refinarias da empresa, em especial no caso da unidade de Abreu e Lima, em Pernambuco.

É quando, em aparente contradição, a Lava Jato enfrenta seu primeiro revés: Paulo Roberto Costa, que estava preso na carceragem da Polícia Federal de Curitiba, consegue liberdade provisória na tarde de 19 de maio de 2014, uma segunda-feira, junto com outras dez pessoas que também haviam sido encarceradas no âmbito da operação.

O ministro Teori Zavascki, do STF, mandou libertar imediatamente os onze presos e requereu que a Justiça Federal do Paraná transferisse para o STF todos os inquéritos e processos relativos ao caso. A decisão de Zavascki atendia a um requerimento da defesa de Paulo Roberto Costa. O que os advogados de Costa questionavam ao Supremo era se, em razão do envolvimento de deputados federais nos casos da operação, a Justiça do Paraná teria — ou não — autoridade legal para determinar a prisão de Costa e mesmo para conduzir o processo.

O inusitado enfrentamento entre um ministro da Suprema Corte e um obscuro juiz de piso deu a Moro visibilidade nacional, fazendo dele uma figura permanente nas manchetes de telejornais, diários e revistas. Formalmente responsável por uma operação provincial, logo a opinião pública descobriria que ele adquirira a condição de líder e comandante da Lava Jato em todo o Brasil.

Para uma parcela cada vez maior da opinião pública, Moro seria dali em diante a personificação da Lava Jato — tanto para aqueles que apoiavam a operação, quanto para os que dela desconfiavam ou mesmo a repudiavam.

A decisão de Zavascki, porém, apenas aparou as pontas das asas de Moro. Segundo o ministro, o juiz deveria ter remetido o processo ao STF assim que surgiram nomes de congressistas acusados de crimes. Por terem prerrogativa de foro, tais deputados só deveriam ser investigados no âmbito do Supremo (naquele momento as investigações da força-tarefa já envolviam pelo menos três parlamentares federais, os deputados André Vargas, Luiz Argôlo e Cândido Vacarezza). Zavascki, além disso, decretara sigilo dos autos envolvendo Paulo Roberto Costa. A força-tarefa, mais uma vez, torceu o nariz.

Visivelmente contrariado, Moro teve de liberar Costa e os demais presos. Mas questionou Zavascki com mal disfarçada e atrevida revolta, ousando contrariar um juiz da mais alta corte do país. "A fim de evitar erros de interpretação da referida decisão, oficie-se, com urgência e por fax, ao gabinete do ministro Teori Zavascki", determinou, "solicitando com urgência esclarecimentos do alcance da aludida decisão". Moro não apenas ordenava, mas repetia, em um só parágrafo, a "urgência" que pretendia exigir do seu superior.

O atrevimento da mensagem do juiz sinalizou que aquela operação não envolvia apenas mais um episódio na carreira de Moro na magistratura — mas algo muito maior, que poderia redefinir o seu futuro. Infelizmente, então, pouca gente percebeu o que de fato significava a audácia do juiz curitibano. E que Moro era tudo, menos um noviço. Em 2012, ele e a ministra Rosa Weber trabalharam lado a lado, no mesmo gabinete, durante o julgamento do mensalão. À época Moro fora designado como assistente da ministra, por sua experiência em direito criminal.

Em 28 de maio, amplia-se o esforço no Congresso Nacional para a elucidação do que de fato acontecia na Petrobras. Ao lado da Comissão Parlamentar de Inquérito do Senado, que já se dedicava ao tema, surge uma CPMI (Comissão Parlamentar Mista de Inquérito) com idêntico propósito. A letra "M" da Comissão significava que ela englobava não apenas senadores, mas também deputados federais — ou seja, a totalidade do Congresso Nacional. Ambas as comissões funcionariam em paralelo.

Tais iniciativas do Congresso eram claramente indicadoras de que o Brasil entrava em um período de caça às bruxas, uma quadra obscurantista quanto aos direitos individuais, na qual políticos e empresários — culpados ou não — passaram a ser presos e exibidos como troféus em praça pública, pelos autodenominados guardiões da moral nacional.

A fase seguinte da Lava Jato, a quarta ("Casablanca"), já expunha outra característica que a marcaria nos anos seguintes: seus condutores, faltasse ou não lhes faltasse razão, não se davam por vencidos em seus propósitos. Menos de um mês depois de ter sido solto por decisão de ministro do STF, Paulo Roberto Costa é preso novamente. O motivo alegado por Moro para o novo encarceramento não era uma acusação, mas o "risco" de fuga por parte do réu e a "suspeita" de que Costa mantinha dinheiro em contas na Suíça.

Em julho e agosto ocorrem a quinta e a sexta fases da operação. Na primeira a Federal prende em São Paulo um homem e uma mulher suspeitos de trabalhar para Alberto Youssef, acusados de gerenciar recursos mantidos pelo doleiro fora do Brasil. Em agosto a PF é autorizada pelo juiz paranaense a recolher documentos de doze empresas vinculadas a Paulo Roberto Costa e a familiares dele.

É nesse momento que emerge pela primeira vez uma novidade que viraria de ponta-cabeça o andamento da Lava Jato. O advogado que representava Paulo Roberto até então é afastado, e em seu lugar é contratada outra profissional, reconhecida pela experiência em firmar acordos de delação premiada para seus clientes. A advogada Beatriz Catta Preta ganhou notoriedade ao atender acusados interessados em colaborar em troca de benefícios — enquanto a maioria dos criminalistas atuantes nos processos era contra essa estratégia.

Promulgada pela então presidente Dilma Rousseff sob pressão do governo dos EUA e do próprio FBI, o qual até mesmo enviou agentes ao Brasil para "ajudar" na sua aprovação, a Lei 12.850/13, que instituiu no Brasil a delação premiada, estabelece uma forma de permuta entre o acusado e a Justiça: em troca de informações oferecidas às autoridades, o réu passa a ser beneficiário de privilégios que podem, no limite, assegurar até sua absolvição.

Em seguida chega a notícia de que o primeiro acordo de delação tinha sido sacramentado por um nome sem expressão para o grande público: Luccas Pace Júnior, subordinado de uma doleira de nome Nelma Kodama, também ligada ao grupo de Alberto Youssef. Mas na sequência vem a primeira bomba: em 27 de agosto Paulo Roberto Costa fecha seu acordo de delação premiada com a Lava Jato. Costa decidira atirar pesado: acusava três governadores, seis senadores, um ministro e pelo menos 25 deputados federais de receberem propinas oriundas de contratos com fornecedores da Petrobras. A indulgência decorrente da delação não demoraria: em outubro Paulo Roberto seria libertado, passando a cumprir prisão domiciliar.

Este acordo, o primeiro negociado pela advogada Catta Preta, fez com que ela angariasse mais nove clientes que tinham a mesma intenção — o que lhe valeu da mídia o apelido de "musa das delações premiadas".

Acordos de delação premiada constituem pactos entre um acusado e a Justiça, pelos quais a pena do primeiro é diminuída em troca de sua colaboração na elucidação de ilícitos e na identificação de outras pessoas ou empresas envolvidas.

Um dado essencial, ao qual talvez se tenha dado importância subalterna, é que *ao firmar um acordo de colaboração com a Justiça o acusado renuncia ao direito de se defender, de forma total e definitiva, não importa de que delitos tenha sido acusado e cuja culpa tenha admitido.*

O estrondo provocado pelas denúncias de Paulo Roberto Costa parece ter emergido, para o grupo de procuradores e do juiz paranaense, como uma alavanca de Arquimedes, com a qual eles poderiam virar o mundo — no caso, refundar a república no Brasil. A delação premiada se tornaria o principal instrumento da Lava Jato para conseguir levar adiante seus propósitos.

No fim de setembro, ainda no ano de 2014, é a vez de outro personagem-chave do início da Lava Jato fechar seu acordo: o já célebre Alberto Youssef agarra a boia de salvação e decide tornar-se delator perante o Ministério Público Federal, em troca da redução do tempo que ainda teria que passar na prisão.

Um fato notável dá-se nesse momento. O advogado brasiliense Antônio Carlos de Almeida Castro, conhecido como Kakay, que até então defendia Youssef, decidiu deixar o caso após saber que seu cliente aderira à delação premiada. Ele era, por princípio, contrário a esse tipo de acordo. Antes de abandonar o caso, entrara com um pedido de habeas-corpus para Youssef no STJ (Superior Tribunal de Justiça). Ele pleiteava a anulação de todas as provas da Lava Jato, afirmando que elas haviam sido obtidas de forma ilegal.

Além disso, acusava Sergio Moro de portar-se com parcialidade no trato da operação. Segundo Almeida Castro, Moro optara por ser simultaneamente investigador, promotor, magistrado e algoz de cada acusado, o que reputava como postura aberrante da parte do juiz. O que ele dizia naquele momento todo mundo confirmaria anos depois.

Acéfalas e sem comando, empresas eram obrigadas a paralisar suas atividades

Foi com bíblico e messiânico nome de "Juízo Final" que a força-tarefa batizou sua sétima fase. A data escolhida também foi significativa e obviamente proposital: 14 de novembro de 2014, uma sexta-feira, véspera do dia em que se comemora no Brasil a Proclamação da República. Os membros da força-tarefa, Moro à frente, queriam dar um recado: a Lava Jato não seria apenas uma operação anticorrupção. Sim: os justiceiros de Curitiba ambicionavam reinstituir a República — mas, é claro, à sua imagem e semelhança. Daí a escolha da data para o lançamento da mais dura fase da Lava Jato até então.

As espadas do apocalipse prometido pelo título da sétima fase da Lava Jato provocam uma verdadeira hemorragia na quase totalidade das grandes companhias de engenharia e infraestrutura do país: Camargo Corrêa, OAS, Mendes Junior, Engevix, Galvão Engenharia, UTC, IESA, Queiroz Galvão, Constran. Pela primeira vez, a Odebrecht é duramente atingida. O Armagedon comandado por Moro e seu lugar-tenente, o procurador Deltan Dallagnol, colocou nas ruas de São Paulo, Pernambuco, Paraná, Minas Gerais, Rio de Janeiro e Distrito Federal 300 agentes da Polícia Federal para uma carnavalesca operação policial como o país nunca vira antes: cumprir 39 mandados de busca e apreensão, 21 prisões temporárias, seis prisões preventivas e nove conduções coercitivas.

Desta vez nenhum integrante da Odebrecht foi preso — mas vários de nossos escritórios sofreram operações de busca e apreensão. Foram levados à prisão — sempre sob o foco das redes nacionais de TV, dos grandes jornais e de revistas semanais — o presidente da Queiroz Galvão, Ildefonso Colares Filho, o presidente da OAS,

José Aldemário Pinheiro Filho, conhecido como "Leo Pinheiro", o presidente da Camargo Corrêa, Dalton dos Santos Avancini, e o presidente da UTC, Ricardo Pessoa. Outros altos executivos tiveram o mesmo destino, como Sérgio Cunha Mendes, vice-presidente da Mendes Junior; Gerson de Mello Almada, vice-presidente da Engevix, e Erton Medeiros Fonseca, diretor de Engenharia Industrial da Galvão Engenharia.

Os principais alvos da Lava Jato eram os executivos das companhias. Intimidados e encarcerados, muitos deles deixavam empresas acéfalas e sem comando, obrigadas a paralisar suas atividades — um problema que iria se tornar dramático nos meses e anos seguintes. Familiares e empresas daqueles que eram presos tornavam-se vítimas da insegurança e da rejeição por parte da opinião pública, de clientes e do sistema financeiro, o que potencializava o cenário de dificuldades.

Enquanto Moro e seus subalternos mantinham a incontrolável *blitzkrieg* nacional, pelo menos nove pessoas já haviam concordado em colaborar com as investigações da operação Lava Jato via delação premiada. Eram os primeiros resultados das pressões psicológicas e de várias outras formas de coação da força-tarefa sofridas por elas e por seus familiares.

Ainda nessa ocasião foi preso o ex-diretor de Serviços da Petrobras, Renato Duque. Seu advogado declarou na ocasião que não havia ação penal ajuizada contra seu cliente e que a prisão fora injustificada e desproporcional. Duque, disse ele, sempre se colocara à disposição para prestar esclarecimentos. Soube-se no dia seguinte que a denúncia do MPF que sustentou as novas prisões da operação tinha por fonte os depoimentos de dois delatores, os quais afirmavam ter repassado recursos financeiros provenientes do chamado "caixa 2" a pessoas apontadas como operadores de partidos políticos dentro da Petrobras, para custear campanhas eleitorais. No começo de dezembro, em novo braço-de-ferro com Moro, o STF manda libertar Duque, cuja prisão temporária o juiz havia convertido em preventiva.

Nesse ínterim, a CPI mista da Petrobras aprovou seu relatório final, no qual recomendava ao Ministério Público Federal o indiciamento de 52 pessoas por irregularidades. Nenhuma delas pertencia à classe política, integralmente poupada pelo relatório final da Comissão.

Reflexões sobre o "caixa 2", do Estado Novo aos dias de hoje

A essa altura do relato que faço é inevitável incluir uma pausa para refletir sobre o tema "caixa 2". A utilização de recursos não contabilizados por partidos políticos e candidatos em épocas de eleição é uma tradição brasileira que vem de muito tempo.

Uma pesquisa superficial sobre o tema nos leva a descobrir que doações de pessoas físicas ou jurídicas a partidos e/ou instituições políticas são tão antigas, diria o ditado, como a Sé de Braga. Basta um rápido passar de olhos pela autobiografia do respeitado jornalista Samuel Wainer (*Minha razão de viver*), sobre a era Vargas, assim como ocorreria no governo Juscelino Kubitscheck, para se entender que, em política, o recurso ao "caixa 2" sempre fez parte dos usos e costumes.

É importante observar que nem sempre essa opção é dos doadores. Na maioria das vezes, quem recebe prefere que aquela doação seja mantida no anonimato. Sempre fizemos doações para campanhas por entender que essa é uma das maneiras pelas quais as empresas podem contribuir com a democracia, viabilizando a participação de quem opta por entrar na política, mas não tem dinheiro para isso.

Sempre que solicitados, atendemos, não importava o partido, desde que houvesse alguma identidade entre seu ideário e o nosso — no que tange à construção de um país mais justo, capaz de desenvolver suas potencialidades e ocupar um lugar de destaque e influência entre as nações do planeta.

Os membros da força-tarefa sabiam disso, mas decidiram classificar tais doações como propinas que eram oferecidas em troca de contrapartidas futuras. Tais contrapartidas só existiam no imaginário deles porque nasciam de ilações forçadas e irreais, desprovidas de fundamento. Serviram, porém, como justificativa para levar para a cadeia empresários que, encarcerados e continuamente ameaçados, os ajudassem no alcance de seus propósitos. Por essa razão, delações e condenações vêm sendo anuladas, e processos criminais arquivados por absoluta falta de provas.

A mídia brasileira comprou a tese e a difundiu com vigor. Nem mesmo as célebres e hidrófobas campanhas da imprensa contra Getúlio, Juscelino ("... dono da sétima maior fortuna do planeta", diziam os jornais) e João Goulart encontram paralelo com o que o Brasil viu nas bancas de jornais, na televisão e na Internet durante a Lava Jato. Há centenas de páginas de livros e estudos acadêmicos independentes e insuspeitos que revelam a comparação com clareza cristalina.

E assim começamos a conviver, de um lado, com a hipocrisia do espanto de muitos formadores de opinião com a "revelação" de algo que já estava incorporado à rotina da política nacional; e, de outro, com a criação absurda de falsas conexões entre doações feitas a candidatos — não importava se ao executivo ou legislativo, federal ou estaduais — e a conquista de contratos com a Petrobras, porque só os casos que a envolvessem poderiam ter foro em Curitiba.

Posteriormente, a lógica foi ampliada e criou uma jurisprudência sem precedentes: não apenas as doações provenientes de "caixa 2", mas todo e qualquer apoio financeiro para candidato ou partido político (declarado ou não aos tribunais eleitorais) que chegasse ao conhecimento da força-tarefa era automaticamente rotulado como propina. E mesmo quando declaradas, comprovadas e reconhecidas pelos tribunais eleitorais, tais doações eram classificadas como "dissimulação de subornos" — dadas em troca de contratos de fornecimento de produtos ou prestação de serviços. Sempre para a Petrobras.

Hoje, sabemos que essa extravagância penal, criada pelos procuradores e pelo juiz de Curitiba, tinha como propósito claro manter em suas mãos inquéritos que não estavam no âmbito de suas competências — como foi em abril de 2021 desmascarado pelo STF em caso específico envolvendo o ex-presidente Lula.

E por quê? Porque haveria benefícios futuros — não para a Justiça, nem para o país. Para eles próprios, como depois se comprovou.

Uma fábrica de delações se instala nos porões da Polícia Federal, em Curitiba

O calendário da Lava Jato prosseguia, célere. Em sua oitava fase, disparada no dia 14 de janeiro de 2015 o ex-diretor da área internacional da Petrobras, Nestor Cerveró, é preso pela Polícia Federal sob a acusação de corrupção e lavagem de dinheiro. Menos de um mês depois, em 5 de fevereiro, a nona fase ("My way") avança sobre 26 empresas de São Paulo, Rio de Janeiro, Bahia e Santa Catarina, acusadas pela Federal de serem fachadas para licitações e contratos com a Petrobras. Balas perdidas da "My way" acabam sobrando para pessoas próximas a Renato Duque, que se tornam alvos da operação. Na base das investigações estava o que ia se tornando um lugar-comum na Lava Jato: informações obtidas por meio de delações premiadas de testemunhas que haviam se apresentado voluntariamente ao Ministério Público.

Em 26 de fevereiro de 2015 a Câmara dos Deputados instalou uma nova CPI voltada à investigação de denúncias de corrupção na estatal. Um mês depois o procurador-geral da República, Rodrigo Janot, requer ao Supremo Tribunal Federal a abertura de inquérito visando à investigação de políticos suspeitos de envolvimento em casos de corrupção na Petrobras. Foram 28 pedidos, referentes a 54 pessoas. Em cada uma das peças, Janot requeria a derrubada do segredo de justiça — ou seja, mesmo sendo inocentes, ou meros suspeitos, todos deveriam ter seus nomes expostos à opinião pública. Da lista do Procurador-Geral o ministro Teori Zavascki autoriza a investigação de 47 políticos e a quebra do sigilo de identificação dos envolvidos. Horas depois os telejornais — que chegavam aos lares de mais de cem milhões de brasileiros — revelam à população quem são os políticos na alça de mira da "República de Curitiba".

Entre março e abril se desenrolam mais quatro fases da Lava Jato, as quais, entre outras medidas, levam Renato Duque de volta à prisão e prendem Dario Queiroz Galvão Filho, sócio da Galvão Engenharia.

E as fases se sucedem: em abril, a 11ª e a 12ª, e em maio, a 13ª.

A essa altura o juiz Sergio Moro já havia julgado e condenado Paulo Roberto Costa, Alberto Youssef e Nestor Cerveró, completando, assim, a estratégia de presença constante e destacada na grande mídia. Os cinematográficos espetáculos matinais da Polícia Federal escoltando "poderosos" a caminho da cadeia — alguns algemados — eram exibidos na televisão, no rádio e na Internet, muitas vezes ao vivo.

O bote se dava com pontualidade suíça: rigorosamente às 6 horas da manhã, ações eram deflagradas por comandos da Polícia Federal e do Ministério Público, às vezes em dezenas de pontos do país, simultaneamente. Esperar o dia clarear para realizar as prisões, buscas ou apreensões não era um gesto de civilidade da Polícia Federal, mas uma Cláusula Pétrea da Constituição, segundo a qual "os mandados de natureza criminal (...) podem ser executados de 6 da manhã até as 8 da noite, de segunda a sábado. Com autorização judicial, podem a qualquer hora do dia ou da noite, inclusive domingos e feriados".

Respeitada a imposição constitucional, a execução dos autos (de prisão, busca ou apreensão) era precedida de dramaturgia de cinema, com batalhões de homens em roupa de camuflagem, rostos cobertos por máscaras negras e armas pesadas nas mãos... muitas das vezes para tomar o depoimento de um pacato e desarmado empresário, juiz, advogado, governador, senador ou fosse quem fosse.

O rigor no cumprimento do horário também fazia parte da tática da "República de Curitiba": ao longo do dia as notícias iam sendo espargidas pelos blogs e sites. O filé mignon — em geral a prisão de um figurão — era exclusividade da TV Globo, que abria o Jornal

Nacional com a notícia mais importante. O programa até criou um "cenário" para ilustrar o noticiário: um "dinheiroduto" tétrico, verde, cuja imagem é difícil de esquecer. O ziguezague da trajetória da notícia era o mesmo toda sexta-feira: nascia no Ministério Público, passava pela Federal, pulava para a Internet via blogs e sites de grande audiência. E por que sexta? Com os tribunais fechados nos fins de semana, era seguro que o preso passaria sábado e domingo no cárcere.

A "República de Curitiba" parecia querer acrescentar às penas castigos adicionais. O tratamento recebido pelos presos nada tinha de civilizado. Nada de pau-de-arara ou choques elétricos, claro. Blitz inesperada nas celas, quase sempre de madrugada, os obrigava a se deixar revistar da sola do sapato ao último fio de cabelo, incluída a bagagem de cada um deles. O pretexto era sempre o mesmo — busca de celulares escondidos — mas na verdade o que se pretendia era humilhar um pouco mais pessoas sob custódia que, até decisão judicial, eram inocentes.

Do ponto de vista jornalístico, tudo que pudesse alimentar a máquina de promoção da "República de Curitiba" ia sendo exibido e reexibido repetidamente ao longo do dia. O encerramento da cobertura, com chave de ouro, ocorria nos jornais da noite, no horário nobre, em geral recheado com opiniões de juristas ou de anônimos transeuntes, desde que celebrassem a "revolução" contra a corrupção que Moro estava comandando.

O apoio constante e destacado dos grandes meios de comunicação foi um dos pilares da Lava Jato, e consolidou-se ao ficar claro que o método dava certo e seria usado sem limites, obedecendo a um roteiro perverso:

- Primeiro: a prisão de delatados ou investigados, de preferência preventiva, sem perspectiva de liberdade;
- Segundo: pressão psicológica ininterrupta sobre os que

estavam no cárcere para que delatassem outras pessoas e assegurassem um novo estoque de presos, de preferência notórios;
- Terceiro: juiz e força-tarefa atuando em parceria, numa demonstração escandalosa de que havia um novo código de processo penal ao qual eles obedeciam — aquele que fora criado por eles próprios e no qual o direito à defesa e o respeito aos direitos humanos não tinham sido contemplados.

A 14ª fase, no mês de junho, que nos atingiu em cheio, foi uma espécie de síntese de tudo o que está dito acima.

Abuso de autoridade, a principal arma dos procuradores federais

No dia 1º de dezembro de 2021, o jornal *Folha de S. Paulo* informou que o ministro Jesuíno Rissato, do STJ, anulara condenações impostas no âmbito da Operação Lava Jato ao ex-ministro Antonio Palocci, ao ex-tesoureiro do PT, João Vaccari Neto, e a outras 11 pessoas, dentre elas Marcelo Odebrecht. Segundo o jornal, "Rissato entendeu que as acusações atribuídas a eles diziam respeito a crime eleitoral e que a Justiça Federal de Curitiba não tinha prerrogativa para analisá-las". O magistrado, que é desembargador do TJ do Distrito Federal, convocado para atuar no STJ, afirmou: "Reconheço a incompetência da Justiça Federal para processar e julgar o presente feito". Sergio Moro não gostou e rebateu a decisão publicamente: "Anulações de condenações por corrupção *em virtude de formalidades* (...) voltaram a ser rotina nos tribunais. Vivemos a volta da impunidade. Juntos temos que reverter a onda da corrupção".

Na sexta-feira, 19 de junho de 2015, dia em que foram presos, nossos companheiros tiveram suas casas devassadas pelos policiais federais. Levaram documentos, arquivos, computadores, telefones celulares. O mesmo ocorreu em nossos escritórios, e foi entre constrangidos e revoltados que percebemos que a relação entre delegados e procuradores com o juiz não era marcada por "formalidades suíças", nem mesmo aquelas estabelecidas pela lei para proteger as pessoas dos abusos de autoridades. Ao contrário: era de uma naturalidade obscena. Tampouco era velada. Eles se vangloriavam e faziam disso um instrumento de pressão.

Vou dar um exemplo: nossa sede em São Paulo ficava em um edifício de 26 andares onde estavam instaladas várias empresas do Grupo, dentre elas a Odeprev, responsável pela gestão do fundo de previdência privada dos nossos integrantes. Nos mandados de prisão e nos mandados de busca e apreensão não constava a Odeprev. O delegado que chefiava a operação não teve dúvidas em pedir socorro ao juiz: "Moro", disse ele ao telefone, "não temos ordem para entrar na Odeprev". Em segundos, pelo WhatsApp ele recebeu o mandado de busca atualizado, incluindo a Odeprev. Tal cena se repetiu várias vezes ao longo do dia.

E assim foram ampliando as buscas, pelos vários andares. O mesmo ocorreu com computadores e documentos dos advogados das diversas empresas. Foram recolhidos, em procedimento totalmente ilegal, porque a ordem para que isso acontecesse também chegava por WhatsApp, mandada pelo juiz, que parecia estar de plantão em Curitiba para participar ativamente de algo que não lhe cabia. Era uma clara demonstração de que as *formalidades* não iriam impedi-lo de seguir atropelando o que se colocasse à sua frente.

O justiceiro Sergio Moro
entra em ação

Em 7 de dezembro também de 2021, o colunista Chico Alves escreveu no portal de notícias UOL o que segue:

> *O candidato Sergio Moro tem sérias dificuldades de lidar com pessoas ou instituições que discordam dele. Para avaliar as decisões do tempo em que foi juiz da Lava Jato, cita a todo momento em artigos e entrevistas que foram confirmadas por instâncias superiores — o TRF e o Superior Tribunal de Justiça. Quando é lembrado que a última instância, o STF, anulou suas condenações e o considerou suspeito, Moro repete: foi um erro.*

Já reproduzi aqui trechos dos comunicados que divulgamos no dia 22 de junho de 2015 com o propósito de nos posicionarmos perante a sociedade brasileira. Neles, apontamos os erros crassos cometidos pelo juiz na argumentação que justificava a prisão de Marcelo. Ele, obviamente, não gostou e reagiu. No dia 24, dois dias depois, transformou a prisão temporária de Alexandrino Alencar em preventiva, e no despacho de 12 páginas no qual justificou a decisão dedicou seis para tratar do teor do nosso comunicado. Merecem destaque os trechos abaixo.

> *Antes de examinar a situação de Alexandrino de Salles Ramos de Alencar, reputo necessárias breves considerações mais genéricas sobre a prisão cautelar decretada, considerando que a Odebrecht, servindo-se de seus vastos recursos financeiros, fez publicar, em 22/06/2015, comunicado em vários dos principais jornais do país, defendendo seu procedimento e atacando este Juízo e as ins-*

tituições responsáveis pela investigação e persecução. Ora, nessa fase processual, não cabe o exame e a valoração exaustiva das provas, medida essa reservada ao julgamento. Não cabe, portanto, nesse momento uma análise exaustiva sequer do conteúdo do inusitado comunicado.

Na parte probatória, centra-se o comunicado em questionar apenas um suposto depósito efetuado pela Odebrecht em conta de Pedro Barusco, afirmando que pode ser uma compra de títulos, mas olvida-se em informar que este mesmo Juízo já havia consignado essa possibilidade em despacho anterior à própria efetivação da preventiva (despacho de 17/06, evento 24).

Em outro ponto relevante, relativo a mensagem eletrônica com referência a "sobrepreço em sondas" (fl. 10 do laudo 0777/2015, evento 1, anexo10), chega-se ao extremo de sugerir falsamente que este Juízo teria omitido deliberadamente em sua decisão parte das provas, o que não faz qualquer sentido, já que o material probatório em questão encontra-se disponível nos autos no laudo policial por ele reportado.

Ademais, apesar da explicação apresentada no inusitado comunicado de que "sobrepreço" representaria o lucro da empreiteira acima do custo (!?), no restante das mensagens eletrônicas pertinentes (laudo 0777/2015, evento 1, anexo 11, p. 4-7), não há qualquer nova utilização do termo "sobrepreço" ou do termo "cost plus free" que, segundo o comunicado, ele representaria.

De todo modo, como consignei na decisão anterior, o significado real do termo e da própria mensagem eletrônica serão objeto da instrução criminal, sem a possibilidade de conclusão no momento.

Voltemos ao teor do que consta do nosso comunicado com relação aos dois temas:

* O "depósito" supostamente feito pela Odebrecht na conta da empresa Canyon View Assets S/A, apontado como um dos principais fundamentos para a decretação das prisões, e amplamente difundido pela imprensa nos últimos dias como prova irrefutável de corrupção, não é um depósito. Trata-se de um investimento realizado por um dos réus da Lava Jato em títulos privados (bonds) emitidos por uma empresa da Organização Odebrecht e livremente negociados no mercado internacional, obrigatoriamente por meio de instituições financeiras e sem qualquer controle ou envolvimento da Odebrecht.

* Quanto ao e-mail de 21/03/2011, trocado entre nossos executivos, também amplamente divulgado pela mídia como prova de ilicitude, esclarecemos:
– A sequência de mensagens que antecede o referido e-mail, constante do Relatório Policial, mas omitida na decisão proferida, deixa claro que se trata de discussões técnicas entre os executivos para a preparação de proposta visando a contratação de operação de sondas, entre partes privadas, sem qualquer ilegalidade. O uso isolado de apenas uma das mensagens trocadas retirou do seu real contexto a comunicação ocorrida.
– O termo "sobrepreço" utilizado no e-mail nada tem a ver com superfaturamento, cobrança excessiva, ou qualquer irregularidade. Representa, apenas, a remuneração contratual que a Odebrecht Óleo e Gás, como operadora de sondas, propôs à Sete Brasil, e que compreende o reembolso do custo de operação e manutenção (cost) das sondas, acrescido de uma remuneração fixa sobre o referido custo. Ou seja, representa a tradução do termo usual de mercado "cost plus fee".
Três considerações são necessárias:

1. Se — como diz o despacho do juiz — o caso dos *bonds* po-

dia se tratar de uma operação lícita, como se classifica uma ordem de prisão baseada em tal motivo?

2. O comunicado não diz que "sobrepreço" *representaria o lucro da empreiteira acima do custo (!?)*. Diz que a negociação que estava em curso era sobre o percentual fixo a ser aplicado sobre o custo de operação e manutenção da sonda para remunerar o prestador de serviço, no caso a Odebrecht. Neste caso espanta a demonstração de desconhecimento do juiz quanto a uma modalidade de pagamento utilizada no mundo todo, em vários setores de atividades de prestação de serviços, espanto que cresce com os pontos de exclamação e interrogação que, supostamente à guisa de ironia, usa — obviamente indicadores de uma ignorância inesperada em alguém que, pelo papel que exercia, se tornaria responsável pelo destino de uma empresa que empregava milhares de pessoas. Ou seja: um juiz que desconhecia os rudimentos de uma operação comercial usa um raciocínio primário para colocar na cadeia o presidente de um dos maiores grupos empresariais do Brasil.

3. Não pode passar despercebido que o juiz escreve "cost plus *free*" quando estávamos falando de "cost plus *fee*". Não é admissível que se reduza tal divergência a mero erro de digitação. *Free* significa algo que se pode usar ou se ter sem pagar e *fee* é exatamente o contrário: ou o pagamento que uma pessoa ou empresa recebe por um serviço prestado. Só posso concluir que ele simplesmente não sabia o que dizia.

Nossos advogados entram com uma petição para informar ao juiz do que, de fato, se tratava. Ele recebe, analisa, se convence e manda retificar. Mas nada acontece. O tal "material probatório" que o juiz cita em defesa do ato que praticou, portanto, não existia. Ele mentiu. Mais uma vez, nos autos, ele mentiu. E Marcelo continuou preso.

Se Moro reconheceu o erro que havia cometido, admitindo que os dois motivos que alegara para prendê-lo não tinham fundamento, por que não tomou a decisão que todos esperavam?

Porque um episódio ocorrido na carceragem da Polícia Federal naquela mesma semana o "salvou". Para conversar com seus advogados, Marcelo preparou uma agenda, escrita à mão em um pedaço de papel. Na agenda, dentre outros assuntos, usou uma figura de linguagem: "destruir e-mail sondas". Ele entendia que aquele pretexto para sua prisão era absurdo e que tínhamos todos os argumentos para "destruí-lo". Não fisicamente, até porque era impossível, já que o documento tinha sido apreendido pela Polícia Federal e fazia parte do processo. A intenção era dar fim àquela acusação, usando para isso um termo exagerado. Qualquer pessoa alfabetizada seria capaz de compreender a mensagem dessa maneira.

Cópia da agenda feita por agente da PF foi encaminhada aos procuradores e ao juiz, que se regozijaram: sob a alegação de que Marcelo estaria sugerindo a "destruição" de provas, ele continuaria preso. Sabiam que não se tratava disso, mas estavam à procura de uma justificativa e a encontraram. Distorceram conscientemente o significado da mensagem para usá-la contra ele.

No momento em que Newton de Souza assumiu a presidência do Grupo, a Lava Jato passou a ser minha prioridade. E na primeira semana após as prisões nos concentramos em identificar quais eram os melhores caminhos para libertar nossos companheiros. Procuramos advogados que já vinham atuando em Curitiba e ouvimos de quase todos a mesma opinião: a Lava Jato não é um processo jurídico. É um processo midiático.

O juiz e os procuradores da força-tarefa operavam segundo um modelo que haviam criado, no qual podiam fazer o que bem entendessem, sem nenhum controle e, de certa forma, protegidos pelo TRF-4, o Tribunal Regional Federal de Porto Alegre, que se comportava como se estivesse refém das decisões de Curitiba.

Luiza A. V. Oliver, advogada criminalista e mestre em Direito Penal pela New York University (NYU), na página 235 de *O Livro das Suspeições*, explica: "O mal dos justiceiros é que, a pretexto de fazerem o bem, desviam-se da lei para, ao fim e ao cabo, imporem seu próprio código moral, o que subjetivamente entendem que seja o certo. Isso é, como parece evidente, a antítese de um Estado Democrático de Direito e da imparcialidade esperada do Judiciário".

Na escalada que alimenta o ódio, a Odebrecht vira "case" nos EUA

Dentre os direitos consagrados de todo e qualquer ser humano, os principais são o direito à vida e o direito de ir e vir, ou seja: o de não ser preso — a menos que um juiz íntegro decida algo nesse sentido. Friso: um juiz íntegro. Mas a opção pelo encarceramento das pessoas para forçar delações premiadas era a estratégia principal da Lava Jato. "Passarinho na gaiola canta mais do que solto", foi a explicação que ouvi de um dos procuradores da força-tarefa. Sergio Moro tinha consciência da fragilidade jurídica de grande parte dos seus atos, e por isso usava sentenças e decisões para conquistar a opinião pública, dando-lhes ampla publicidade.

Que importância tinha se lhes faltavam fundamentos? A sociedade brasileira naquele momento estava sendo incentivada pela mídia a aplaudir o encarceramento de gente importante; isso fortalecia a força-tarefa e amedrontava ainda mais os tribunais superiores. Mas não tínhamos outro caminho que não fosse a Justiça — e a luta jurídica prosseguiu.

Em 16 de outubro de 2015, quase quatro meses depois de sua prisão, Alexandrino Alencar é solto, por concessão de habeas-corpus pelo Supremo Tribunal Federal. Cesar Rocha ganha liberdade três dias depois, por decisão do juiz Sergio Moro, que, na mesma data, decreta nova prisão preventiva para Marcelo Odebrecht, Márcio Faria e Rogério Araújo. Para estes três havia pedidos de habeas-corpus em curso e a real expectativa de que poderiam voltar para casa antes do Natal. Com a nova preventiva, se o STF não (acrescentei o "não", estava faltando) os libertasse, continuariam presos.

Sergio Moro precisava do principal executivo da Odebrecht na cadeia para exibi-lo como um troféu. A Odebrecht era o "rei" no xadrez das construtoras, conforme aprendera, seis anos antes, com a procuradora americana Karine Moreno-Taxman, que prestava serviços na embaixada dos Estados Unidos no Brasil. Em fins de 2009 Moro e Karine foram convidados para falar na conferência anual de policiais federais brasileiros. O encontro deu-se em Fortaleza. Na ocasião um trecho do discurso da procuradora chamou a atenção pela desfaçatez com que expunha o eixo de sua estratégia: a disseminação do ódio.

Em um caso de corrupção, você tem que correr atrás do 'rei' de uma maneira sistemática e constante para derrubá-lo. Para que o Judiciário possa condenar alguém por corrupção é necessário que o povo odeie essa pessoa.

Naquele tabuleiro do xadrez da política o "rei" era Lula.

O fato é que, após a prisão de nossos cinco companheiros, em junho de 2015, foi ficando evidente a predileção daquela gente pela perseguição a uma empresa que tanto fez pelo Brasil e por tantos outros países.

Nosso porte, nossa história, nossa reputação eram os alvos que os autonomeados "refundadores" da República miravam, seduzidos pelo apelo publicitário que lhes traziam os ataques a uma multinacional brasileira, com atuação em todo o globo. Ouvi, ao longo dos últimos anos, várias vezes, a pergunta: por que não reagimos à altura ao que estava acontecendo conosco dentro da Lava Jato?

Tal pergunta se baseia no fato de que tortura psicológica, mediante alertas sobre a provável invasão policial das casas onde estavam suas mulheres e filhos pequenos, e ameaças de encarceramento sem prazo para terminar era a tática preferida dos integrantes da força-tarefa nos diálogos com os que já estavam presos, com os investigados e com os advogados que tentavam defendê-los. Sofremos isso na pele da forma mais perversa possível, é verdade, e nos calamos. Não denunciamos, então, o que ocorria nas celas de Curitiba.

Eu era líder de um grupo empresarial para o qual, na época, trabalhavam de forma exclusiva, em contratos diretos e indiretos, 250 mil profissionais. Calculando pela média de membros de uma família brasileira, posso afirmar que o contingente que dependia do trabalho em nossas empresas superava um milhão de pessoas. Atendíamos a milhares de clientes que consumiam nossos produtos e utilizavam nossos serviços, e eu representava, direta e indiretamente, centenas de acionistas e investidores. Além disso, me considerava o responsável pelas famílias de mais de uma centena de companheiros, das nossas mais de cem empresas, que vinham sendo achacados — a palavra é essa mesmo: achacados — pela força-tarefa.

Não tinha o direito, naquele momento, de partir para o enfrentamento, porque o conluio entre a força-tarefa e a mídia, com os tribunais superiores acovardados pela pressão da opinião pública, indicava que não era razoável imaginar que os processos seriam conduzidos com o mínimo de imparcialidade. A população mostrava-se ávida por punição; para a imprensa a verdade deixara de ser um valor e, pelo menos em Curitiba, não havia mais Justiça na qual se podia confiar. Percebia que reagir àquele estado de coisas era uma atitude suicida e que só o tempo resolveria, como de fato ocorreu.

Ainda tentei dialogar com autoridades do judiciário e com dirigentes da mídia, mas também não percebi neles disposição para enfrentar o que não estava certo, para buscar o que era juridicamente correto. Isso só veio a acontecer no primeiro semestre de 2021, quando o Supremo Tribunal Federal anulou vários atos de Sergio Moro exatamente por parcialidade, que suponho ser a desonra máxima que alguém pode sofrer ao ter escolhido na vida exercer a magistratura.

Mas, por outro lado, é razoável imaginarmos hoje se o então juiz e seus parceiros procuradores da força-tarefa de Curitiba, chefiada por seu "subordinado" Deltan Dallagnol, tinham algum pudor com relação a serem tachados de parciais. Não, porque esse era apenas um preço a pagar para que alcançassem seus propósitos.

Meus companheiros na empresa talvez esperassem de minha parte um outro comportamento, como sempre fizera em momentos anteriores. Mas eu não podia colocar ainda mais em risco as vidas de cada um deles. Não foi uma decisão fácil. Vistas hoje, as coisas parecem diferentes, mas não me arrependo de como agi porque senti, percebi, vivi pessoalmente o clima reinante na época.

Não podemos esquecer que nossa disposição em colaborar com a Justiça havia sido manifestada de forma oficial na nota divulgada em 22 de junho de 2015 para conhecimento de todo o país. Mas, não obstante o nosso empenho decidido e declarado em buscar uma solução das contendas judiciais para que pudéssemos voltar a trabalhar e a gerar riquezas e empregos para o Brasil, a Lava Jato não cessava seus ataques implacáveis.

Quanto mais demonstrávamos nossa disposição para o entendimento e a colaboração, mais a força-tarefa fustigava nossas empresas e nossas pessoas. Atônitos, meus executivos e eu nos questionávamos sobre o porquê daquilo. Qual o sentido de continuar uma guerra quando o oponente já se deu por vencido e demonstra estar disposto a assinar a paz praticamente nos termos exatos ditados pelo vencedor? A resposta a que chegamos: já não era Justiça o que a força-tarefa buscava ao confrontar a Odebrecht e, em menor grau, outras empresas.

Era justiçamento.

A operação não ambicionava mais apenas que a Odebrecht pagasse por equívocos ou ilegalidades que tivesse cometido. Queriam nos esgotar, obrigando-nos a travar permanentemente uma luta desigual e sem trégua, até que ficássemos totalmente exauridos e, talvez, deixássemos de existir. Soubemos, depois, que alguns procuradores assim pensavam e assim queriam.

Não creio que tal postura assumida pelos integrantes da força-tarefa viesse de alguma psicopatia da parte deles. Não, minha tese é outra. Havia método, intencionalidade e objetivos claros, como disse acima. Dentre eles, vale ressaltar, altos voos na política e os compromissos decorrentes de "parcerias" informais com autoridades de outros países, principalmente norte-americanas e suíças, amplamente reveladas nas conversas secretas que se tornaram públicas, onde se destaca a submissão de Moro e seus parceiros aos interesses daqueles estrangeiros. Essa submissão configurava a negação da soberania brasileira, a qual ele, juiz, muito mais que qualquer cidadão, tinha a obrigação de defender, não de trair. Dentre os tais "compromissos", no caso específico com autoridades americanas, estava o de ferir de morte empresas brasileiras dos setores de engenharia e construção e petróleo.

Apagão contratual, bloqueio de recursos e insegurança jurídica

Nunca será demais lembrar que nesse ambiente, sem vislumbrar saída e sem mais condições de suportar as torturas psicológicas e o abuso das autoridades que nos mantinham sob custódia, muitos de meus companheiros começaram a assumir e reconhecer como verdades os exageros, as ilações e as mentiras gestadas em Curitiba. Sobre isso, vale a pena lembrar o que disse, em sessão do Supremo Tribunal Federal, em abril de 2021, o ministro Ricardo Lewandowski:

— O modus operandi da Lava Jato levou a conduções coercitivas, prisões preventivas alongadas, ameaças a familiares, prisão em segunda instância e uma série de outras atitudes absolutamente, a meu ver, incompatíveis com o Estado democrático de Direito.

É uma frase que foi indelevelmente gravada nos anais daquela corte, e ela diz como Sergio Moro e seus cúmplices da força-tarefa de Curitiba entraram para a história deste país.

Mas há algo que é importante lembrar: anos antes do início da Operação Lava Jato, ministros do Supremo Tribunal Federal já tinham conhecimento de como agia Sergio Moro. Em julgamento iniciado em 2010 e só encerrado em 2013, a 2ª Turma do Tribunal contestou atos do juiz relativos à Operação Banestado — um caso de evasão de divisas ocorrido no Banco do Estado do Paraná na década de 1990. Segundo uma investigação federal, responsáveis pelo Banestado e pelo Banco del Paraná, instituição financeira paraguaia, teriam remetido ilegalmente dinheiro ao exterior, cujo destino eram contas mantidas na agência do banco paranaense em Nova York, as quais tinham como titulares *offshores* de propriedade de doleiros e casas de câmbio paraguaias e brasileiras.

Em habeas-corpus pedido pela defesa de um doleiro condenado por Moro, o juiz era questionado por "usurpar a competência do Ministério Público, decretar prisões preventivas sequenciais mesmo após decisão contrária de tribunais de instância superior e por determinar à polícia o monitoramento de voos de advogados do investigado".

O habeas-corpus foi concedido e, segundo o ministro Gilmar Mendes, que tinha pedido vista do processo em 2010, o caso mostrava um "conjunto de atos abusivos" e "excessos censuráveis" praticados pelo juiz. No acórdão da decisão, ele qualificou de "inaceitáveis os comportamentos em que se vislumbra resistência ou inconformismo do magistrado, quando contrariado por decisão de instância superior".

"Juízes que reiteram decreto de prisão após decisão contrária de tribunal", escreveu Gilmar Mendes, "praticam desserviço e desrespeito ao sistema jurisdicional e ao Estado de Direito", com autoridade "absolutista, acima da própria Justiça, conduzindo o processo ao seu livre arbítrio, bradando sua independência funcional".

O caso Banestado deu notoriedade a Moro e foi, aparentemente, um laboratório para que exercitasse seus métodos peculiares de agir, pois em agosto de 2020, quase dois depois de deixar a magistratura para se tornar ministro da Justiça do governo Jair Bolsonaro e quatro meses após sua renúncia ao Ministério que ocupava, a mesma 2ª Turma do Supremo Tribunal Federal anulou mais uma de suas sentenças. Os advogados de um dos réus daquele processo, condenado por Sergio Moro, provaram ao STF que houve alinhamento do juiz com a estratégia da acusação sobre as alegações finais da defesa. Novamente, coube ao ministro Gilmar Mendes deixar claro o que tinha ocorrido: "O juiz atuou verdadeiramente como um parceiro do órgão de acusação na produção de provas que seriam posteriormente utilizadas nos autos da ação".

No início de novembro de 2015, já passados cinco meses da prisão de nossos companheiros, comecei a perceber que a melhor saída para nós era a celebração de um acordo de leniência amplo, que englobasse o Grupo, nossos integrantes e os diversos órgãos envolvidos nas investigações. Os impactos negativos na economia já eram visíveis com a deterioração da situação das empresas, o aumento do desemprego e a paralisia na infraestrutura do país.

Nós enfrentávamos um apagão contratual. De uma hora para outra, clientes a quem servimos durante décadas dispensaram nossos serviços. Não só no setor estatal; também com alguns clientes privados isso aconteceu. Fomos castigados com o bloqueio de recursos, e o crédito às empresas do Grupo cessou quase por completo. Financiamentos aprovados, alguns em fase de desembolso, foram suspensos, principalmente pelos bancos públicos.

No começo de forma paulatina, e depois de forma acelerada, canteiros de obras em todo o Brasil iam sendo fechados quando ainda estavam longe de terminarem as edificações as quais tinham por objetivo erguer. A interrupção de projetos de infraestrutura — muitos em andamento, outros tantos já contratados e prestes a serem iniciados — tornou-se uma epidemia. Centenas de milhares de trabalhadores viam seus empregos evaporando da noite para o dia. A celebração do acordo de leniência parecia o meio mais rápido e eficaz para retornarmos à normalidade. Pelo menos, assim achávamos.

Mas a percepção de nossos advogados era de que isso não traria a segurança jurídica que precisávamos, caso não houvesse algumas mudanças na legislação então em vigor. A chamada "lei anticorrupção" havia sido editada há pouco tempo e era falha, principalmente quanto aos procedimentos. Por exemplo: com quem iríamos negociar? Quem teria a legitimidade de liderar a negociação, inclusive quanto aos âmbitos federal e estaduais?

Na época vários projetos de lei sobre o tema estavam em discussão na Câmara dos Deputados e no Senado, mas nenhum deles contemplava a possibilidade de pessoas físicas aderirem aos acordos de leniência, caso o Ministério Público também fosse signatário. E este aspecto, em nosso entendimento, era fundamental.

O juiz lê uma apelação de 1.400 páginas em três minutos. Isto mesmo: 1.400 páginas

Outro ponto importante, também ausente dos vários projetos, era a celebração do acordo de leniência com um único agente que representasse todos os demais órgãos envolvidos; por exemplo, Tribunal de Contas da União, Advocacia Geral da União e Ministério Público Federal.

Busquei, então, mobilizar a favor da causa associações empresariais e as centrais sindicais. Em decorrência de crises internas no Congresso, os projetos de lei, com os ajustes necessários, não seriam aprovados dentro do prazo que precisávamos. Sensibilizado, o governo federal também se engajou, e em 18 de dezembro de 2015 a presidente Dilma Rousseff editou uma Medida Provisória que resolvia algumas das lacunas da lei vigente. Mas o MPF reagiu, se posicionou contra as mudanças e desistimos da intenção de firmar qualquer acordo com base naquele novo marco legal. A cada dia ficava mais evidente, entretanto, que fazer os acordos — no caso de leniência para a pessoa jurídica e de delação premiada para as pessoas físicas — também era a única maneira de nossos companheiros saírem da cadeia e voltarem para suas famílias.

E no dia 8 de março de 2016, menos de nove meses depois da prisão, Alexandrino Alencar, César Rocha, Marcelo Odebrecht, Márcio Faria e Rogério Araújo são informados de suas condenações. Qualquer brasileiro de bom senso, habituado ao sossegado corpanzil da burocracia jurídica, se espantará, como ocorreu conosco, com a singular urgência de Sergio Moro em expedir as sentenças de condenação. Um prazo absolutamente inusitado na Justiça brasileira, considerando-se a complexidade dos processos de cada um deles.

Já vínhamos monitorando os atos de Moro para buscar indicadores que nos ajudassem em nossas estratégias jurídicas. O painel montado com essas informações revelava a existência de processos em que a sentença era tornada pública três minutos depois das defesas apresentarem as alegações finais ao juiz.

Três minutos! "Alegações finais" é uma peça que pode chegar a ocupar 1.400 páginas. Quem lê 1.400 páginas em três minutos?

Ninguém lê, é claro, isto seria impossível.

Ou seja, o então juiz decidia sem ler as alegações da defesa no processo que estava sentenciando. Só lia as da acusação. Isso deixava absolutamente claro que os processos da Lava Jato, em sua grande maioria, estavam completamente contaminados. Pior que isso: no mesmo documento em que condenou Alexandrino, César, Marcelo, Márcio e Rogério, o juiz Moro determinou que fosse mantida a prisão cautelar que os três últimos vinham cumprindo desde junho do ano anterior.

Ele decidiu mantê-los em prisão preventiva depois de condenados porque sabia que o cumprimento da pena após confirmação da sentença na segunda instância, conforme defendia, era ilegal. Não fosse a operação Lava Jato uma experiência à margem da lei, os condenados sairiam da prisão e iriam preparar seus recursos em liberdade. Sergio Moro agia como se tais direitos se aplicassem a todos os brasileiros, menos aos seus desafetos. Ele não admitia a hipótese de ver Marcelo, Márcio e Rogério exercendo, fora da cadeia, suas prerrogativas de defesa perante outros tribunais.

Marcelo, particularmente, foi tratado, durante o tempo todo em que esteve preso, com extrema crueldade. Em 22 de janeiro de 2016, menos de dois meses antes de sua condenação, a mídia repercutiu entrevista de Deltan Dallagnol à rádio Bandnews FM, durante a qual ele disse que, se pudessem ser somadas todas as possíveis condenações de Marcelo, a pena chegaria a dois mil anos. Mas, explicou, "a expectativa é uma pena inferior a cem anos de prisão". Era mais uma frase para se transformar em manchete, dita entre risos e com a soberba de alguém embriagado pela súbita fama. Tal atitude era claramente parte de uma estratégia para abater nosso ânimo e criar um clima de inconformismo entre nós.

Mesmo perseguido, maltratado, Marcelo discordava de como vínhamos tentando conduzir os processos de defesa das pessoas e das empresas do Grupo. Eram atitudes compreensíveis de alguém que, preso, não conseguia ter a visão do todo. Além disso, ele também não conseguia compreender por que estava sendo tratado quase que como um bode expiatório.

Só alguns anos depois consegui identificar a razão desse comportamento por parte da força-tarefa e do juiz que o condenou: Marcelo os deixou terrivelmente frustrados ao demonstrar que não poderia ajudá-los na temporada de caça ao ex-presidente Lula, cuja relação sempre foi minha. Meu filho foi presidente do Grupo em apenas dois anos do mandato de Lula: 2009 e 2010, os últimos, aliás, período em que a interlocução com ele seguiu sob minha responsabilidade. E num ambiente marcado pelo sofrimento, por humilhações e pelo sentimento flagrante de injustiça, o inevitável aconteceu: a dissenção transformou-se em conflito, que transbordou os temas específicos da Lava Jato e atingiu o âmago da relação familiar. Também, dadas as circunstâncias, era inevitável que o assunto ultrapassasse os limites do foro familiar ao qual deveria ficar restrito e no qual deve ser apreciado e resolvido — com maturidade e harmonia, como sempre fizemos.

Não tínhamos, portanto, alternativas, por mais temerário que fosse negociar um acordo com a força-tarefa de Curitiba. E tornamos pública a nossa decisão no comunicado, divulgado no dia 22 de março de 2016, ao qual demos o nome de *Compromisso com o Brasil*.

COMPROMISSO COM O BRASIL

As avaliações e reflexões levadas a efeito por nossos acionistas e executivos levaram a Odebrecht a decidir por uma colaboração definitiva com as investigações da Operação Lava Jato.

A empresa, que identificou a necessidade de implantar melhorias em suas práticas, vem mantendo contato com as autoridades com o objetivo de colaborar com as investigações, além da iniciativa de leniência já adotada em dezembro junto à Controladoria Geral da União.

Esperamos que os esclarecimentos da colaboração contribuam significativamente com a Justiça brasileira e com a construção de um Brasil melhor.

Na mesma direção, seguimos aperfeiçoando nosso sistema de conformidade e nosso modelo de governança; estamos em processo avançado de adesão ao Pacto Global, da ONU, que visa mobilizar a comunidade empresarial internacional para a adoção, em suas práticas de negócios, de valores reconhecidos nas áreas de direitos humanos, relações de trabalho, meio ambiente e combate à corrupção; estabelecemos metas de conformidade para que nossos negócios se enquadrem como Empresa Pró-Ética (da CGU), iniciativa que incentiva as empresas a implantarem medidas de prevenção e combate à corrupção e outros tipos de fraudes. Vamos, também, adotar novas práticas de relacionamento com a esfera pública.

Apesar de todas as dificuldades e da consciência de não termos responsabilidade dominante sobre os fatos apurados na Operação Lava Jato — que revela na verdade a existência de um sistema ilegal e ilegítimo de financiamento do sistema partidário-eleitoral do país — seguimos acreditando no Brasil.

Ao contribuir com o aprimoramento do contexto institucional, a Odebrecht olha para si e procura evoluir, mirando o futuro. Entendemos nossa responsabilidade social e econômica, e iremos cumprir nossos contratos e manter seus investimentos. Assim, poderemos preservar os empregos diretos e indiretos que geramos e prosseguir no papel de agente econômico relevante, de forma responsável e sustentável.

Em respeito aos nossos mais de 130 mil integrantes, alguns deles tantas vezes injustamente retratados, às suas famílias, aos nossos clientes, às comunidades em que atuamos, aos nossos parceiros e à sociedade em geral, manifestamos nosso compromisso com o país. São 72 anos de história e sabemos que temos que avançar por meio de ações práticas, do diálogo e da transparência.

Nosso compromisso é o de evoluir com o Brasil e para o Brasil.

A forma com que cada processo foi conduzido tornou a operação um descalabro

A Lava Jato arruinou muita gente. Já os beneficiados por ela foram poucos e por isso é fácil nomeá-los: membros da própria Lava Jato — dentre eles, procuradores e, em especial, seu real e máximo líder Sergio Moro. Estes — procuradores, Moro e alguns poucos mais — são os únicos que têm motivos para louvar a operação, e o fazem aplaudindo uns aos outros, de forma algo gaiata e burlesca.

A propósito, desde o início de 2021 temos acompanhado quase que diariamente a publicação de manchetes como esta, exibida no portal de notícias UOL: "New York Times *diz que Moro corrompeu o sistema judicial e é responsável direto pelo caos que o Brasil vive hoje*".

Aqui cabe relembrar o que já dissemos antes: muito do que foi confessado ou delatado na Lava Jato, ou foi grandemente exagerado ou não era verdade. Eram "fatos" criados pelos investigados, réus ou não, para conseguirem satisfazer seus inquiridores e se livrar da pesadíssima pressão que a força-tarefa exerce sobre eles, e até sobre seus familiares.

Na minha colaboração à Justiça relatei, integralmente, em 28 anexos, eventos que me envolviam, sem me submeter aos procuradores que, me coagindo, buscavam obter informações que incriminassem o ex-presidente Lula. Convivi com Lula por mais de 30 anos. Temos uma relação de confiança, construída a partir de 1990, quando fomos apresentados por Mário Covas. Deputado federal cassado, senador, prefeito de São Paulo e governador do Estado, Covas nos convidou para um almoço em sua casa. Era um sábado, e naquele almoço, que durou mais de nove horas, conversamos sobre tudo. O prato principal, porém, foi o que devíamos e poderíamos fazer pelo Brasil e pelos brasileiros.

O ex-presidente Lula, ao longo desses anos todos, jamais pediu ou tratou comigo de qualquer assunto de interesse pessoal ou privado. Minhas agendas com ele buscavam sempre a convergência de nossos interesses e propósitos empresariais com os interesses do Brasil e os planos do governo, de modo que ele, quando decidia atender alguma de nossas reivindicações, o fazia com o conforto de estar acreditando em algo que servia à nação.

Ele tinha a capacidade de compreender que os investimentos de nosso Grupo visavam, sim, a fortalecer nossas empresas, mas sempre alinhados com prioridades definidas pelo governo em prol do país.

O fato é que eu consegui resistir à tortura emocional e psicológica, tão bárbaras e condenáveis quanto a tortura física. Mas nem todos conseguiram.

Assim, a forma tendenciosa com que cada processo da Lava Jato foi conduzido tornou a operação um descalabro.

Promotores recebiam, através de um aplicativo de mensagens instantâneas, ordens de um juiz sobre como deveriam redigir cada ação penal, a qual, na sequência, seria "julgada" por esse próprio magistrado — uma completa aberração.

As ações e os comportamentos da força-tarefa e do juiz eram alinhados para condenar e punir. Os objetivos que determinavam suas atitudes e suas decisões eram políticos, pessoais, econômicos e ideológicos. Não para buscar a verdade mediante investigações e julgamentos justos e imparciais.

A Lava Jato ceifou reputações e empregos e deixou um irrespirável ambiente de polarização

Erros de minha parte e da parte de terceiros, portanto, não atenuam e muito menos justificam o quase estado de exceção no qual Moro e seus comandados jogaram o Brasil por tanto tempo, e a anarquia daí decorrente.

A maneira como tais erros foram "descobertos" e punidos pela operação — e, diga-se a verdade, usados como pretexto para um ataque selvagem à Odebrecht e a muitas outras companhias — mostrou-se, sem dúvida, o que de pior poderia ter acontecido ao Brasil e aos brasileiros.

Os membros da Lava Jato diziam querer punir pessoas e empresas por atos ilícitos cometidos — só isso. Mas o que fizeram, na prática, foi arrasá-las, de forma maciça e terminal. A verdade irrefutável é que, desde março de 2014, mês após mês seguiam-se as intervenções, a sangue frio, no tecido econômico e social do país. Muitas corporações, sentindo-se ameaçadas pelo progressivo desmonte da proteção aos direitos individuais e empresariais feito pela Lava Jato, optaram por se retrair.

E aqui cabe uma interrogação: até que ponto a incapacidade da economia brasileira de recuperar-se da crise que a acometeu em 2014 não se deve ao fato de nosso empresariado ter se tornado acuado e, por consequência, omisso em função dos ataques que sofreu da Lava Jato?

Aliás, quanto à terrível pandemia de Covid-19 que se pôs a castigar o país a partir de março de 2020, cabe outra pergunta: nossa classe empresarial não teria participado de forma mais ativa e mais eficaz no combate a ela se sua capacidade de liderança, reputação, seus investimentos geradores de emprego e renda, ativos que fazem a diferença em qualquer país, não houvessem sido desestimulados ou extirpados pela operação?

Os problemas reais de nosso povo diante do novo Coronavírus foram a ausência de respiradores, oxigênio e, principalmente, vacinas. E também o desemprego e a falta de renda daí decorrentes. Se as empresas tivessem assumido com mais força a linha de frente do combate à crise sanitária, talvez os estragos causados no Brasil fossem menores.

Mas é realista esperar que um empresariado estigmatizado, satanizado pela violência de anos de ataques vindos da Lava Jato, fosse capaz de posicionar-se com o protagonismo necessário diante da epidemia global?

Não, não era realista alimentar tal expectativa.

A verdade incontestável é que a sanha persecutória dos procuradores, comandados informalmente (e ilegalmente) por Sergio Moro, trouxeram dor, pobreza e um ambiente irrespirável de extremismo e polarização política exacerbada ao país.

A humanidade sabe o destino de uma mentira repetida mil vezes

A poderosa máquina de propaganda da Lava Jato mantém no ar uma alegação que sobrevive à própria operação, constantemente repetida pelos ex-membros da força-tarefa. Segundo essa versão, a Lava Jato teria sido financeiramente benéfica ao Brasil, devido aos "valores devolvidos aos cofres públicos" em função dela. Trata-se de uma falácia.

O que a Lava Jato trouxe à Petrobras e à União, por acordos com acusados de corrupção, é largamente superado pelo que a própria Petrobras, por exemplo, teve de pagar em indenizações e multas ao governo dos Estados Unidos e a acionistas minoritários americanos.

No próprio portal do MPF na Internet está a informação de que a operação arrecadou para a Petrobras e para o governo federal a quantia de 4,3 bilhões de reais. Pois bem: em janeiro de 2018 a Petrobras se viu forçada a pagar a investidores americanos, que a haviam processado no bojo das denúncias da Lava Jato, a quantia de 2,95 bilhões de dólares.

Depois, em setembro daquele mesmo ano, a empresa teve de entregar mais 853,2 milhões de dólares para que fossem encerradas investigações sobre ela por parte de dois órgãos públicos dos EUA: o DoJ [Departamento de Justiça] e a SEC (Securities and Exchange Commission), feitas em virtude de operações da Lava Jato.

Somando tudo, só até 2018 a Petrobras já havia perdido US$ 3,8 bilhões devido aos ataques da força-tarefa de Curitiba; isso, pela cotação do dólar à época, equivalia a mais de R$ 15 bilhões. Veja bem: a Lava Jato, dito por eles, nos trouxe R$ 4,3 bilhões em ganhos, contra mais de R$ 15 bilhões em perdas!

Quando revelo que também sob o prisma financeiro a operação foi um tormento para o Brasil, não quero eximir envolvidos e nem afirmar que não houve corrupção na Petrobras. Aponto que os números são mostrados apenas pelo lado que convém à exploração positiva e elogiável pela mídia.

A conta que sustenta esses números está errada. É mais uma mentira.

Sobre isso a pergunta que cabe, portanto, é a seguinte: é tolerável que autoridades com a responsabilidade daquelas que compunham a força-tarefa façam uso da boa-fé da população para enganar, para justificar seus atos com falsos argumentos, repetidamente martelados pela parte da mídia que optou por ser o braço de comunicação da "instituição" Lava Jato?

As razões para que assim tenha ocorrido estão sendo dissecadas nos próprios meios jornalísticos em uma tardia autocrítica. E deixo para aqueles que estão se dedicando a analisar esse fenômeno mais uma pergunta: de que natureza eram as motivações que levaram a tal alinhamento?

Não podemos esquecer que este alinhamento serviu à preocupação desmedida com a publicidade e a exposição midiática por parte dos membros da Lava Jato. As fases (como identificavam as ações da operação) eram batizadas com nomes chamativos, feitos sob encomenda para compor manchetes de jornais.

Algumas das fases faziam sentido, ao menos sob a ótica do que a Lava Jato dizia buscar; outras, porém, eram claramente colocadas "na rua" sem outra razão que a de fornecer material para que mais reportagens fossem publicadas em jornais e revistas ou veiculadas nas TVs — todas, é claro, louvando a operação.

A propósito, a colunista Bela Megale, do jornal *O Globo*, revelou, em nota publicada no começo de março de 2021, que Sergio Moro, já na iniciativa privada, teria se queixado a amigos da "falta", nos primeiros meses do ano, de operações nos moldes da Lava

Jato. Acredito que ele entendia que, se essas operações acontecessem, seu nome voltaria ao noticiário, mantendo-o no imaginário do futuro eleitor.

O país pagaria um preço alto por ter se deixado enganar

Outro dos legados venenosos da Lava Jato foi abrir as portas do Brasil para a violência verbal — e às vezes física — dentro da política. Os extremos do espectro ideológico, que até então viviam à margem, conseguiram cavar posições no centro do debate político, e de lá não mais saíram.

Típicos da Lava Jato, o messianismo e o repúdio a qualquer entendimento ou acordo civilizado serviriam de modelo para indivíduos que logo ganhariam crescente visibilidade, em especial por suas ações nas redes sociais, as quais passariam a ter peso decisivo na vida política brasileira dali por diante. É importante frisar esse ponto — a postura da força-tarefa sempre foi muito além daquela que seria desejável em um estado de direito: investigação da denúncia, acusação, julgamento e, se fosse o caso, punição dos envolvidos. Não, a tática sempre foi a de terra arrasada. Tudo o que a operação tocava, a cada nova fase, transformava-se em ruínas.

Recordo-me, a propósito, que o que mais me constrangia naqueles dias dramáticos eram as entrevistas às quais tive que me submeter com juízes de instâncias superiores, como parte do ritual legal para que fosse pactuada minha colaboração. Tais magistrados me perguntavam se tudo o que eu dissera aos procuradores e à Polícia Federal fora de livre e espontânea vontade. E eu, devido à necessidade imperiosa de firmar os acordos de colaboração premiada e leniência (o meu e os dos demais integrantes de nosso Grupo), via-me obrigado a sempre responder que sim.

Sabíamos, todos, que era uma farsa. Aliás, mais uma, em um cenário de pesadelo, onde magistrados de tribunais superiores sentiam-se acuados por um juiz de 1ª instância e pela opinião pública insuflada pelo noticiário claramente lavajatista. Pareciam acossados pelo medo de reagir ao juiz e à força-tarefa de Curitiba, àquela altura endeusados por uma sociedade convencida, por poderosa estratégia publicitária, de que suas intenções eram totalmente puras e seus métodos, absolutamente decentes.

O país pagaria, em breve, um preço alto por ter se deixado enganar.

Quando chegamos a 2018, um ano de eleições, a população brasileira, radicalizada em virtude dos ininterruptos apelos à guerra total feitos desde 2014 pelos justiceiros de Curitiba contra a corrupção, estava irreconhecível. Verdadeiras ondas de ódio aos políticos (não apenas contra os que eram tachados de corruptos, mas contra todos os políticos) emanavam dos eleitores, os quais mostravam-se dispostos a atender aos apelos da força-tarefa no sentido de que fosse destruído, via urnas, tudo o que a Nova República havia construído desde seu início, em 1985. Deu no que deu.

Justiça e força-tarefa eram uma coisa só: investigadores e juiz trabalhando juntos

Há uma ideia-força que me orienta e guia: não existe empresa forte em país fraco, nem países fortes com empresas fracas. As empresas são a força motriz dos Estados modernos e os governos são indutores do desenvolvimento.

Como grupo empresarial, sempre acreditamos na importância e na legitimidade de colaborar com os poderes públicos, no sentido de apoiar a concepção e a implantação de políticas internas e externas de desenvolvimento.

Sempre nos posicionamos como apartidários, uma organização de negócios sem ideologia, focada no progresso do país. Sempre buscamos contribuir com a sustentabilidade, no geral, e com a redução da desigualdade social, criação de postos de trabalho, qualificação de mão de obra e geração e aumento de renda — mediante investimentos estratégicos nas vocações nacionais e em educação, saúde, cultura e meio ambiente.

A Odebrecht, porém, pagou e vem pagando pela liderança, foi mal compreendida e sofreu injustamente, porque teve na mídia a principal indutora da posição desfavorável ao Grupo assumida pela opinião pública. O que prevaleceu foi o interesse da força-tarefa da Lava Jato de manter seu prestígio e poder, e assegurar a sobrevivência e continuidade das operações para que conseguisse incriminar o ex-presidente Lula — com ou sem motivos procedentes — e alcançasse os objetivos das agendas pessoais da maioria de seus integrantes. Agendas, repito, políticas, econômicas e ideológicas.

A Justiça de 1ª Instância e a força-tarefa de Curitiba eram, de fato, uma coisa só: investigadores e juiz trabalhando juntos, o que, inevitavelmente, levaria a decisões parciais e a injustiças, porque guiadas por propósitos espúrios e não pela busca da verdade. Aliás, sabíamos disso então. Para fechar nosso acordo de colaboração com a Justiça, foram nove meses de embates e negociações.

Para nós, já estavam claras as intenções subjacentes. Tentamos denunciar através de nossos advogados, mas agindo sempre com extrema precaução porque estávamos absolutamente vulneráveis a abusos de autoridade, retaliações e a um calvário de consequências funestas, já que, repito, mesmo circunstancialmente, vivíamos em um país com o Estado de Direito comprometido.

"Bota Marcelo mais 30 anos na cadeia e ele faz o acordo (...). Quebraremos a espinha do Emílio"

O acordo de leniência, das pessoas jurídicas, e o acordo de delação premiada, das pessoas físicas, em geral têm o mesmo conteúdo, mudando apenas o detalhe de que as informações para a leniência são em terceira pessoa e para a delação, na primeira.

Em nosso caso, porém, ficou estabelecido que Curitiba trataria da leniência e um grupo de trabalho criado pela PGR (Procuradoria Geral da República), da colaboração. A entrada da PGR se justificava porque na colaboração haveria citação de autoridades com foro privilegiado. Desse modo, o acordo de leniência foi negociado com a força-tarefa de Curitiba e submetido à homologação do juiz Sergio Moro; o de colaboração, com o grupo de trabalho que contava com procuradores da força-tarefa e da PGR, e a homologação coube ao Supremo Tribunal Federal.

Já nas primeiras reuniões percebemos que fechar o acordo seria uma tarefa muito mais espinhosa do que imaginávamos. Sobretudo depois de ouvirmos de um dos procuradores de Brasília (da PGR) que no MPF de Curitiba tinha muita gente que queria "a Odebrecht quebrada e o Marcelo apodrecendo na cadeia". A guerra jurídica que vínhamos enfrentando tinha por característica a manipulação das leis para desrespeitar procedimentos legais e os direitos dos indivíduos que a força-tarefa perseguia. É importante relembrar que os presos eram deslocados para Curitiba, onde ficavam distantes de seus advogados e familiares; eram confrontados o todo tempo com provas ilegais obtidas pela força-tarefa, e ouviam repetidamente as ameaças que já citei de invasão de suas residências, humilhação de mulheres, maridos e filhos e prisão de familiares.

Quando na mesa sentaram-se os procuradores da "banda de Curitiba" e os da "banda do PGR Rodrigo Janot" percebemos que havia uma divisão que em nada nos ajudaria. Também pesava na busca de um acordo razoável para todos a tal "informalidade" defendida pelo juiz, que nos obrigou a ouvir frases do tipo: "Olha, esta cláusula tal aqui, o Moro está pedindo para mudar..."

O juiz determinava como deveria ser escrito um documento, o acordo, que ele mesmo iria julgar e decidir se seria válido ou não. A promiscuidade, a empáfia, a arrogância, a prepotência, a naturalidade abusiva da relação entre delegados, procuradores e juiz, tudo isso nos foi jogado na cara naqueles meses de negociação. Não era algo velado. Tratava-se da postura de todos os membros da operação. Uns mais, alguns pouco menos — eram grosseiros, intimidadores, arbitrários e autoritários ao extremo.

Dos diálogos entre membros da força-tarefa ocorridos durante a negociação e que se tornaram públicos, alguns deixam isso bastante claro. Os promotores da Lava Jato debocham de mim e de meu filho, dizendo coisas do tipo: "A gente bota mais 30 anos para Marcelo na cadeia e ele faz o acordo, vamos começar logo com 10 anos com Emílio que quebramos a espinha dele".

A negociação de nosso acordo começou com a participação de 12 executivos: os cinco que haviam sido presos em junho de 2015 e outros sete, que tiveram prisões temporárias decretadas por Sergio Moro em uma operação ocorrida em março de 2016.

A adesão era voluntária, mas ser colaborador assegurava às pessoas a proteção de um armistício. O armistício seria firmado entre as partes para garantir que, enquanto a negociação estivesse em andamento, não haveria mais operações de busca e apreensão nem prisões. Contudo, quem fosse citado nos depoimentos dos que já estavam colaborando não estaria protegido contra ordens de prisão e invasão de sua casa, a não ser que se tornasse colaborador também. Como a simples citação do nome — não importava o contexto

— tornava qualquer um de nós alvo preferencial da força-tarefa, o acordo final envolveu 78 integrantes de nossas empresas, pelas circunstâncias não necessariamente "voluntários".

O armistício foi assinado em 11 de maio de 2016, e a partir daí ficamos proibidos de fazer qualquer manifestação pública sobre a Lava Jato e de impetrar habeas-corpus, além de desistir daqueles já em curso. Cada negociação era individual. Uma das determinações da operação parecia inspirada nos métodos da Santa Inquisição: caso algum colaborador não tivesse reconhecidas como relevantes as informações que fornecera, seria excluído e poderia ser alvo de prisões cautelares e de ações penais. Ou seja: naquela etapa as ameaças eram outras, e o que mais atemorizava cada um de nós era ficar fora do acordo final, porque a nossa vida se transformaria em um inferno. Era o que os procuradores prometiam.

Nesse ambiente, ameaçados, pressionados, submetidos a quase insuportável sofrimento físico e mental, poucos conseguiram resistir a determinações como essa: "Você está aqui voluntariamente e quero que fale de fulano e de sicrano". Os procuradores apontavam o dedo e não tinham limites. Um exemplo:

— Nos dê a cúpula do partido Tal e tudo estará resolvido entre nós.

Foi assim que a "a delação do fim do mundo" — como foi batizada pela mídia na época — resultou em mil relatos feitos pelos 78 colaboradores, embora perto de 90% deles fossem sobre contribuições para campanhas eleitorais. Mas os procuradores insistiam: "Contribuição para campanha não queremos. Tem que ter corrupção".

Isso significava que qualquer doação feita a candidato ou partido político tinha que ser assumida como propina. Assim definiram e assim a mídia plantou no imaginário da sociedade brasileira. O que era uma prática usual, conhecida, transformou-se em toma-lá-dá-cá, ou seja: crime, porque eles, naquele momento, eram os donos da verdade.

Como jamais fizemos doações para partidos ou candidatos barganhando contrapartidas, eles próprios encontraram a solução: "Você, colaborador, assume que a contrapartida é que, no futuro, o candidato pode se tornar um político importante, com poder, e você terá influência sobre ele". E foi desse modo que em centenas de relatos este texto se repetiu.

Importante: se o relato feito pelo colaborador não fosse capaz de atender aos critérios de "crime", definidos pelo juiz e pelos procuradores, era rejeitado. E o autor levava "bola preta". Como cada um precisava da "bola branca" para estar no acordo, foi por essa e só por essa razão que a Odebrecht "confessou", como eles apregoaram, "mil crimes de corrupção".

A principal fonte para o aparecimento de tantos "relatos" eram as agendas de nossos executivos — a minha, inclusive. Depois de recolhidas pela força-tarefa, eram analisadas e o aparecimento do nome de um governador, ministro de Estado ou diretor de empresa estatal dava início a um "inquérito". O raciocínio dos procuradores era muito simples: se um representante da Odebrecht agendou um encontro com aquela pessoa, ambos deveriam ser considerados suspeitos de alguma trama que resultaria em corrupção. E, num certo dia, nossos advogados receberam uma lista grande, alentada, com nomes de jornalistas. Lá estavam quase todos os principais diretores de redação, editores e repórteres dos principais veículos de comunicação do Brasil.

Queriam saber por que aquelas pessoas da Odebrecht (donos das tais agendas) haviam se encontrado em almoços, na sede da empresa ou em visitas às redações com aqueles jornalistas. A explicação também foi simples: para falar de conjuntura econômica, de projetos da empresa, de temas de interesse nacional, para conceder uma entrevista ou para dar uma notícia. Isso lhes pareceu pouco e a pergunta seguinte foi estarrecedora: "A quais destes jornalistas vocês pagam para defender a Odebrecht?" De todas as situações, esta estará sempre entre as mais inesperadas. Pasmos, nossos advogados, sem saber o que dizer, se comprometeram a falar com os interlocutores para trazer as respostas.

Este assunto, obviamente, não evoluiu. Como Sergio Moro era consultado sobre tudo — assim nos diziam durante as negociações — ele certamente recomendou que a força-tarefa não incomodasse a mídia, talvez então seu mais forte aliado. Mas fica o registro: você, jornalista, que algum dia, por remoto que seja, esteve com algum executivo da Odebrecht, saiba que entrou na lista dos suspeitos da Lava Jato.

Eram momentos de profundo sofrimento para nós, porque muitos dos ilícitos que tentavam impingir a pessoas inocentes eram absolutamente irreais; mas não havia escolha: ou confirmávamos, ou não tinha acordo, nem de delação nem de leniência. Nossas vidas, as de nossas famílias e a sobrevivência do Grupo estavam em jogo.

Do dia 19 de junho de 2015 até a assinatura dos acordos, quase 18 meses depois, dediquei uma atenção especial às famílias dos 77 colaboradores. A insegurança, o medo, a ansiedade e o futuro imprevisível afetavam de modo dramático o cotidiano e a saúde de todos os diretamente atingidos, maridos, mulheres e filhos.

Participei pessoalmente de encontros que ocorriam periodicamente com os núcleos familiares, para oferecer meu amparo emocional e reiterar o compromisso de assegurar as condições e os recursos para que não houvesse qualquer risco de perda de qualidade de vida ou de carências de natureza material.

A simples presença do nome em uma delação de terceiro poderia implicar, dentre outras consequências, o bloqueio pela Lava Jato de todos os bens da pessoa citada. E assim, da noite para o dia, ela se via sem dinheiro para suprir necessidades básicas. Nos casos mais graves — por exemplo, de restrição de liberdade — havia a impossibilidade de continuar trabalhando.

Por isso, garantimos a remuneração, nas mesmas bases do momento em que a pessoa foi alvo da Lava Jato, até o final do cumprimento da pena dos que viessem a ser condenados.

Para os familiares dos que estiveram presos em Curitiba, montamos uma base de apoio na cidade para cuidar de toda a logística das visitas, incluindo passagens, estadias e traslados.

Havia também encontros periódicos com os advogados, com o objetivo de manter a todos informados sobre o que estava acontecendo na Justiça e na empresa, e para, na medida do possível, transmitir às famílias alguma tranquilidade por saberem que, apesar da situação adversa, estávamos zelando por todos.

Os termos da negociação das penas foram os mais duros que se podia imaginar. Ninguém escondia que Sergio Moro e os procuradores queriam impor o pior castigo que pudessem ao nosso Grupo e às nossas pessoas.

Essa postura só começou a mudar quando conseguimos demonstrar que as condições que estavam sendo propostas inevitavelmente nos quebrariam — e, obviamente, não teríamos como honrar os compromissos financeiros decorrentes das multas que pretendiam aplicar. Isso os deixou aparentemente preocupados, pois a falência da Odebrecht poderia deixar muito claro, para quem ainda não tivesse enxergado, que a Lava Jato estava destruindo empresas brasileiras. Não lhes interessava que tal fato ficasse exposto de forma explícita naquele momento.

Eles tinham prazer em nos ver sangrar, mas temor de nos ver quebrar.

A construção jurídica dos acordos de leniência e de colaboração foram concomitantes, embora feitos em separado. A assinatura de ambos se deu no mesmo dia — 29 de novembro de 2016 — em Curitiba e em Brasília. Em razão da troca "informal" de dados da força-tarefa com o DoJ, dos EUA, e com o Ministério Público da Suíça, os dois países se tornaram signatários do acordo.

Outra "verdade absoluta" propagada pela Lava Jato: a lenda do sítio de Lula

Eu consegui resistir à pressão daqueles senhores. Relatei, em mais de 50 páginas, minhas ações junto a lideranças políticas e governamentais do Brasil e de outros países, acompanhadas das respectivas agendas — públicas, esclareça-se. Falei de meu relacionamento e de minhas audiências com Fernando Henrique Cardoso, Lula, Hugo Chávez, ex-presidente da Venezuela, e José Eduardo dos Santos, ex-presidente de Angola, entre outros, e não soneguei qualquer informação. Ficaram frustrados porque nada havia ali que incriminasse a mim ou a meus interlocutores. Houve clareza, objetividade e verdade na colaboração que me coube. Mas percebi que todo o acordo poderia estar em risco caso não encontrassem algo que me transformasse em réu.

E isso ocorreu associado ao caso do sítio de Atibaia.

Em meu relato, informei que, em outubro de 2010, Alexandrino Alencar me avisou que, em encontro com dona Marisa Letícia, na festa de aniversário do presidente Lula, comemorado no prédio do Centro Cultural Banco do Brasil em Brasília, ela lhe pediu que a Odebrecht a ajudasse na realização de algumas reformas em um sítio em Atibaia. Era um local que eles costumavam frequentar e decidi atender o pedido. Orientei Alexandrino para que conversasse com um de nossos diretores e identificasse um engenheiro da Odebrecht que pudesse coordenar as obras. Também lhe pedi que, durante a realização dos serviços, não houvesse exposição de nossa marca para evitar qualquer constrangimento futuro, e assim foi feito.

Lula deixaria a presidência no final daquele ano e meu gesto não estava vinculado a qualquer agradecimento ou expectativa de retribuição futura. Dali a alguns dias o governo seria outro. O que relatei era a mais absoluta expressão da verdade, e por isso o fiz com a consciência tranquila.

Mas parecia que ter meu nome na lista dos 78 era uma questão de honra para a força-tarefa de Curitiba. Então, eles me imputam o crime de lavagem de dinheiro. Não cabe lavagem de dinheiro no relato sobre o caso Atibaia. Afirmo que autorizei a realização dos serviços sem que houvesse exposição da marca da empresa que seria encarregada de fazê-los. Apenas isso. Não disse que era para pagar por fora, que era para pagar com recursos de caixa dois ou que era para pagar pela tesouraria da companhia. Eu não disse nada. Disse apenas: não quero que apareça nosso nome. Corrupção não foi, como eles próprios reconheceram, mas Emílio Odebrecht tinha que estar em algum lugar, e associam meu nome a lavagem de dinheiro.

O resultado é conhecido: o plenário do STF declarou a incompetência da 13ª Vara Federal de Curitiba para julgar este processo, e a 2ª Turma do mesmo STF determinou a anulação de atos praticados pelo juiz Sergio Moro por quebra de imparcialidade, incluindo aqueles relacionados com o caso de Atibaia. Some-se a isso o fato de ser ocorrência do ano de 2010, portanto já prescrito, não me restando, hoje, qualquer pendência com a Justiça.

Acusações terminam em carimbos: "Anule-se!", "Arquive-se!"

Ocorre que o que se deu comigo repetiu-se com muitos dos colaboradores: até setembro de 2022, dos 78 da relação inicial, 48 foram absolvidos ou tiveram seus processos anulados ou arquivados. Dos quase mil relatos — os tais "mil crimes de corrupção" — a Justiça só conseguiu proceder a 149 denúncias contra integrantes da Odebrecht. Destas, até aquela data, 17 tiveram os procedimentos anulados e 92 foram arquivadas, simplesmente porque não eram "crimes". São números impressionantes, que confirmam a ficção inventada em Curitiba para servir à projeção midiática de Sergio Moro e seus procuradores, necessária para sustentá-los até quando chegasse a hora de "refundar" a República.

Em setembro de 2022, portanto, só da Odebrecht eram 48 pessoas que haviam sucumbido injustamente ao poder que a sociedade e a mídia brasileira conferiram a Sergio Moro, Deltan Dallagnol e seus parceiros para impulsionarem suas medíocres biografias à custa de inocentes. E este número pode crescer, engrossando o contingente de acusados que, segundo decisões da Justiça, relataram crimes que não cometeram, ilícitos dos quais não participaram, atos de corrupção dos quais jamais foram protagonistas ou testemunhas. As punições negociadas com cada um dos 78 colaboradores, somadas, resultam também em números de chamar a atenção: R$ 531 milhões de multas e 319 anos de prisão; 51 foram impedidos de continuar na empresa. Com as multas pagas, as penas de prisão sendo cumpridas e com seus contratos de trabalho encerrados, são pessoas que a Justiça puniu, mas não consegue provar que eram culpadas.

O mesmo vem ocorrendo com os delatados.

Em abril de 2017, o STF ou instâncias competentes, conforme o foro dos investigados, definidas pelo ministro Edson Fachin, deram início a 286 apurações decorrentes dos relatos de nossos 78 colaboradores. Até abril de 2021, 70 daquelas apurações haviam sido arquivadas e apenas sete resultaram em sentença condenatória, ou 2,5%. Segundo dados do STF, na maioria dos casos o arquivamento foi decidido pelo próprio Ministério Público Federal, e confirmado pela Justiça porque as investigações não conseguiram ir além do que constava nos depoimentos dos colaboradores, obviamente insuficientes para a abertura de qualquer ação penal contra quem quer que fosse.

Sobre isso, temos visto procuradores e jornalistas saudosos da Lava Jato, dizendo que a responsabilidade por tal fracasso cabe à Odebrecht, porque seus colaboradores não forneceram provas suficientes do que afirmaram. É verdade: isso se deu pelas razões que acabei de explicar. Não tínhamos provas a apresentar sobre fatos inexistentes, criados pela força-tarefa a partir das "interpretações" que fizeram dos milhares de documentos, planilhas e mensagens que recolheram em verdadeiras devassas em nossos escritórios e nas casas de nossos executivos, em dez operações de busca e apreensão.

Dentre as "interpretações" da força-tarefa merece destaque o estardalhaço feito em torno do "departamento de operações estruturadas", um "departamento de propinas" que jamais existiu. O que existiu foi um sistema de geração de recursos não contabilizados, o popular "caixa 2". Não sejamos hipócritas: desde a invenção do capitalismo, é comum empresa média ou grande manter pelo menos 1% de seu faturamento ali alocado. Não é certo, mas assim é, e serve para atender contingências inesperadas. Em nosso caso, as finalidades estavam claramente delimitadas: pagamentos em espécie a fornecedores, especialmente em zonas de conflito; pagamentos não convencionais, como resgates de integrantes de nossas empresas em casos de sequestros (nos últimos trinta anos fomos vítimas de onze sequestros, ocorridos em países de alto risco político e social); remuneração de executivos por desempenho ou atuação em circunstâncias especiais. E contribuições para campanhas políticas. Em algum momento serviu para "compra" de facilidades, quando absolutamente inevitável? É provável que sim, mas o encaminhamento de todos os inquéritos relacionados ao tal "departamento de propinas" para a Justiça Eleitoral é a comprovação definitiva de que os ilícitos penais que a força-tarefa anunciou ter descoberto simplesmente não existiram.

Depois da assinatura dos acordos de colaboração e leniência, como parte deles e dadas as circunstâncias do momento, no dia 2 de dezembro de 2016 publicamos um comunicado em quase toda a grande mídia do Brasil com o título: "Desculpe, a Odebrecht errou".

Nele afirmamos, entre outras coisas:

A Odebrecht reconhece que participou de práticas impróprias em sua atividade empresarial.

Não importa se cedemos a pressões externas. Tampouco se há vícios que precisam ser combatidos ou corrigidos no relacionamento entre empresas privadas e o setor público.

O que mais importa é que reconhecemos nosso envolvimento, fomos coniventes com tais práticas e não as combatemos como deveríamos.

Foi um grande erro, uma violação de nossos princípios, uma agressão a valores consagrados de honestidade e ética.

Não admitiremos que isso se repita.

No mesmo comunicado, inserimos todos os compromissos que assumimos perante as sociedades de todos os países onde atuávamos então, e onde atuaremos no futuro. Destes compromissos, destaco três:

1. Combater e não tolerar a corrupção em qualquer de suas formas, inclusive extorsão e suborno.

2. Dizer não, com firmeza e determinação, a oportunidades de negócio que conflitem com este princípio.

3. Adotar princípios éticos, íntegros e transparentes no relacionamento com agentes públicos e privados.

Insuficiência de provas; incompetência do juízo; desobediência da ordem de apresentação das alegações finais; ausência de justa causa em decorrência do reconhecimento de que as provas que embasaram a denúncia seriam ilícitas por derivação; inépcia da denúncia; atipicidade de conduta e falta de elementos mínimos para prosseguimento da ação — são apenas algumas das incursões contra a ética e a Lei, promovidas pela Lava Jato, que fizeram com que inquéritos fossem anulados ou arquivados pela Justiça, tanto de colaboradores quanto de delatados. Como corolário desta lamentável lista está a parcialidade do juiz Sergio Moro, conforme decretado pelo Supremo Tribunal Federal.

Esse rol de motivos e números tão expressivos é suficiente para nos levar ao cerne de toda a questão: o descaso com a verdade e o desprezo pelo Direito alimentaram a grande trapaça que a mídia brasileira comprou pelo valor de face de que, ao forjar a "delação do fim do mundo", Sergio Moro e Deltan Dallagnol estavam oferecendo ao Brasil nada menos que sua eterna redenção.

O que não foi anulado, nem arquivado, nem reparado são os milhões de reais pagos por multas indevidas, as penas cumpridas sem motivo, a expulsão dos empregos e a marca indelével de delator da Lava Jato que tantas pessoas carregarão pela vida — sem crime, sem culpa, sem razão.

Vendemos ativos que deveriam ser vistos como um patrimônio da nação

Vejamos agora esta mesma questão por outro prisma: o das pessoas jurídicas. Pessoas jurídicas têm apenas existência legal. Não possuem existência física. Nem tampouco, é óbvio, consciência e outros atributos próprios de seres humanos.

São abstrações que não deveriam ser "punidas" por algum ilícito que supostamente "tenham cometido" — porque não se pune quem não comete ilícito e também não se pune quem não existe, ou existe apenas enquanto nome (Odebrecht ou Petrobras, por exemplo) em papéis. Não faz sentido.

Também não faz sentido, por consequência, acusar uma empresa de ser "criminosa" ou, por outro lado, nomear uma empresa como "vítima". Não há lógica, enfim, em atribuir características e condições que são exclusivas de seres humanos a prédios com nomes pintados em suas fachadas porque, se ilícitos ocorreram, foram perpetrados por pessoas. Mas como esse tipo de punição consta das leis, vejamos o caso da Petrobras, que foi tratada pela Lava Jato como "vítima" nessa história.

Nosso Grupo foi punido, de forma brutal, porque, institucionalmente, não teria tomado as providências necessárias para evitar ou coibir práticas não éticas apontadas pela Lava Jato. No entanto, parece óbvio que a Petrobras teve conduta semelhante, porque as confissões de seus diretores é que transformaram a Lava Jato no que foi. Aliás, na página 232 do livro *Contra o Sistema de Corrupção*, Sergio Moro diz o seguinte: "A Petrobras foi literalmente saqueada por gerentes, diretores, agentes políticos e partidos políticos inescrupulosos". Na página 283, diz também que na Petrobras "os cargos de diretores foram loteados entre agentes e partidos políticos e vários dos nomeados tinham a missão de *arrecadar dinheiro das empresas fornecedoras do poder público (...)*".

Ora, se também, institucionalmente, aquela empresa não tomou providências para evitar ou coibir práticas não éticas, por que não sofreu a mesma punição que nos foi aplicada? Obviamente, porque o cálculo político de Sergio Moro e de Deltan Dallagnol falou mais alto: eles conheciam o estrago que a Lava Jato já tinha causado à Petrobras, e por essa razão vivem repetindo os falsos números de uma recuperação fictícia que teriam conseguido. Além disso, punir a Odebrecht não seria danoso aos seus propósitos. Punir a Petrobras, sim — pelo lugar que ocupa no imaginário de todos os brasileiros, além da condição de empresa sob controle estatal. E assim dividiram a cena: a Odebrecht como símbolo do mal e a Petrobras, do bem.

Para regularizar nossas condições de operação, depois de fechado e homologado o acordo de leniência em Curitiba, tivemos que assinar outros 11 acordos, com os mais diferentes órgãos da administração pública brasileira. Essa é uma trágica sequela da legislação mal formulada, aquela que tentamos consertar em 2015: ela vincula ao acordo apenas o órgão que o assina. Na maioria dos países onde esse sistema foi adotado, todos os demais órgãos da administração pública com envolvimento direto ou indireto com o assunto cumprem o que ficar estabelecido no primeiro acordo que for firmado, não importa quem seja o signatário. A vinculação é obrigatória. No Brasil um acordo com o MPF não precisa ser respeitado pelo TCU, cujos acordos não necessariamente devem ser aceitos pelos MPEs e assim por diante.

Por sugestão nossa, o acordo de leniência trouxe uma cláusula importante: o Grupo Odebrecht, a partir daquela data e por até três anos, estaria sob a monitoria do norte-americano DoJ e do brasileiro MPF. A cada um destes órgãos coube a indicação de monitores — americanos e brasileiros — especialistas que ficaram encarregados de fiscalizar nosso dia a dia, acompanhar a implantação de melhorias nos sistemas de gestão e a adoção de práticas que inibissem ou impedissem a ocorrência de atos contrários às políticas de conformidade. Ao final dos três anos, cumpridas, avaliadas e aprovadas todas as medidas e práticas de gerenciamento, relacionamento e de negócios que implantamos, pautadas por ética, integridade e transparência, fomos certificados — por ambos os organismos.

Mas o governo brasileiro, as instituições financeiras estatais e a Petrobras jamais honraram o que os acordos assinados nos asseguram, e tampouco têm manifestado boa vontade neste sentido. Essa dúzia de acordos gerou multas que superam R$ 10 bilhões e não recobramos aqui os direitos que nos foram prometidos e que julgávamos, de boa-fé, líquidos e certos.

Para garantir a sobrevivência não tivemos outra alternativa senão vender ativos, no Brasil e no exterior, que, pelos empregos e divisas que geravam para nosso país, *deveriam ser vistos como um patrimônio da nação*. Em junho de 2019 vivíamos em um cenário de guerra, sofrendo com os severos impactos na governança, nas operações, na liquidez, na solvência dos negócios e na reputação. Esse quadro era potencializado pelo apagão contratual, pelo bloqueio de recursos, pelo fechamento quase total das instituições financeiras às nossas demandas e pelo impedimento de quase uma centena de executivos, profissionais de alta qualificação que poderiam ter permanecido para contribuir na recuperação do Grupo depois do estrago feito pela Lava Jato.

Nosso faturamento em 2015 somara R$ 132 bilhões (o segundo maior, dentre os grupos privados brasileiros) e terminamos aquele ano oferecendo oportunidades de trabalho para cerca de 180 mil pessoas, diretamente, e 70 mil, indiretamente, em mais de vinte países. Quatro anos depois, tínhamos demitido 150 mil pessoas e reduzido a quase zero o contingente de trabalhadores indiretos. Daquela comunidade de mais de um milhão de pessoas que dependiam diretamente de nossa existência, no mínimo 800 mil estavam sem quem os provesse de trabalho ou renda, em um momento em que o índice de desemprego no Brasil superava 14%.

De todos os sofrimentos causados pela Lava Jato, com certeza o que calou mais fundo em mim foi a necessidade de dispensar milhares de companheiros em razão da falta de trabalho. Ser empresário, aprendi ao longo da vida, é mais que uma ocupação, papel ou profissão. É uma atitude básica diante da vida, comprometida com a produção de níveis elevados de riqueza moral e material para clientes, acionistas, companheiras e companheiros de trabalho, e para as comunidades onde a empresa se faz presente.

Em nosso Grupo, empresariar sempre foi sinônimo de trabalhar e lutar para que um dia a humanidade realize o seu projeto de criar as condições de uma vida digna para todos, tendo o ser humano como princípio, meio e fim, vivendo numa sociedade de confiança. Disso decorre um forte sentido de obrigação moral das pessoas, umas com as outras, e um sentimento de dever de todos quanto ao bem comum, o que explica a angústia que senti ao me ver obrigado a abrir mão de parte tão expressiva do que sempre considerei nosso principal ativo, que é a nossa gente.

A Lava Jato também não poupou nossos negócios no exterior. Houvesse ou não razão, clientes públicos foram cancelando contratos, bloqueando pagamentos, criando formas de impedir nossa continuidade no país.

Tivemos que sair de países onde operávamos há anos — como o Equador, onde estávamos desde 1987; Colômbia — para onde fomos em 1990; Argentina — que nos contratou pela primeira vez em 1986; Venezuela, onde permanecemos por mais de 25 anos; além de Guatemala e Moçambique. Felizmente, conseguimos fazer acordos semelhantes aos assinados no Brasil em vários países, os quais estão sendo cumpridos, razão pela qual continuamos no exterior prestando serviços, operando concessões públicas e exportando insumos industriais.

Em 17 de junho de 2019, porém, aconteceu o inevitável: entramos na Justiça com um pedido de Recuperação Judicial. A Lava Jato havia concluído sua mais ambiciosa meta. "Diante do vencimento de diversas dívidas, da ocorrência de fatos imprevisíveis e dos recentes ataques a ativos das empresas, a administração da Odebrecht, com autorização do acionista controlador, concluiu que o ajuizamento da recuperação judicial se tornou a medida mais adequada para concluir o processo de reestruturação financeira", dizia a nota que divulgamos naquele dia.

O que acabo de expor neste capítulo demonstra que lutamos muito para cumprir os compromissos assumidos no comunicado publicado em 22 de junho de 2015:

- Prosseguir normalmente com o cumprimento de nossas obrigações com os clientes, sócios, investidores, instituições financeiras, fornecedores, usuários de nossos serviços e comunidades de 21 países.
- Manter solidariedade irrestrita e apoio às famílias dos executivos que injustamente tiveram cerceado seu direito constitucional de liberdade.
- Defender nossos companheiros e continuar à disposição das autoridades para o rápido esclarecimento do que fosse necessário, convictos de que a verdade viria à tona e que a Justiça prevaleceria.

Ocorre que nossa convicção não se confirmou: as verdades foram ignoradas, desqualificadas, e a Justiça não prevaleceu, fragorosamente derrotada pela parcialidade de Sergio Moro. Desta saga, tenho tentado tirar lições, e dentre elas destaco que a melhor forma de se combater e prevenir erros é agir nos ambientes onde eles se originam, particularmente no que diz respeito às estruturas de governo. A administração pública brasileira precisa se concentrar naquilo que é atribuição governamental. As atividades produtivas devem caber à iniciativa privada. As empresas do Estado, infelizmente, ainda são utilizadas para acomodar interesses partidários, articular apoios e retribuir favores, e se tornam terreno propício para nomeações de risco e desvios de finalidade.

Por outro lado, o Estado brasileiro é uma espécie de ser onipresente, marcado pelo gigantismo e pela inépcia, do qual precisamos nos defender porque cria as condições para que membros do Ministério Público possam cometer, com ousadia e destemor, as violações que assistimos em Curitiba; e um juiz de 1ª instância agir como se tivesse mais poder que um ministro do Supremo Tribunal Federal.

Foi assim que aconteceu, e a sociedade brasileira precisa se mobilizar para que não aconteça mais.

PARTE II

No alicerce da nossa história, 160 anos de trabalho, princípios e fé no Brasil

Parece-me essencial que o leitor saiba que o alvo da "República de Curitiba" era uma instituição construída por três gerações, que ajudou muito o Brasil a crescer e pulverizou nosso nome pelo planeta; uma imagem sempre associada ao progresso. Não apenas seu próprio progresso, que fique claro, mas de milhares de sociedades e de trabalhadores em diversos continentes. Não estou aqui para contar vantagens, mas para ajudar a entender quem fomos e quem somos.

Nos capítulos anteriores busquei pintar um quadro que retratasse os meses que antecederam o ataque à Odebrecht promovido pela Lava Jato, em junho de 2015, bem como os dias imediatamente posteriores. Agora é importante que você, leitor, leitora, nos conheça e saiba como, de fato, éramos naquele momento de nossa história. Uma história cujas raízes nascem em meados do século XIX.

Como chegamos a isso? Chegamos porque o reinvestimento sempre foi um dos pilares da nossa filosofia empresarial. O reinvestimento nos negócios existentes e em novos negócios nos proporcionou crescimento continuado e o desenvolvimento das comunidades onde atuamos. Criamos oportunidades de trabalho, geramos impostos, produzimos riquezas tangíveis e intangíveis para a população de modo geral, para os clientes e acionistas.

O patrimônio da família Odebrecht, controladora do Grupo desde a sua fundação, sempre esteve praticamente todo representado pelas ações das empresas que o compunham, inclusive — e principalmente — o patrimônio daqueles em posições executivas ou de mandatário da família.

A participação nos resultados é outro de nossos pilares. Para os executivos em programas estratégicos os resultados são distribuídos em valores monetários e em ações da empresa. Sejam elas ações reais ou virtuais. Com esta prática, o patrimônio dos principais executivos sempre esteve também majoritariamente investido nos negócios do Grupo. Todos os executivos, fossem ou sejam eles acionistas de fato ou de direito, sempre atuaram e continuam atuando no sentido do crescimento da empresa e, consequentemente, do seu patrimônio.

A via do crescimento é o reinvestimento. Reinvestir, para nós, sempre significou acreditar na capacidade empresarial dos executivos e no futuro do país; e acreditar no retorno destes investimentos, mesmo que a longo prazo, com benefícios para todos.

Desde a fundação do Grupo, os acionistas priorizaram o reinvestimento e não a distribuição de dividendos. Distribuir dividendos significa retirar recursos da empresa. Reinvestir significa fortalecer a empresa. Por esta razão, ao contrário do que muitos possam imaginar, o patrimônio pessoal dos acionistas, majoritário e minoritários, não é elevado. Uma grande parte da sociedade, no Brasil e em outros países em que atuamos, acredita que os acionistas — ou os donos das empresas, como se tornam conhecidos — são biliardários, e que retiram tudo o que é possível, mantendo as empresas, nem sempre tão ricas quanto eles, no perigoso limite da sobrevivência.

Essa mentalidade contamina a imagem daqueles que, como nós, reinvestem a riqueza gerada, remuneram adequadamente seus executivos e proporcionam moderados dividendos aos seus controladores, de modo a privilegiar o aumento do seu patrimônio dentro do Grupo, para que novos investimentos sejam possíveis e novos postos de trabalho sejam gerados.

Os acionistas e os executivos de nossas empresas levam vida discreta, sóbria e comedida. Não são conhecidos por ostentar sinais de riqueza, nem por realizar gastos fúteis ou extravagantes, prática que, embora se constitua em verdadeira irresponsabilidade social, infelizmente sempre foi observada no Brasil. Reinvestir, consolidar os novos investimentos, colher resultados e voltar a investir. Este foi o caminho que escolhemos. E a caminhada foi exitosa.

Chegamos ao Recife junto com uma revolução: o concreto armado

Nossa história está fortemente entrelaçada com a história do Brasil, em especial, com alguns dos mais notáveis momentos da economia brasileira. São razão de orgulho para cada integrante de nossas empresas e cada membro da família Odebrecht vários episódios de grandeza que nosso país experimentou ao longo do tempo, pois sentimos ter contribuído de algum modo para que eles acontecessem.

O primeiro dentre nós a aqui chegar foi Emil Odebrecht, há mais de um século e meio. Emil era alemão, embora ainda nem existisse um país chamado Alemanha quando ele nasceu (1835), ou quando escolheu viver no Brasil (1856). Com o nome que conhecemos, a Alemanha só surgiria em 1871. O que havia eram extensas regiões da Europa habitadas por populações que falavam o idioma alemão. Entre elas a Pomerânia, onde nasceu Emil.

Após servir no exército do reino da Prússia, vem para o Brasil, mais especificamente para o interior da então província de Santa Catarina, onde o Dr. Hermann Bruno Otto Blumenau fundara uma colônia de imigrantes germânicos e italianos, que deu origem à cidade de Blumenau, no Vale do Rio Itajaí. Diplomado em engenharia na Prússia, Emil se naturalizou brasileiro em 1859. Seu trabalho como agrimensor na colônia do Dr. Blumenau foi de grande valia para o sucesso da empreitada. Ele foi o primeiro engenheiro da família Odebrecht a trabalhar no Brasil, atividade em que seguiram muitos de seus descendentes.

De seu casamento com a também imigrante alemã Bertha Bichels nasceram quinze filhos. O primogênito, Edmundo, seria o pai de Emílio Odebrecht, meu avô e homônimo, o qual viria a erguer a empresa inaugural de engenharia da família, antecessora da futura

Odebrecht, atual Novonor — nome que nasceu da fusão de *novo* e *norte* (no sentido de direção) sem perder a raiz *Odebrecht*.

Esse primeiro Emílio herdaria, na infância e juventude, a ousadia do velho Emil, com quem convivera. Nascido no Vale do Itajaí em 1894, com apenas 20 anos de idade se muda para o Rio de Janeiro, capital do país, e lá se emprega na Companhia Construtora Nacional. É quando conhece então uma revolução da engenharia, hoje comum aos olhos de quem anda nas ruas: o concreto armado, tecnologia trazida para cá também por imigrantes vindos da Alemanha. O concreto armado alteraria radicalmente a construção civil brasileira. Era, simultaneamente, um material e uma técnica de edificação inovadora, e o gosto pela inovação, por tudo aquilo que remeta ao futuro, sempre caracterizou nossa família. E foi outro familiar — Emílio Baumgart, primo de Emílio Odebrecht — quem concebeu uma metodologia brasileira de construção com concreto armado, aperfeiçoada da tecnologia original alemã (ele, não por acaso, ajudou meu avô a conseguir trabalho ao chegar ao Rio). Todas as construtoras brasileiras, dos anos 1920 em diante, devem a Baumgart muito da técnica que passariam a usar. Nas palavras do imortal Lúcio Costa, que concebeu o projeto urbanístico de Brasília, ele foi o "mestre dos novos engenheiros especializados na técnica do concreto armado".

E foi por solicitação da empresa carioca na qual trabalhava que Emílio Odebrecht, em 1917, mudou-se para Recife, capital de Pernambuco. Lá ele teria por missão um desafio gigante: erguer a ponte Maurício de Nassau, com 180 metros de comprimento.

Há um contexto importante embutido aí: a economia baseada na cana-de-açúcar, característica de Pernambuco e também de seus dois vizinhos, Alagoas e Paraíba, passava por um momento especial. A venda e a exportação de açúcar aos estados do Sudeste iam muito bem. Isso gerava recursos para obras no Recife, cidade portuária que concentrava o fluxo de entradas e saídas de produtos dos três estados. Um hub, no linguajar de hoje. A filial local da Companhia Construtora Nacional era já comandada por um engenheiro pernambucano, Isaac Magalhães de Albuquerque Gondim. Ele e Emílio logo fizeram amizade, tanto que em 1919 abririam sua própria construtora, a Gondim & Odebrecht. Embora a companhia fosse pernambucana, foi em Alagoas que obteve suas obras iniciais. Logo seu raio de ação chegaria ao Ceará, mas foi nos três estados aos quais mais se dedicava (Pernambuco, Alagoas e Paraíba) que conseguiu seus melhores resultados.

Em 1920 a esposa de Emílio, Hertha, dá à luz Norberto Odebrecht, meu pai. Entre 1920 e 1922 os rendimentos vindos do açúcar alcançaram o auge. Foi quando, por exemplo, a Gondim & Odebrecht ergueu o Palácio da Justiça no Recife, por demanda do governo pernambucano.

Daí em diante, porém, a região mergulha em crise. A produção de açúcar em São Paulo e no Rio de Janeiro crescia, tirando do Nordeste dois importantes mercados. E a má situação econômica de alguns países europeus havia feito desabar as exportações das hoje chamadas *commodities*. Cessaram as encomendas à construção civil. Em 1923 Emílio e seu sócio fecham a empresa. Mas ele não entregaria os pontos: funda a Emílio Odebrecht Construtora Ltda., também no Recife, e contrata muitos dos mestres de obras e demais trabalhadores que tinham sido dispensados.

No entanto, a situação local vai ficando cada vez mais precária, e em 1925 Emílio toma uma decisão: chama seus trabalhadores e os avisa que a empresa está indo para Salvador, na Bahia. Convida todos a acompanhá-lo; a grande maioria aceita — e um novo capítulo da saga de sua vida tem início.

A II Guerra quebra a economia e da noite para o dia não tínhamos mais matéria-prima

A Bahia de então vivia uma em situação bem melhor do que a de Pernambuco. Os principais itens de exportação baianos, cacau e tabaco, ao contrário do açúcar, estavam com boa demanda mundo afora. O estado da Bahia, sozinho, era o segundo maior produtor de cacau e o terceiro maior produtor de fumo do mundo.

Fruto de muito trabalho, os anos seguintes foram de enorme sucesso. A empresa de Emílio, já em 1926, ergue uma ponte sobre o rio Cachoeira, na cidade de Itabuna; era a primeira ponte de concreto armado da Bahia. Em 1929 constrói em Salvador a sede da Companhia de Navegação Baiana. No mesmo ano, uma vitória pessoal de meu avô: sua empresa é escolhida e ergue a catedral de Petrolina, no estado de Pernambuco, onde a construtora nascera.

No Brasil eclode a Revolução de 30. Com ela, os investimentos do governo federal passam a se concentrar mais no Sul e no Sudeste, levando visível esterilidade para a economia nordestina. A despeito da virada econômica, o infatigável Emílio implantaria diversas obras de peso no período: a sede da Associação Comercial de Ilhéus; a fábrica de charutos Suerdieck, em São Félix do Paraguaçu, no Recôncavo Baiano; os prédios do Hospital das Clínicas, da Universidade Federal da Bahia e do Hospital Santa Terezinha, o edifício da Secretaria de Segurança Pública, a ponte rodoferroviária Mapele-Passagem (de 720 metros de extensão), o prédio da Companhia de Seguros Aliança da Bahia e o Hospital da Sagrada Família — todas essas obras em Salvador.

Nada mau. A vida, porém, às vezes nos prega peças.

A eclosão da Segunda Grande Guerra, em 1939, e seus seis anos de duração desorganizaram totalmente o fluxo de capitais e mercadorias em todo o planeta. Com ela a construção civil fica em último plano. Em uma guerra as prioridades passam a ser, obviamente, a produção para as atividades bélicas.

Para o setor em que operava minha família a situação trazia um prejuízo adicional: à época, boa parte dos materiais de construção (em especial os de acabamento) vinham de nações como Alemanha, Inglaterra e Bélgica, todas, de uma maneira ou de outra, mergulhadas até o pescoço no conflito. Por consequência, pararam de exportar. Da noite para o dia, construtoras como a de Emílio não tinham mais insumos. São Paulo e Rio de Janeiro, ao menos, já contavam com seus respectivos sindicatos de empresas da construção civil. A Bahia, no entanto, não tinha instituições semelhantes para defender suas empresas do setor.

Por fim, a escassez de combustível causada pelo conflito — que obrigou o país a trocar a gasolina e o diesel pelo gasogênio — encareceu muito o transporte de material de construção que ia do Sul e do Sudeste para o Nordeste. Meu avô via-se diante de um desafio maior que suas forças e não descobriu meios de superá-lo. Abatido, após uma vida inteira de êxitos, agora estava à beira da falência — não por mau desempenho, mas devido ao fenômeno peculiar e sem precedentes que a guerra global provocara na construção civil baiana.

Sem nenhuma alternativa salvadora diante de si, Emílio fez o que lhe pareceu correto — e possível: em 1943 entregou aos credores seus bens e os da construtora, deu a Norberto carta branca para agir como julgasse melhor e voltou para Santa Catarina. Para o jovem herdeiro, que permaneceria na Bahia, a situação era de assustadora dificuldade, tanto que nem seu perseverante pai conseguira resolvê-la. Mas, para surpresa de muitos, ele sabia o que fazer. E fez.

A Odebrecht nasce pioneira ao compartilhar lucros e resultados com os empregados

Passados quase oitenta anos, parece difícil imaginar situação delicada como a que meu pai, Norberto, enfrentou, naquele começo da década de 1940. Faltando ainda dois anos para se formar em Engenharia, teve de assumir uma empresa com canteiros de obras parados, salários atrasados, clientes receosos e uma montanha de dívidas. E chama a atenção o que pode parecer um detalhe: ao enfrentar esse maremoto, ele tinha precoces 23 anos de idade.

Em suas próprias palavras, a solução era "trabalhar muito mais do que quem não se encontrava naquela situação". Traduzido para o cotidiano da crise, isso significava pactuar, com os mestres e demais trabalhadores, que estes seriam pagos com o dinheiro que fosse entrando, conforme cada obra ficasse pronta — *o que faria da Odebrecht a primeira empresa brasileira a operar no sistema de participação dos empregados nos lucros e resultados.*

Não se tratava apenas de uma concepção abstrata de administrar uma crise de dimensões inimagináveis. Era preciso renegociar empréstimos bancários, com novas obras oferecidas como garantia do ressarcimento de financiamentos passados e futuros. Incorporar técnicas de edificação inéditas, as quais faziam com que o tempo de entrega de uma obra às vezes caísse para menos da metade do previsto (o que ajudava a evitar que a inflação corroesse o valor a ser recebido). E, por fim, a ginástica para redigir contratos em novos termos, nos quais o cliente se responsabilizava por eventuais elevações do custo dos materiais de construção.

Em 1944, meu pai, que continuava trabalhando para concluir as obras inacabadas da empresa de meu avô, cria sua própria construtora, que se tornaria, nas décadas seguintes, a Odebrecht tal qual passaria a ser conhecida. Para tocar a empresa e os negócios, Norberto contaria com o legado precioso que o pai deixara ao voltar para Santa Catarina: seus extraordinários mestres de obras, contramestres e cabos de turma.

Respeitados pelo empresário, que fazia questão de lhes assegurar boa remuneração e uma aposentadoria digna, os trabalhadores sentiam-se valorizados, e logo passaram a admirar meu pai tanto como ao meu avô, nascendo daí uma lealdade pouco comum entre patrões e empregados.

Foi também ali, por força das circunstâncias, que surgiu o embrião do que viria a ser a cultura de descentralização, parceria e delegação planejada da Odebrecht, que se tornaria marca registrada do nosso Grupo. Por ela, o encarregado de cada obra tinha ampla autonomia para demonstrar-se criativo e encontrar soluções que fizessem a encomenda ficar pronta mais rapidamente e com maior qualidade.

A companhia passaria, dali em diante, a funcionar como uma confederação de pequenos empresários (chamados de empresários-parceiros), cada um dando o melhor de si em busca do melhor para o cliente. Os resultados foram surgindo. Já em 1945 a construtora de Norberto entregava sua primeira obra: o Edifício Cruz, em Salvador. Com dez andares, ficou pronto em nove meses, quase um terço do tempo usualmente gasto à época por outras construtoras. Isso rendeu a meu pai reconhecimento por parte do empresariado e do governo baianos.

Novas encomendas passaram a chegar à empresa, entre as quais o Edifício Belo Horizonte, o Círculo Operário da Bahia, fundado por Santa Dulce dos Pobres, ambos em Salvador, e o Estaleiro Naval da Ilha do Fogo, no rio São Francisco, entre Juazeiro (BA) e Petrolina (PE) — todas feitas em 1947.

Norberto teve êxito onde quase ninguém apostava que teria. Em 1948 ele havia concluído todas as obras deixadas por Emílio, pagara as últimas dívidas da empresa do pai e conseguira se estabelecer como construtor de respeito e prestígio em Salvador, e depois em toda a Bahia. Antes do fim de sua gestão no Grupo era reconhecido como um dos mais importantes empresários-empreendedores do Brasil.

Daí por diante a Construtora Norberto Odebrecht S.A. inicia uma história de trabalho árduo e expansão contínua de seu raio de ação: da Bahia para todo o Nordeste; do Nordeste para vários quadrantes do Brasil; do Brasil para todo o mundo.

Em 1952 o país preparava-se para viver um momento histórico: a criação da Petrobras, após intenso clamor popular a favor do monopólio estatal na produção e refino de petróleo no Brasil. A primeira sede da empresa foi em Salvador, porque foi em Lobato, na Bahia, que primeiro se encontrou petróleo em nosso país.

Logo a Odebrecht faria a primeira das muitas obras que lhe seriam solicitadas pela estatal: o oleoduto Catu-Candeias (BA), construído em 1953, o primeiro destinado à Petrobras. Paralelamente, consolidava sua expansão no Nordeste, e em 1962 abre filial no Recife. Na sequência entra com força no segmento de instalações industriais, construindo em Pernambuco fábricas para a norte-americana Willys Overland, Companhia Pernambucana de Borracha Sintética, Alpargatas Confecções e Tintas Coral do Nordeste.

Um fato desconhecido até de pessoas mais próximas é que Emílio, meu avô, em 1952 voltou para Salvador. E eu voltei junto — porque tinha ido morar com ele e minha avó em Blumenau, em 1948. Voltou e foi trabalhar para a Construtora Norberto Odebrecht S.A., a empresa criada por meu pai. Atuou como calculista (responsável pela execução do cálculo das estruturas das construções) até 1962, quando faleceu. Meu avô partiu orgulhoso do filho, que não só saldara todas as dívidas e concluíra todas as obras que ele próprio havia deixado, como abrira um outro negócio, no mesmo ramo, e estava indo ainda mais longe do que ele tinha conseguido chegar.

A identificação de nossa empresa com sua região de origem, percebe-se, foi e é muito intensa. Eu sou baiano, meu pai era pernambucano. Quando Norberto Odebrecht fundou sua construtora não havia nenhuma firma nordestina de engenharia entre as dez maiores do Brasil. Nas décadas seguintes, continuaria não havendo. Até o dia em que nós, da Odebrecht, assumimos a liderança de tal ranking.

O Grupo cruza as fronteiras nordestinas e entra no árduo, exclusivo mercado do Sudeste

A Odebrecht cresceu muito nas décadas de 1960 e 1970. Fizemos grandes obras naqueles anos: a fábrica de solventes da Companhia Industrial da Bahia, a da Linhas Correntes S.A. e a fábrica da Liquid Carbonic Indústrias S.A., todas em Salvador, todas empresas privadas.

Na sequência, edificamos a ponte do Funil, na Ilha de Itaparica, a Barragem de Pedras, no Sul da Bahia, e a ponte rodoferroviária Propriá-Colégio, sobre o rio São Francisco. Já tínhamos então capacidade para operar em qualquer parte do país e para executar qualquer obra, independente do porte.

Mas, nesse ponto, enfrentávamos obstáculos que asseguravam uma "reserva de mercado" em benefício das grandes construtoras de São Paulo e de alguns outros poucos estados do Sudeste e do Sul do país. Nós, por exemplo, não podíamos participar de concorrências para construção de barragens, já que não tínhamos até aquele momento obtido "certificações" para isso.

Então, em 1969, enfim meu pai consegue abrir uma brecha no muro de contenção que estava impedindo que nos expandíssemos do Nordeste para todo o Brasil: a Petrobras nos escolhe para erguer o edifício onde instalaria sua nova sede, na cidade do Rio de Janeiro. A mudança foi decidida porque as então recém-descobertas reservas de óleo da bacia de Campos, na zona marítima defronte à costa fluminense, mostravam-se promissoras. Como a estatal sabia bem da excelência do trabalho da Odebrecht (afinal, já éramos parceiros por quase duas décadas na Bahia), nos encarregou de pôr o edifício de pé.

Nos anos 1970 a qualidade de nossa engenharia torna-se conhecida em todo o país. Multiplicam-se as licitações por nós vencidas em São Paulo, Minas Gerais, Rio de Janeiro e nos estados do Sul. Algumas das missões que assumimos na época mostraram-se grandes e complexos desafios. Refiro-me especificamente ao aeroporto Internacional do Rio de Janeiro (o Galeão, hoje Tom Jobim) e à Usina Nuclear Angra I.

Especialmente em Angra I, dificuldades logísticas foram para nós bastante árduas. O problema não era tanto erguer a usina, e sim fazer chegar os insumos necessários para isso até o local da construção, bastante remoto e de difícil acesso. Mas, ao final, entregamos ambas as obras, Galeão e Angra. Para entrar no restrito clube dos países que produzem energia nuclear, o Brasil teve a Odebrecht como fundamental parceira.

Vale lembrar outro acontecimento dos anos 1970, marcante para nós: a construção da ponte Colombo Salles, em Florianópolis, no ano de 1973. Foi bom poder retribuir, com a obra, um pouco de tudo o que Santa Catarina fizera pelos Odebrecht no passado, desde quando acolhera o imigrante Emil.

O primeiro projeto da Odebrecht para a Petrobras é de 1953, com a estatal recém-nascida

O poder dos meios de comunicação cresceu exponencialmente da metade do século passado para cá. Hoje eles obtêm e distribuem informações praticamente em tempo real para qualquer ponto do planeta, e são potencializados pelas mídias sociais que multiplicam seus conteúdos para audiências jamais imaginadas.

Mesmo divulgadas pelos meios tradicionais, quando difundidas pelas redes sociais as notícias recebem algo como um "certificado de autenticidade" — sejam falsas ou verdadeiras. Assim, esse movimento recíproco de alimentação e retroalimentação determina rumos, interfere em políticas econômicas, baliza tendências, constrói e destrói reputações, cria celebridades efêmeras e transforma mitos e lendas em verdades absolutas.

Em nossos mais de 75 anos de história, experimentamos várias vezes o gosto amargo deste fenômeno. Um deles foi a tese de que o crescimento da Odebrecht na década de 1970 se deu graças ao relacionamento próximo com os governos militares. Há uma explicação simples para que essa versão fosse admitida como verdadeira: em nosso portfólio estão as principais obras construídas nos tempos do chamado "milagre brasileiro". A palavra milagre se aplica bem àquele período, conforme os números demonstram. Entre 1973 e 1977, em valores nominais, a média de faturamento das dez maiores empresas brasileiras cresceu 450%, segundo a publicação especializada *Conjuntura Econômica*. No mesmo período, o PIB, em valores reais, cresceu 65%.

Quanto às grandes obras do período, algumas, de dimensões continentais, mudariam a feição do Brasil. Destaco as rodovias

(Transamazônica, Belém-Brasília, Cuiabá-Porto Velho, Perimetral Norte, Rio-Santos, Imigrantes, Castelo Branco, Trabalhadores, Bandeirantes); a ponte Rio-Niterói, as usinas de Jupiá, Ilha Solteira, Água Vermelha, Itaipu e Angra I; os aeroportos de Guarulhos, Galeão, Eduardo Gomes (Manaus) e Confins, em Minas Gerais. E empreendimentos como ferrovias (do Aço, Ponta da Madeira-Carajás) e metrôs (São Paulo e Rio de Janeiro).

Sim, muitas estão em nosso portfólio, mas a Odebrecht participou de apenas duas delas: o Aeroporto do Galeão e a Usina Nuclear de Angra I. Hoje, as demais que apresentamos como nossas ou foram obras da CBPO, ou da Tenenge, empresas que adquirimos já nos anos 1980.

Naquele período tínhamos contratos no Sudeste e até no Sul do Brasil, mas nossa presença maior se dava no Nordeste e no Norte do país, onde as grandes construtoras de São Paulo, Rio e Minas Gerais praticamente não operavam. No Norte e no Nordeste não tínhamos obras grandes. Tínhamos dezenas de construções médias e pequenas para prefeituras, governos estaduais e clientes privados, distantes, portanto, das influências diretas do governo federal.

A Petrobras era um cliente importante, mas não porque Ernesto Geisel, seu presidente de 1969 a 1973, se tornou amigo de meu pai. Nosso primeiro serviço para a empresa foi contratado em 1953. E entre essa data e a chegada do general Geisel à sua presidência fizemos para ela dezenas de obras, de todas as naturezas, em terra e no mar, relação de trabalho que perdura até hoje.

O fato é que a Construtora Norberto Odebrecht, entre 1968 e 1974, só no Nordeste, nos estados da Bahia, Sergipe, Alagoas, Pernambuco, Paraíba, Rio Grande do Norte, Ceará, Piauí e Maranhão, fez 211 obras. E foi escolhida pela revista *O Empreiteiro*, à época a mais importante publicação do Brasil no setor de engenharia e construção, como a "Empreiteira do Ano de 1974". A própria revista se encarregou de explicar por que merecemos tão significativo destaque.

Afinal, todo o setor acompanha, com atenção cada vez maior, a fantástica ascensão da Construtora Norberto Odebrecht. É sem dúvida uma escalada realizadora, principalmente quando se constata que algumas dessas obras foram cobiçadas pelas maiores construtoras paulistas e mineiras, munidas de todo aquele cartel de recursos técnico-econômicos e políticos, que sobram a estes e que um empreiteiro baiano não dispõe com a mesma fartura.

"Algumas dessas grandes obras" às quais a revista se refere eram Galeão e Angra, nada mais, e o argumento me parece suficiente para transformar a tese do "favorecimento" em mera especulação, desprovida de fundamento. Sobre a conquista daquele prêmio, Norberto Odebrecht disse:

— Em nossa empresa os recursos humanos são a base essencial da produção, dos lucros, dos nossos destinos hoje e amanhã. Materialmente, podemos disciplinar e obter crédito com relativa tranquilidade, mas não podemos prescindir da qualidade.

Era nossa cultura sendo aplicada e gerando os resultados que nos impulsionavam para outros patamares de atuação. Na solenidade de entrega do prêmio, que aconteceu quando o presidente da República já era Ernesto Geisel, em seu discurso meu pai disse:

— Se o Governo quer economizar divisas, encontrando-se o país em processo de franco desenvolvimento, e necessita de aeroporto de nível internacional, usinas atômicas e complexo siderúrgico bem estruturado, precisa igualmente desenvolver as empresas nacionais. Neste sentido, reunido a outras empresas do Centro-Sul do país, decidimos enviar aos seus ministérios um documento com o qual procuramos convocar o diálogo. É esta a comunicação que se busca, e só através do jogo da verdade é possível manter o sistema econômico em equilíbrio e marchar para o desenvolvimento. Espero que o atual governo retome o jogo da verdade, às estatísticas certas.

Ao se tornar porta-voz do setor e manifestar-se publicamente, com coragem, Norberto Odebrecht demonstrou o grau de independência da sua empresa perante o governo federal. O detalhe importante para o qual não atentou, certamente, quem apregoara a tese da ajuda amiga como alavanca de nosso crescimento à época, é que em toda a primeira metade da década de 1970 a utilização da capacidade instalada das construtoras brasileiras esteve acima de 90% — fossem elas "próximas" ou não dos militares no poder.

O fim do "milagre" abre as portas do mundo: logo estaríamos falando oito línguas, em dezenas de fusos horários

A década da prosperidade inevitavelmente chegaria ao fim. Os anos 1980 iriam começar. A redemocratização do país, que se completaria em 1985, já era percebida como algo próximo. Ainda havia toda uma nação a ser construída. Era chegado o momento de decidirmos quais papéis exerceríamos em tal construção. Nós gostamos de um ditado criado pelos antigos lusitanos que se lançaram ao mar a partir do século XV: "Não há vento favorável para o navio que não sabe aonde deseja chegar".

Foi tendo isso em mente que, no final de 1977, líderes da primeira geração da companhia, tendo à frente meu pai, reuniram-se com líderes da segunda geração (eu e os demais executivos de minha faixa etária) para determinar quais os caminhos que deveriam ser percorridos pela Odebrecht nos anos seguintes.

Os dias que então corriam já não eram os mais fáceis. O poder público perdera muito de sua capacidade de investimento. Com menos dinheiro no Tesouro, naturalmente se reduziriam obras de infraestrutura por parte do governo. O "milagre brasileiro" tinha derretido. Para enfrentar a virada, resolvemos arregaçar as mangas e buscar alternativas.

No final da década de 1970, portanto há mais de 40 anos, a Odebrecht adotou três vertentes estratégicas para continuar crescendo: diversificar os investimentos, priorizando a indústria petroquímica; ampliar a capacitação em engenharia e construção para consolidar sua posição no Brasil; e internacionalizar as ações neste setor.

Em 1979, a empresa fez o primeiro investimento no setor petroquímico, no polo de Camaçari, na Bahia. Esse investimento deu origem à Braskem, que seria criada pouco mais de vinte anos depois. O objetivo, desde então, foi o de consolidar uma empresa petroquímica brasileira com competividade internacional e atuação global.

Atualmente a Braskem tem 41 unidades industriais no Brasil, nos Estados Unidos, no México e na Alemanha, e produz, por ano, mais de 20 milhões de toneladas de resinas plásticas e de produtos petroquímicos. É a quinta maior empresa deste setor no mundo e a maior fabricante de polipropileno dos Estados Unidos. Graças a uma intenção considerada visionária por muitos, no passado, a Odebrecht ajudou a posicionar o Brasil entre os maiores produtores globais destes insumos essenciais para uma vasta gama de indústrias.

Uma das estratégias que adotamos para consolidar nossa posição no Brasil em engenharia e construção foi a aquisição de empresas do setor, o que nos garantia, também, as "certificações" exigidas para entrarmos, por exemplo, no "clube dos barrageiros". A primeira incorporação à Odebrecht foi a da CBPO, em 1980. Ela fora criada meio século antes, em São Paulo, pelo engenheiro Oscar Americano. A empresa operava havia 50 anos no Sudeste, era dona do sexto maior faturamento entre as empreiteiras nacionais e fazia parte do consórcio construtor da Hidrelétrica de Itaipu. Muito somou ao nosso portfólio a entrada da CBPO no então Grupo Odebrecht.

Outra aquisição relevante foi a da Tenenge, ocorrida em 1985. Sua especialização era montagem industrial pesada e montagem eletromecânica. A Tenenge, quando de sua aquisição pela Odebrecht, já tinha ajudado a erguer a Usiminas, a Companhia Siderúrgica Nacional (CSN), a Siderúrgica Belgo-Mineira e quase 50% do parque gerador hidrelétrico do país à época. Foi outra empresa que muito acrescentou ao Grupo.

Tínhamos ainda, a nosso favor, o pioneirismo das primeiras incursões da empresa fora das fronteiras brasileiras. Em 1979 assinamos nossos primeiros contratos internacionais: um com o governo peruano, visando à construção da hidrelétrica Charcani V, e outro com o governo chileno, para o desvio do rio Maule, parte do projeto de construção da hidrelétrica Colbún Machicura. Essas operações confirmaram nossa convicção: se tínhamos, de sobra, competência e experiência a ofertar em quase todo tipo de obra, então também podíamos trabalhar em qualquer país.

Estávamos especialmente interessados em atuar nos demais países latino-americanos (por afinidade cultural e proximidade geográfica) e nos países africanos (pois neles havia uma demanda gigantesca por construção de infraestrutura). A partir das primeiras conquistas no Peru e Chile, há mais de quatro décadas, atuamos em mais de trinta países não apenas edificando obras, mas diversificando os negócios em operação de rodovias, projetos agroindustriais, produção de petróleo, petroquímica e saneamento. No início dos anos 2000, éramos uma das cinco maiores construtoras do mundo em contratos fora do seu país de origem.

Quase fechado ao comércio internacional, nos anos 1980 o Brasil era um participante periférico em negócios fora do território nacional. A exportação de serviços de engenharia ajudou a impulsionar o país nesse rumo, e coube ao nosso grupo uma participação relevante na criação de oportunidades para milhares de exportadores brasileiros de produtos e serviços que compunham a cadeia produtiva da engenharia e construção.

No começo da década de 1990 nós estávamos em quatro continentes, falando sete ou oito línguas diferentes, em quase uma dezena de fusos horários. O Brasil deixara de ser um ator menor no mercado internacional da engenharia e construção. Nossos investimentos se diversificavam por dez setores diferentes. Mas o inesperado aconteceu e nos colocou no centro de uma severa crise de reputação.

Ao lado de nossas obras deixávamos cidades, escolas, comunidades que antes nem existiam

Quando eu sugeria às nossas equipes: "sejamos diferentes!", parte de tal entusiasmo talvez fosse alimentado pela perspectiva de dar continuidade a um pioneirismo que já praticávamos. O projeto era perscrutar empreendimentos em busca da possibilidade de a Odebrecht operar fora do Brasil. Porém, onde ela estivesse, atuaria sempre como agente de prosperidade econômica e de justiça social.

Isso significava — e continua significando — não entender a conquista de obras como o principal objetivo. Pode parecer estranho, tratando-se de uma empresa que tem na engenharia e na construção suas raízes e sua razão de existir. Mas nossa consciência determina que a contribuição com um país deve começar antes, ainda na concepção da ideia, na formulação de um projeto e na identificação clara do que aquele empreendimento significa na perspectiva do desenvolvimento local. Porque é isso que nos motiva: participar de algo que sirva para gerar ganhos econômicos e sociais para aquela sociedade, para ajudá-la a desenvolver-se, tendo as obras como meios e não como fins. Queremos crescer junto com os países clientes, construindo ativos tangíveis e intangíveis com aqueles aos quais servimos, com visão de longo prazo, de forma a criar e ampliar mercados, e fazer negócios através de uma agenda e de ações que gerem e consolidem relações de confiança.

E assim agimos desde os primeiros contratos que conquistamos, em 1979, no Peru e no Chile. Nosso terceiro cliente internacional foi Angola, onde desembarcamos em 1984, no auge da guerra civil que devastava o país. Aportamos para ficar. Naqueles tempos difíceis, com toque de recolher nas grandes cidades e amplos campos minados no interior, éramos a única grande empresa estrangeira de engenharia operando na antiga colônia portuguesa. A guerra tinha feito as outras debandarem. Obviamente, quando a paz voltou, e a nação retomou seu caminho rumo à normalidade, este detalhe não foi esquecido e mereceu o reconhecimento da sociedade e do governo local.

Desde a construção da Hidrelétrica de Capanda, o nome da Odebrecht tornou-se naturalmente associado não apenas às obras de engenharia necessárias para o crescimento do país, mas, principalmente, pela implantação de projetos de alto impacto social. Um problema que tivemos que resolver, por exemplo, entre as centenas deles, foi o realojamento das populações. Para atender à urgência da demanda, construímos moradias e infraestrutura para alojar mais de 200 mil pessoas (o equivalente às populações de cidades do porte de São Carlos, em São Paulo, ou da cearense Sobral) que viviam em situação de risco em Luanda. Foi aí que nasceu a Rede de Supermercados NossoSuper.

O NossoSuper nasceu em 2006, como parte do Programa de Reestruturação do Sistema de Logística e de Distribuição de Produtos Essenciais à População, cujo objetivo era melhorar o abastecimento e criar novas oportunidades de negócios e de emprego. Fomos contratados para construir 30 lojas e dois centros de distribuição e logística, mas acabamos assumindo a gestão da rede. Era um negócio novo em Angola, e para nós também. Mobilizamos para lá pessoas de conhecimento para operar e formar quem nos sucederia, da alta direção às equipes operacionais. No momento em que isso foi possível, no ano de 2016, encerramos nossa missão.

No final dos anos 1990 fomos convidados pelo governo angolano para participar da exploração de diamantes no país. Foi mais uma demonstração de confiança e reconhecimento por nossa capacidade realizadora. O negócio envolvia o Estado angolano, proprietário das minas, uma empresa detentora de tecnologia específica para a produção e a De Beers, grupo inglês que domina a comercialização de diamantes no mundo.

Quando nos preparávamos, algo inesperado aconteceu: fomos procurados por agentes tradicionais desse mercado que temiam uma expansão da exploração das ricas jazidas angolanas, cujo aumento de produção levaria, inevitavelmente, à queda do preço internacional. Tentaram nos induzir a desistir do negócio. Mas não estávamos ali apenas para desenvolver uma nova área de atuação. O que realmente nos movia era o desejo de estabelecer com nosso cliente uma parceria para atender à necessidade dele. Afinal, havíamos sido escolhidos pela confiança conquistada. O que nos importava, acima de tudo, era o interesse do país. A agenda do cliente passou a ser a nossa agenda. Seguimos em frente.

Em 2009, em parceria com empresas locais, criamos a Biocom, empresa dedicada a contribuir com o desenvolvimento de Angola por meio do cultivo de cana-de-açúcar para produção de açúcar, energia elétrica e combustíveis de fonte renovável. A Angola que importava todo o açúcar que consumia caminha hoje para a autossuficiência e exporta etanol para países europeus. Com este e outros investimentos, e mais os contratos de prestação de serviços de engenharia, chegamos a ter lá, entre 2010 e 2015, entre diretos e indiretos, 35 mil trabalhadores, o que nos fazia o maior empregador do país, e nos deu a oportunidade de capacitar milhares de angolanas e angolanos para o trabalho.

Nestas quase quatro décadas, Angola e nosso Grupo foram parceiros leais e solidários em muitas e importantes causas. Dentre elas, uma tarefa em especial nos traz um misto de orgulho e emoção: foi o contrato denominado UNAVEM (United Nations Verification Mission; em português, Missão de Verificação das Nações Unidas), assinado com a ONU em consórcio com a empresa americana Raytheon. O objetivo era criar as condições e fiscalizar a aplicação do Protocolo de Luzaka.

Assinado em 1994, foi esse protocolo que pôs fim à guerra civil angolana, que já durava 20 anos. A missão da ONU contava com sete mil soldados, e a nós cabia a construção de áreas de aquartelamento, alojamentos e sistemas de comunicação; a manutenção de equipamentos; a administração de contratos de terceiros; o controle e administração de armazéns e o apoio em transportes terrestres, aéreos e marítimos. Na conclusão do contrato, Gilles Brière, representante da ONU em Angola, afirmou: "A ONU e a Odebrecht desenvolveram uma relação de confiança mútua, tendo sido possível, dessa forma, contribuir efetivamente para o restabelecimento da paz".

Angola seria, na verdade, apenas a porta de entrada da Odebrecht na África. Naquele continente também fizemos obras na África do Sul, Namíbia, Botswana, Congo, Gana, Guiné-Bissau, Libéria, Moçambique, Djibuti e Líbia.

Consolidados no Hemisfério Sul, fomos produzir petróleo no Mar do Norte

Chegamos à Europa em 1988 com a aquisição da Bento Pedroso Construções, empresa portuguesa com sede em Cascais, que àquela época já alcançava os 35 anos de existência. A partir daquele ano, contando com recursos da Comunidade Europeia, Portugal investiu pesado em infraestrutura viária, e 50% das rodovias e autoestradas que hoje ligam o país foram construídos pela Bento Pedroso. Fizemos muito mais: metrôs, hidrelétricas, ferrovias e várias pontes, dentre as quais a Vasco da Gama, hoje um dos cartões postais de Lisboa. Inaugurada em 1998, quando estava sendo construída a ponte era a maior obra em curso na Europa.

A mesma estratégia — aquisição — adotamos para entrar na Inglaterra, com a compra da SLP Engineering, terceira maior empresa de construção de plataformas do Reino Unido. Com ela desenvolvemos vários projetos e entramos no negócio de produção de petróleo no Mar do Norte. Isso se deu em 1997, quando começamos a operar o campo de MacCulloch, em sociedade com a Maersk, empresa dinamarquesa especializada em energia e transporte. Com uma reserva total estimada em 26 milhões de barris e expectativa de vida útil entre cinco e seis anos, até 2013 o campo tinha produzido 150 milhões de barris de petróleo. Ainda na Europa, construímos plataformas para a Petrobras na Espanha, além de outros projetos.

"Onde houver um cliente a ser servido, estaremos lá" — era um lema para nossas equipes. E por essa razão fomos para a União Soviética no final da década de 1980. Com o domínio que tínhamos da melhor tecnologia disponível e a já vasta experiência adquirida, participamos e nos qualificamos para a automação do metrô de Moscou.

Na mesma época, a Tenenge, empresa do grupo dedicada a montagens industriais, havia assinado um contrato com o governo da URSS para os estudos iniciais visando à reconstrução e à modernização da Refinaria de Volgogrado. Essa recuperação permitiria intensificar a exportação de refinados de petróleo, gerando divisas para serem utilizadas em um programa mais amplo de reforma de outras refinarias.

Mas veio a Perestroika, que resultou, em 1989, na dissolução da União Soviética e o cliente — que era o mesmo para os dois contratos — simplesmente deixou de existir. Com a queda do Muro de Berlim, também decorrente da Perestroika, chegamos a participar do plano de reconstrução do que fora a RDA, a Alemanha Oriental. Mas mudamos nossa proa e fomos para os Estados Unidos, aonde chegamos em 1990.

Na verdade, nós já estávamos nos Estados Unidos, mas sem atuação no mercado local. Tínhamos uma base destinada a oferecer apoio estratégico a nossos países clientes nos diálogos e negociações com organismos multilaterais como BID, Banco Mundial, ONU e OEA. A partir de 1990 passamos a prestar serviços de engenharia e construção. Ir para os Estados Unidos era para nós um imperativo. Sim, porque saímos do Brasil também para aprender. Aprender, sempre e continuamente, faz parte da nossa cultura como condição para o crescimento qualificado e sustentável. Dominávamos as tecnologias e os processos nos campos da engenharia e construção e do setor de óleo e gás, mas precisávamos de mais experiência internacional. O que nos movia era uma espécie de estado de espírito disposto para a mudança e para uma nova mentalidade, voltada para o mundo. Havia também a percepção de que, em um momento ou outro, o mercado brasileiro seria plenamente aberto. Quem não estivesse preparado correria o risco de sucumbir. Nos Estados Unidos os desafios nos proporcionariam oportunidades de aprendizado como em nenhum outro país. E fomos — para ficar.

Já são mais de 20 anos de operações ininterruptas iniciadas com a conquista da ampliação do Metromover, metrô de superfície de Miami, que nos tornou a primeira empresa brasileira a ganhar uma concorrência pública em território americano. Foram dezenas de obras ao longo desses anos, além de investimentos de porte no setor petroquímico. Dentre as obras, destaco a barragem de Seven Oaks, na Califórnia, porque o cliente era o US Army Corps of Engineers — o Corpo de Engenheiros do Exército americano, sendo este também um caso de primeira empresa brasileira a tê-los como cliente.

O relacionamento iniciado ali, pela qualidade e desempenho de nossas equipes, se consolidou e, em 2004, fomos convidados por eles para ir para o Iraque, prestar serviços para o Exército dos Estados Unidos em instalação de linhas de transmissão de energia e reconstrução de pontes destruídas pela guerra. O final daquela missão ficou marcado por uma tragédia: João Vasconcelos, um de nossos engenheiros, que trabalhou dois anos no país, foi morto por um grupo insurgente em um ataque ao comboio no qual viajava. Estava a caminho do aeroporto de Bagdá para retornar ao Brasil. Sua morte foi motivo de muita tristeza para todos os integrantes de nosso Grupo. Recebemos muitas manifestações de solidariedade de líderes religiosos da comunidade árabe no Brasil e tivemos o apoio do Itamaraty para resgatar, repatriar seu corpo e entregá-lo à família.

Com o Exército americano fomos também para o Kuwait, em 2005, fazer as obras de um terminal terrestre de captação e transmissão de sinais de satélite, em consórcio com a construtora norte-americana Austin.

Construindo pontes, de mãos dadas com a diplomacia do Itamaraty

Essa marca de pioneirismo tínhamos levado anos antes para a Argentina, quando o governo local licitou a construção da Hidrelétrica de Pichi-Picún-Leufú (que na língua mapuche, do povo indígena do Sudoeste da Argentina, significa pequeno rio que vem do Norte). Formamos um consórcio argentino-brasileiro, ganhamos a concorrência e fomos para a Patagônia fazer o que se tornou a primeira obra pública realizada no país por uma construtora brasileira. A construção da PPL (como era chamada a hidrelétrica) teve também um importante significado político: foi a primeira obra construída como parte do Tratado de Integração, Cooperação e Desenvolvimento entre Brasil e Argentina, assinado em 1988, que fixou como meta o estabelecimento de um mercado comum, ao qual outros países latino-americanos poderiam se unir. Graças aos esforços do governo brasileiro, então sob a presidência de José Sarney, o tratado transformou-se no alicerce para a criação do Mercosul (Mercado Comum do Sul), formalizado em 1991. Aprendemos com aquela experiência uma importante lição: acordos políticos e diplomáticos tornam-se realidade e se consolidam, principalmente, quando contemplam programas e projetos de natureza econômica e negocial envolvendo empresas dos respectivos países.

Quando os chineses, no início dos anos 1990, decidiram construir a Hidrelétrica de Três Gargantas, que se tornaria a maior do mundo até hoje, vieram ao Brasil conhecer Itaipu, então a maior já construída. Aqui, entenderam que precisariam de nossa ajuda. A Odebrecht fez parte do consórcio que foi contratado pelo Ministério de Energia da China para prestar assistência técnica para a construção da usina, que se localiza no rio Yang-Tsé, celebrizado por sua travessia, a nado, pelo então presidente Mao Tsé-Tung. Ainda na Ásia, atuamos na Malásia, em Singapura e na Coréia do Sul.

No ano de 2002 o Guia Global da Construção (*Global Construction Source Book*) da revista norte-americana *ENR-Engineering News Record*, a mais importante do setor em todo o mundo, classificou a Odebrecht como a Empresa nº 1 no ranking mundial de construção de hidrelétricas. Em 2003 repetimos o feito: estávamos à época participando da construção e instalação de 11 hidrelétricas, simultaneamente, sendo oito no Brasil e as outras três em Angola, República Dominicana e Equador.

Qual foi o segredo para que uma empresa brasileira se tornasse uma multinacional capaz de operar em tantos lugares, todos com culturas, formas de governo, regulamentações legais e desafios tão diversos entre si? A resposta é simples: a atividade econômica precisa agregar valor à coletividade para legitimar-se socialmente.

O primeiro sinal deste compromisso está na nacionalidade de nossos trabalhadores mundo afora: a grande maioria (às vezes, a quase totalidade) são cidadãs e cidadãos locais. Nós promovemos o desenvolvimento humano local. Expatriamos o mínimo possível de mão de obra, mas sempre geramos ao mesmo tempo milhares de empregos no Brasil — para gente que trabalhava na produção, aqui, de tudo que exportávamos para nossos contratos no exterior. E não era pouco.

Investimos tempo e dinheiro em programas de formação profissional nos países para onde vamos. Ao fazê-lo, ingressamos na economia e na sociedade de cada nação para ficar. Agregamos valor à terra onde estamos. Isso, em especial nos países mais pobres e mais carentes de educação profissionalizante, é algo precioso para os habitantes do lugar, nos gratifica e ajuda a pavimentar ali o nosso futuro.

Certa vez, em Angola, ocorreu um episódio que ilustra bem isso. Erguíamos a Hidrelétrica de Capanda. O presidente angolano,

José Eduardo dos Santos, foi fazer uma vista ao local. Percorrendo o canteiro de obras, informamos a ele que a maioria dos trabalhadores, inclusive os que ocupavam cargos de chefia, eram angolanos. Havíamos qualificado aquelas pessoas para que pudessem desempenhar funções importantes naquele empreendimento, e em outros que o país viesse a fazer no futuro. Foi quando passamos ao lado de um *motoscraper*. Trata-se de um equipamento gigantesco, de operação complexa, cuja função é fazer a terraplanagem e o nivelamento de terrenos. Quem o comandava era um integrante da Odebrecht local — um angolano, informamos ao presidente.

Ele pareceu se surpreender com o que tinha ouvido. Pediu que trouxéssemos o rapaz à sua presença, queria conhecê-lo. Fizemos isso, e bastou ao líder angolano ouvir algumas palavras ditas pelo operário para saber que estávamos falando a verdade: o sotaque do rapaz era inconfundível. José Eduardo dos Santos saiu feliz dali naquele dia, ao ver que Capanda não era só um grande canteiro de obras, mas, também, uma escola para os trabalhadores de Angola.

Nações, para nós, são grandes comunidades de seres humanos, que merecem apoio para desenvolverem ao máximo suas potencialidades. Nós lhes damos tal apoio. As grandes multinacionais americanas, europeias e asiáticas têm como prática chegar a determinado país, montar seus acampamentos e desmontá-los quando concluem as tarefas para as quais foram contratadas, ou quando exaurem as minas que lhes couberam explorar. Nós, não. Nós montamos casas, nas quais moramos por longos anos ou pela vida inteira. É a mesma analogia que se aplica, ao revés, aos governantes que gostam de construir muros. Nós sempre preferimos construir pontes — conceitual e literalmente.

Quanto ao comportamento das grandes multinacionais, vale observar que muitas evitam transferir conhecimento aos países onde se instalam pelo temor de perder mercados. Nossa visão é completamente diferente porque vemos nessa transferência um incentivo para buscar e desenvolver novos conhecimentos e, consequentemente, criar novos mercados.

Felizmente, realizações como as que acabei de relatar — algumas grandiosas e todas feitas com grandeza — não fazem parte apenas do passado, embora também essa exitosa vertente da atividade empresarial brasileira tenha sido duramente atingida pela Lava Jato. Me arrisco a dizer que os laços que nos conectaram com tantos países, ao longo desses mais de 40 anos de atuação internacional, são expressões de uma forma de diplomacia empresarial da qual fomos protagonistas.

A prática dessa diplomacia pode ser vista nas políticas públicas que ajudamos a implantar, na aplicação de nossa filosofia no dia a dia dos mercados, em nossos valores referenciando novas relações de trabalho, na cooperação que se fez possível entre o Brasil e tantas nações da África e América Latina, principalmente.

Sete anões atravessam o caminho do nosso progresso

No dia 20 de outubro de 1993 foi instalada no Congresso Nacional a CPMI (Comissão Parlamentar Mista de Inquérito), criada para "apurar fatos referentes às atividades de parlamentares, membros do governo e empresas envolvidas na destinação de recursos do Orçamento da União". O presidente era o senador pelo estado do Pará, Jarbas Passarinho, e o relator, o deputado federal por Pernambuco Roberto Magalhães.

A CPMI tinha sido criada com a finalidade de investigar fatos relacionados a integrantes do próprio Congresso, membros da Comissão do Orçamento, que estariam barganhando benefícios pessoais para aprovar, mediante emendas ao Orçamento da União, a liberação de verbas do Tesouro Nacional.

O foco inicial eram entidades assistenciais que recebiam verbas subvencionadas, ou seja: a fundo perdido. No meio do caminho, desviou-se para o que chamavam de "esquema das empreiteiras". A "denúncia" era que representantes das empreiteiras com obras contratadas com o governo federal solicitavam aos deputados que incluíssem no orçamento do ano seguinte aquelas que não tinham os recursos já assegurados para prosseguir. Os deputados procurados eram representantes das regiões ou estados onde essas obras se localizavam, e tinham um interesse óbvio em que não fossem paralisadas.

Obras paralisadas são sorvedouros de impostos e recursos, mecanismo talvez pouco conhecido do grande público. Ao serem desmobilizadas, e posteriormente remobilizadas, envolvem retrabalho a ser feito; os preços acabam reajustados e todos perdem: o cliente (o governo, no caso), a empresa que foi contratada para realizá-la e a sociedade, que acaba pagando muito mais caro por benefícios que às vezes nunca chegam.

A nós parecia absolutamente lícito e inevitável capacitar deputados com informações úteis para a defesa do prosseguimento de uma obra já iniciada — até por responsabilidade pública. Por outro lado, qualquer obra é "do interesse" da empreiteira encarregada de construí-la. Não é possível um deputado defender a realização de nenhuma obra sem, portanto, favorecer implicitamente o construtor, seja este quem for. Logo, se a defesa de dotação de recursos para uma obra for considerada em si um ato ilícito, só restará aos deputados a caótica alternativa de se oporem à realização de qualquer obra no país.

A Odebrecht passou a ser investigada, e Ailton Reis, um de nossos diretores em Brasília, teve sua casa invadida por força de um mandado de busca e apreensão. Nada foi encontrado que nos incriminasse. No entanto, a CPMI divulgou, com enorme estardalhaço, que alguns documentos apreendidos "revelavam" que a Odebrecht financiava campanhas eleitorais.

Ocorre que não havia nada de ilegal nessa prática. A quase totalidade das grandes empresas brasileiras apoiava financeiramente candidatos e partidos. Nunca, em nenhuma ocasião, pedimos coisa alguma em troca aos candidatos a quem fizemos doações. A maior prova disso é que doávamos, com frequência, valores a políticos da oposição, da situação e das mais diversas correntes ideológicas. Apoiávamos também com serviços, tecnologia e pessoas os candidatos que nos pediam ajuda e que — a critério da nossa história e de nossas convicções — mereciam nossa confiança. Em muitas ocasiões reiteramos que não: a Odebrecht não negava ter aportado recursos em campanhas políticas. Não havia nenhum segredo a respeito, não havia nada a esconder das autoridades ou da opinião pública.

Curiosamente, no relatório final da Comissão consta a seguinte afirmação:

> *Se o poder Legislativo não revelar coragem e determinação para romper os históricos e perniciosos vícios do nosso sistema eleitoral, como o clientelismo e o abuso do poder econômico, não construiremos uma verdadeira democracia no país.*

Era uma tênue porém significativa manifestação a favor de uma reforma política. Mas nada aconteceu. Dezessete anos depois, exatamente em 27 de junho de 2010, em artigo publicado na coluna dominical que escrevia no jornal *Folha de S. Paulo*, tratei do tema, afirmando: "Ao reformar o sistema político, nossos representantes no Congresso Nacional exercitarão a capacidade de mudar o que, aparentemente, seus antecessores preferiram preservar". Sim, alguma coisa havia acontecido, como o que citei no mesmo artigo:

> *Algumas propostas de mudanças apresentadas nos últimos anos, por iniciativa popular ou do Congresso Nacional, acabaram conhecidas por apelidos simbólicos da deterioração do modelo vigente. Há três anos, tivemos a lei da "compra de votos". Agora, temos a lei da "ficha limpa". Ou seja: a agenda não tem sido pautada por motivos superiores e nobres, mas pela busca de salvaguardas contra o abuso e a contravenção.*

Convocado para depor, Ailton Reis foi claro em nossa postura sobre o trabalho que fazia junto à Comissão de Orçamento do Congresso:

> *Se não defendermos de forma eficiente os projetos em que trabalhamos, se não estivermos diuturnamente informados sobre o fluxo de recursos para esses projetos, se não atuarmos imediatamente sobre a possibilidade de garantirmos as liberações indispensáveis, viabilizando o pagamento por serviços realizados, colocaríamos em risco não apenas a possibilidade de trabalho*

> *de mais de 40 mil trabalhadores, cujas famílias deles dependem diretamente, mas também as próprias obras que executamos, em favor do progresso nacional, causando, assim, graves e imensos prejuízos para as múltiplas comunidades onde atuamos.(...) Minha atuação e de minha equipe perante os órgãos da administração não só é legítima, como também essencial para lidar com o permanente estado de inadimplência com que se defronta quem trabalha para o setor público neste país.*

Foram semanas difíceis aquelas do último trimestre de 1993. Tão difíceis que o jornal *Correio Braziliense* advertiu em editorial: "É preciso distinguir as denúncias graves e comprovadas das meras afirmações levianas e superficiais que arrastam ao opróbio nomes honrados. É preciso evitar-se a febre do denuncismo." Ao final, o que ficou efetivamente comprovado foi o desvio de recursos destinados a programas sociais por meio, muitas vezes, de entidades fantasmas. Vários deputados foram cassados, e contra a Odebrecht nada ficou provado.

No relatório final da comissão, que ficou conhecida como "A comissão dos anões do orçamento", foi incluído requerimento aprovado, de autoria do senador Pedro Simon, que propunha:

> *Nenhuma obra pública será iniciada sem que esteja prevista no Plano Plurianual e no orçamento do exercício correspondente ao seu início.*
>
> *Iniciada uma obra pública, os recursos para a conclusão serão incluídos nos planos plurianuais e orçamentos dos anos subsequentes, de acordo com o cronograma de sua execução.*
>
> *A não inclusão nos planos e orçamentos, o retardamento da execução do cronograma, a paralisação da obra ou a não liberação dos recursos a ela destinados implicará responsabilidade do agente infrator.*

> *A suspensão ou paralisação de qualquer obra pública (...) dependerá de autorização legislativa.*

Determinações que jamais foram cumpridas.

Dentre os documentos apreendidos na casa de Ailton Reis havia nosso organograma, identificado como Macroestrutura e Sistema de Comunicação da Organização Odebrecht. Coube ao senador gaúcho José Paulo Bisol apresentar tal documento na tribuna do Congresso Nacional, conforme a "interpretação" feita por ele e pelo deputado paulista Aloizio Mercadante, segundo a qual o uso da palavra "organização" demonstrava que éramos um "grupo mafioso". Essa afronta, fruto da total falta de bom senso e responsabilidade dos dois parlamentares, nos trouxe sérios constrangimentos, e exigiu depois um trabalho duro de reparação interna e externa para retornarmos à normalidade.

Reagimos à leviandade daqueles congressistas com um intenso e sistemático trabalho de comunicação, que surtiu efeito no médio e no longo prazo — comprovado pela nossa constante presença, em anos seguintes, em rankings e prêmios de empresas mais admiradas, tanto no Brasil quanto no exterior.

Sucessão planejada: olhando para o futuro do Brasil e da empresa

Na segunda metade daquela década, fortemente alavancados, decidimos rever o direcionamento de nossos negócios. Precisávamos reestruturar dívidas e queríamos também dar fôlego ao projeto petroquímico que resultaria na Braskem. Vendemos todas as empresas do grupo que não eram de engenharia, construção ou petroquímica. Apuramos quase um bilhão de dólares. Nos tornamos uma companhia mais enxuta, menos tentacular, mais focada e ainda mais eficiente do que já éramos nos ramos em que resolvemos seguir trabalhando. A constituição da Braskem, porém, ficou como exemplo de que, para trilhar certos caminhos, às vezes é preciso convicção, persistência e uma generosa dose de coragem.

Para responder à crescente demanda de material plástico, na segunda metade do século passado o governo brasileiro implantou dois grandes polos petroquímicos: o primeiro em Camaçari, na Bahia, que começou a operar em 1978; e o segundo em Triunfo, no Rio Grande do Sul, inaugurado em 1982. Ambos reforçaram a capacidade de produção do polo de São Paulo, que fora instalado em Capuava no já remoto ano de 1972.

O modelo adotado para a constituição das empresas do setor petroquímico foi o "tripartite". Previa a divisão do capital em partes iguais entre três sócios: uma companhia privada brasileira, interessada em se capacitar para atuar no setor; uma estrangeira detentora da tecnologia, e a Petroquisa, subsidiária da Petrobras, criada para este fim. Cada polo foi organizado em torno de uma empresa de primeira geração, fornecedora das matérias-primas básicas: Copene, em Camaçari; Copesul, em Triunfo, e PQU, em Capuava.

Ao longo da década de 1980 e, mais intensamente, com o Programa Nacional de Desestatização, do início de 1990, investimos muito na compra de participações em empresas das várias especialidades da petroquímica. Em 1993, a Odebrecht detinha 47% das ações das empresas do setor. Era o maior investidor privado do país. Mas nosso objetivo era trabalhar para que cada polo fosse controlado por um único grande grupo, e tínhamos feito a opção pelo Sul. Em agosto de 1996, o Banco Econômico, o mais antigo banco privado brasileiro à época, entrou em liquidação. Os expressivos investimentos que tinha em empresas petroquímicas no polo do Nordeste, consolidados na holding Conepar, foram arrestados pelo Banco Central para futura venda e pagamento das dívidas. Quando, em 1999, três anos depois, o Banco Central e o BNDES começaram a organizar essa venda, decidimos alienar, de forma conjunta, nossas participações nas empresas de Camaçari. Tratava-se de passo importante em nosso propósito de reforçar a posição no polo de Triunfo.

Aos ativos da Conepar e da Odebrecht foram juntados os do Grupo Mariani, também tradicional investidor petroquímico baiano, e o primeiro leilão para venda do pacote ocorreu em dezembro de 2000. Apareceu um solitário comprador, que fez uma oferta inferior ao valor mínimo estabelecido. Um segundo leilão foi realizado em março de 2001, três meses mais tarde. Dessa vez nem houve interessados.

Já se falava em redução de preço quando percebemos ali a oportunidade que determinaria nossa futura posição no setor, e decidimos virar o jogo: passamos de vendedores a compradores. Nossa mudança de posição surpreendeu o mercado. Como a Odebrecht, com as dificuldades financeiras pelas quais passava, poderia se aventurar a realizar aquela operação? — era o que todos perguntavam. Mas, junto com o Grupo Mariani, fomos para o terceiro leilão, agora só dos ativos do Banco Econômico. Com coragem, criatividade e transparência montamos uma equação financeira e, perante o ceticismo de muitos, adquirimos o controle da Copene, que associada, operacional e societariamente, à OPP, Trikem, Nitrocarbono, Propet e Polialden, formaram a Braskem, naquele momento a maior empresa química e petroquímica da América Latina. Até 2007 outras nove empresas de primeira e segunda geração foram integradas à Braskem, dando a ela o porte global que tem hoje.

Somos um grupo de controle familiar, mas não — não mesmo — de gestão familiar. Não basta ter o sobrenome Odebrecht para ascender dentro dos quadros da corporação. Não é suficiente ter o sobrenome Odebrecht para virar presidente de nossa construtora ou da holding. Em nossas empresas o que determina o futuro de cada integrante, de cada empresário-parceiro, é seu mérito. A renovação e a sucessão, em todas elas, são baseadas em tal pressuposto. E, por aquela época, estávamos em um momento importante de renovação e sucessão planejada.

Apenas como ajuda à memória, a Construtora Norberto Odebrecht foi fundada por meu pai em 1944, como sucessora da empresa de meu avô Emílio, que tinha sido fundada em 1923. Eu nasci em 1945. Comecei a trabalhar na empresa aos 21 anos de idade, em 1966. Até 1974, Norberto e os executivos contemporâneos dele (a primeira geração) levaram adiante os negócios. A Odebrecht desses 30 anos iniciais, portanto, teve a face deles.

Em 1974, eu e alguns colegas da segunda geração nos mudamos para o Rio de Janeiro. À época as operações no Sudeste do Brasil, e em especial no Rio, enfrentavam problemas. Meu pai, a meu pedido, e tendo eu já um prévio alinhamento com alguns companheiros meus contemporâneos, nos mandou para apoiar o processo de reorganização. A partir daí, paulatinamente, nós, da segunda geração, fomos assumindo novas e maiores responsabilidades.

O ano de 1978 é especialmente decisivo em tal processo: foi quando minha geração assumiu a liderança do negócio de engenharia e construção em âmbito nacional e internacional. Em seguida é criada a Odebrecht S.A., empresa holding que, presidida por meu pai, tinha a finalidade de se concentrar na administração dos investimentos, no direcionamento estratégico, na preservação da cultura e na perpetuidade do Grupo, componente do que temos definido como rumo, que é *sobreviver, crescer e perpetuar*.

Em 1991, mais mudanças: eu substituo meu pai no cargo de diretor-presidente da Odebrecht S.A. Norberto permanece presidente do Conselho de Administração da holding. No ano seguinte, meu filho Marcelo entra na empresa. Em 1998 eu assumo a liderança do Conselho de Administração da Odebrecht S.A., e sigo como presidente executivo da holding. Meu pai passa a se dedicar exclusivamente aos programas da Fundação Norberto Odebrecht e à presidência da Kieppe, holding da família. Em 2001 sou substituído na presidência executiva da Odebrecht S.A. por Pedro Novis, e Marcelo assume o comando do negócio de engenharia e construção.

Naquele momento atuávamos em dois negócios: engenharia e construção, e química e petroquímica — pois, como já foi dito, tínhamos vendido várias empresas e participações. Em 2007, iniciamos investimentos em bioenergia, para produzir etanol, açúcar e energia elétrica a partir da cana-de-açúcar. Este investimento dá origem a uma iniciativa transversal em nosso conjunto de negócios: a Braskem desenvolve pesquisas que levam a um novo produto, o plástico verde, feito a partir da cana-de-açúcar, uma fonte renovável.

No processo produtivo do plástico verde há a captura de toneladas de dióxido de carbono, ou gás carbônico, que retém calor nas camadas mais baixas da atmosfera e, como consequência, é um dos causadores do efeito estufa. Esse fenômeno desequilibra o clima e causa aumento das médias de temperatura no planeta. Hoje, a Braskem é a maior produtora de plástico verde do mundo, o que a torna parceira internacional de grandes empresas que procuram seguir o caminho da produção de produtos com a utilização de matéria-prima renovável.

No final do ano de 2008, Marcelo, o líder da terceira geração, assume a presidência da Odebrecht S.A. Eu continuo como presidente do Conselho de Administração e mandatário da nossa família no grupo. Pedro Novis segue conosco, no papel de conselheiro. E, então, nosso crescimento se torna exponencial, o que não passa despercebido. Por que esse crescimento ocorreu da forma como ocorreu? Tivemos benefícios que outros não tiveram? Fomos privilegiados? Não. Afirmo, com absoluta segurança, que não. Definitivamente, não.

Tínhamos cuidado da reestruturação financeira e negocial do Grupo na hora certa, e o mundo vinha passando por um período de prosperidade. Sim, houve a devastadora crise econômica de 2008, mas as commodities minerais e agrícolas estavam em alta, o preço do petróleo tinha alcançado um patamar inesperado. Países exportadores desses produtos dispunham de recursos para investir em infraestrutura.

Nós já tínhamos bases em algumas daquelas nações, nas quais conquistamos credibilidade e consolidamos relações de confiança, o que nos permitiu crescer casados ao crescimento e desenvolvimento deles. Apenas como exemplos, cito os casos do Peru, Angola, Equador, Panamá, Venezuela e México, dentre outros.

Reestruturados e bem-posicionados do ponto de vista estratégico, nos setores-alvo dos maiores investimentos, como transporte, mobilidade, saneamento, energia elétrica, petróleo, defesa e tecnologia e habitação, além de consolidados em química e petroquímica, focamos nas oportunidades, razão pela qual o faturamento anual do Grupo, que em 2008 fora de R$ 40 bilhões, chegou a R$ 132 bilhões em 2015, sete anos depois. São números gerados por uma centena de empresas que operavam em 15 setores econômicos, em 30 países. Apenas como registro, no dia 7 de julho de 2012 o jornal *O Globo* publicou uma nota assim intitulada: *A revista* Exame *lista a Odebrecht como a maior empregadora do país.*

Éramos, à época, 124 mil pessoas, número indicador do acerto de nossa opção pelo reinvestimento. Era esse, grosso modo, o perfil da Odebrecht quando surgiu a Lava Jato. Operação que ofendeu o Direito, subverteu as leis, consumiu e dissipou energias e conseguiu alterar, de forma brutal, o destino de uma grande corporação nacional, geradora de milhares de empregos e ímã de investimentos e riquezas para o Brasil.

A nossa cultura, nosso diferencial

Para tentar entender o ódio destilado pela "República de Curitiba" contra os conceitos e valores do Grupo é preciso fazer um pequeno mergulho na nossa própria história. Norberto Odebrecht, meu pai, desenvolveu, ao longo de mais de 70 anos de vida empresarial, um conjunto de ideias que conferiu unidade ética e cultural à atuação das pessoas no nosso grupo. Quando organizadas, essas ideias, que têm como base a formação luterana que recebeu e suas observações, conhecimentos, reflexões, intuição e práticas, configuraram uma filosofia de vida centrada na educação e no trabalho. Aplicada no dia a dia, essa filosofia tornou-se uma cultura empresarial singular, que nos guia e nos distingue desde então.

Convicto de que para alcançarmos nossos objetivos é preciso aproximar de uma referência comum a mentalidade de todos, ele documentou e difundiu os aprendizados que foi adquirindo, os conceitos que formulava e os valores que guiavam suas ações, e fez dessa cultura o ideário explícito que foi, e continua sendo, a referência comum de todos nós.

Continua sendo porque é uma cultura dinâmica que progride à medida que nos desenvolvemos, cabendo a cada geração de líderes transmitir à geração seguinte o legado recebido da geração anterior, acrescido de sua própria contribuição, adaptado às exigências dos novos tempos e aos desafios do futuro. No cerne da nossa cultura há um dístico perene: "confiar e servir".

A crença que sustenta essa premissa é que as pessoas são o princípio, o meio e o fim de todas as ações em uma sociedade. Não é demais enunciar o conceito completo: confiar é um valor universal, atemporal. Não é um conhecimento nem uma habilidade; é um sentimento, um vínculo profundo entre duas ou mais pessoas e entre empresas e instituições, assegurado pelas atitudes daqueles que nelas trabalham. A confiança é sempre consequência do respeito, e o respeito é fruto da disciplina nos relacionamentos e compromissos.

Em nossos comportamentos e atitudes preservamos e reforçamos a confiança entre todos os que trabalham na Novonor e entre nós — nossos clientes, autoridades, meios de comunicação, comunidades que convivem com nossas operações e a sociedade como um todo. Porque temos uma relação de parceria na qual todos se tornam responsáveis pelo que foi pactuado e assumem integralmente as obrigações que lhes cabem nas suas esferas de atribuição.

Esse compromisso verdadeiro e profundo da pessoa consigo mesma e para com os outros é o que chamamos de disciplina. A disciplina que nasce do compromisso da pessoa para consigo e para com os outros será reconhecida sob a forma de respeito. O respeito nada mais é do que um sentimento compartilhado de reconhecimento mútuo. Da mesma forma que a disciplina gera respeito, o respeito gera confiança. Merecer confiança é ser digno de crédito, ou seja: fazer o que deve ser feito e receber o que se tem direito conforme foi combinado.

A confiança tem duas vertentes: a confiança em si mesmo e a confiança no outro. A confiança em si mesmo é necessária para a pessoa querer autonomia, assumir riscos, procurar a prova de sua capacidade, aceitar responsabilidades que muitas vezes julga não estar plenamente capacitado para ter e, principalmente, exercer de forma plena a delegação que recebe. Confiança em si mesmo é sinônimo de autossegurança. A confiança no outro é a condição para tolerar a divergência de ideias, de doutrinas, de religião, respeitar as diferenças, trabalhar em equipe e delegar.

Confiar é o fundamento para que dentre nossos valores destaque-se a prática da delegação planejada, que significa seguir um processo disciplinado de planejamento, acompanhamento e avaliação do desempenho de cada pessoa, decorrentes do alinhamento prévio sobre os componentes da delegação, especialmente conteúdo, forma, resultados a alcançar e prazos a cumprir.

Quem recebe a delegação atua de forma descentralizada e supera metas com determinação, diálogo, criatividade e comprometimento. Todos, e em especial aqueles com maior domínio conceitual, sentem-se permanentemente estimulados pela delegação planejada a crescer como pessoas, profissionais e empresários.

A delegação planejada tem outra virtude: libera nossos melhores talentos para a tarefa desafiadora de olhar para o futuro enquanto construímos o presente. Delegar, em síntese, é não abdicar e demonstrar a alguém confiança na retidão do seu caráter; no potencial e na vontade que tem de se desenvolver em suas competências e em seu alinhamento com os valores e a filosofia da empresa.

Com liberdade e responsabilidade, nossos empresários usam a autonomia de que gozam para fazer o que julgarem necessário em benefício de nosso foco maior, que é a satisfação do cliente, outro de nossos valores.

Identificamos, conquistamos e satisfazemos clientes atuando de forma sustentável e cumprindo com equilíbrio a nossa responsabilidade econômica, social e ambiental. Agimos com determinação e autodisciplina, valorizando o que é importante e faz diferença; estabelecendo e nos concentrando nas prioridades; cumprindo o que foi acordado; persistindo na entrega das metas pactuadas; superando barreiras e desafios, buscando sempre o convencimento, jamais a imposição. Pelo convencimento mobilizaremos para a linha de frente, onde se serve ao cliente, empresários que pensam e agem como donos, enquanto pela imposição teremos no máximo disciplinados empregados, sem alma de parceiros.

Espírito de servir: senso de obrigação, consciência do valor do trabalho

Essa sinergia de expectativas e interesses faz do cliente parte da nossa gente. E agimos para que a riqueza material que para ele criamos venha acompanhada, também, da criação de riqueza moral. Mais que identificar, conquistar e satisfazer o cliente, trata-se de transformá-lo num aliado e parceiro para sempre, mediante comunicação pessoal qualificada e pelo espírito de servir.

Espírito de servir é o senso da obrigação, a consciência do valor do trabalho, a compreensão do dever, a vontade de aplicar a própria capacidade de realizar sem limitações e a satisfação pessoal pelo que se faz — para os outros e para si próprio.

O espírito de servir é o que distingue a postura de alguém perante si mesmo, perante o outro e perante o sentido da própria existência. Quem serve com alegria conquista respeito e confiança, tanto dos que são servidos como dos que com ele servem. Assumido como um valor, o espírito de servir inspira nossos comportamentos e atitudes, deixando o plano abstrato para transformar-se em prática cotidiana.

Isso significa cultivar relacionamentos com base na humildade e na simplicidade; a disposição permanente para aprender, reaprender e ensinar; o compartilhamento proativo dos próprios conhecimentos; a promoção de ambientes colaborativos; tratar o outro sem arrogância; ser desprovido de vaidade e mobilizar recursos que contribuam para transformações sociais.

Toda riqueza gerada por uma empresa deve ser usada em benefício da sociedade, compromisso que para nós também é um valor. Para um organismo social, a interação e integração permanentes com o mundo que o rodeia são inevitáveis e, por isso, assim agimos numa perspectiva de interdependência e dinâmica de mão dupla: reinvestimos os resultados que conquistamos e criamos novas oportunidades de trabalho e de renda, que levam à expansão dos negócios, a qual gera novas oportunidades, configurando, desse modo, um círculo crescente e virtuoso.

Esse processo de integração e interação na sociedade — que se dá pelas pessoas — através do qual aprendemos, evoluímos, geramos resultados e nos tornamos sustentáveis, tem a marca de dois de nossos valores essenciais: somos éticos, íntegros e transparentes, e somos diversos e inclusivos.

Ser ético, íntegro e transparente é fazer o que é certo e atuar de forma aberta, honesta e em conformidade com as leis de cada local, com a nossa governança, políticas e orientações internas; honrar compromissos e tomar decisões isentas de interesses próprios; e não abusar de poder ou autoridade, buscando potencializar os acertos, aprender com os erros e reposicionar-se quando necessário, com disposição para influenciar e ser influenciado.

Assumimos a diversidade e a inclusão como um valor porque reconhecemos que acolher e respeitar as diferenças individuais, atuar de forma coordenada, integrada e inclusiva com pessoas diversas e valorizar a pluralidade de olhares, com a precisão do conhecimento, potencializa nossas forças, aprimora nossas entregas e impacta nos resultados.

Conscientes da dimensão de tais desafios, priorizamos a inovação e a criatividade para melhorar a qualidade dos nossos produtos e serviços e aumentar a nossa competitividade, mantendo a mente sempre aberta para novas descobertas e para criar as melhores soluções, abraçar os desafios com otimismo e transformar problemas em oportunidades.

Educação pelo trabalho: as pessoas que formamos são o mais rico legado que podemos deixar

A assimilação dessa cultura por todos que trabalham nas empresas de nosso Grupo ocorre na vivência dos acontecimentos do dia a dia do mundo dos negócios, pelo diálogo e reflexão sobre eles, e pelos aprendizados que proporcionam. A isso chamamos educação pelo trabalho, prática que decorre da confiança na capacidade que o ser humano tem de evoluir. Confiar no potencial do ser humano e acreditar na vontade e na capacidade que cada pessoa tem de se desenvolver não é apenas um valor — é um corolário de todos os demais.

Essa confiança se nutre na certeza de que cada indivíduo é capaz de aprender, fazer frutificar os seus talentos e contribuir para o crescimento da empresa, ao mesmo tempo em que se desenvolve e se torna senhor de seu destino. Na educação pelo trabalho, cada líder assume a responsabilidade de contribuir para a formação das novas gerações enquanto serve ao cliente, mediante a convivência de gerações e a pedagogia da presença.

A convivência de gerações pressupõe a existência, sempre, de três gerações ativas no cotidiano da empresa:

- A primeira, formada por indivíduos de terceira idade, já se encaminhando para deixar a vida empresarial, que se concentra na transferência aos mais jovens dos conhecimentos que adquiriram ao longo da vida no trabalho;
- A segunda, formada por empresários maduros, no auge da capacidade produtiva, a quem cabe a obtenção dos resultados necessários para tornar realidade o crescimento do Grupo, e a preparação da geração que vai sucedê-los;

- A terceira, formada pelos jovens, que se concentra em aprender na convivência com as outras gerações e via autodesenvolvimento.

A pedagogia da presença é a prática que assegura que a convivência de gerações alcance os resultados esperados, e se dá no dia a dia pelo oferecimento, por aqueles a quem cabe educar, de tempo, presença, experiência e exemplos àqueles que educa.

É uma forma de educar mediante a influência construtiva de um ser humano sobre o outro, é a missão mais nobre que alguém assume em nosso grupo, porque as pessoas que nós formamos são o mais rico legado que podemos deixar.

A educação pelo trabalho não foca apenas no domínio de um conjunto de competências, habilidades e atitudes requeridas para o exercício de determinada ocupação ou tarefa. Ela visa principalmente a contribuir para a formação do ser humano em toda a sua complexidade e plenitude.

O propósito dessa formação é integrar pessoas que compreendam, aceitem e pratiquem a nossa cultura, buscando realização emocional, profissional e econômica mediante a concretização de seus planos de vida e carreira.

Será capaz de transformar estas intenções em realidade quem fizer certo e bem a tarefa de hoje, ao mesmo tempo em que aprende o que é preciso fazer melhor amanhã.

Isso exige de cada um o compromisso com o autodesenvolvimento, que significa aprender a aprender e reconhecer que a educação para o trabalho não deve se encerrar quando saímos da escola, mas prosseguir vida afora, numa dimensão permanente. As oportunidades de educação para o trabalho, sejam as oferecidas pela empresa, sejam as que cada pessoa busca voluntariamente, são meios para suprir o que a educação pelo trabalho não alcança e aperfeiçoar os conhecimentos e habilidades já adquiridos.

Assim, educação pelo trabalho e educação para o trabalho se tornam convergentes — a primeira como fundamento, a segunda como incremento. E desse modo se mantém vivo o ciclo permanente de renovação e sucessão em todos os âmbitos de nossas empresas.

Em nosso grupo não há hierarquias internas: a hierarquia está no cliente, que se conecta diretamente ao acionista por uma linha reta horizontal. Por isso temos âmbitos, não temos níveis. Somos parceiros. Isso não significa que não temos líderes e liderados. Sim, temos, mas a hierarquia é determinada pelos objetivos, não pelos cargos ou títulos, e a subordinação de cada um é com os compromissos que assume.

Parceria significa participar na concepção e realização do trabalho, produzir e partilhar os resultados alcançados, com a consciência de que os resultados tangíveis e intangíveis esperados pelo Cliente e pelo Acionista devem ser alcançados simultaneamente.

O conhecimento, a concordância e a prática dessa cultura asseguram o funcionamento sadio do nosso Grupo, que decorre do relacionamento entre pessoas que compartilham os mesmos valores e os tomam como referência para seus comportamentos e atitudes; falam uma linguagem única; se comunicam com base na verdade e assumem responsabilidades inspiradas pela determinação permanente de confiar e servir.

Tudo o que você leu até aqui sobre nosso Grupo pode até ser visto como um ato de imodéstia. Mas temos a certeza de que quatro gerações voltadas ao trabalho produziram também conteúdos, ideias, convicções. Foi essa muralha de princípios que o juiz Moro e seus procuradores imaginaram, em vão, destruir. A Lava Jato não impediu e não nos impedirá de seguirmos nesta direção.

Investimento social: nossas ações são muitas e nós as vemos como obrigação ética

Sem a mais remota dúvida, o cerne desse conjunto de princípios vem das raízes luteranas da nossa família. As noções de amor ao próximo, auxílio aos necessitados e excelência no trabalho (qualquer que seja) sempre estiveram profundamente enraizadas na visão de mundo dos Odebrecht. Hoje já não são todos os Odebrecht que professam essa vertente do cristianismo. Mas as concepções que enumerei acima — o amor cristão, a caridade e a dedicação ao trabalho — permanecem na mente e na alma de cada um de nós. No meu caso, profundamente vivas.

Eu me sinto feliz por saber que meu pai, em épocas (nos anos 1940, em especial) nas quais — infelizmente, muito infelizmente — o preconceito racial era ainda mais forte no Brasil do que nos dias que correm, desenvolveu amizades genuínas com os mestres de obras de sua empreiteira. E fez deles, como gostava de dizer, "sócios de fato". Eram, quase todos, homens negros, e meu pai manifestou pela vida toda sua enorme admiração por aqueles companheiros pelo domínio da arte de construir, pelo alto grau de profissionalismo e responsabilidade, pela retidão e nobreza de caráter. A diversidade sempre foi e segue sendo um de nossos valores fundamentais.

Acredito firmemente que, para evoluirmos em direção a um país socialmente mais justo e igualitário, será necessária, sem dúvida, a atuação do Estado, mas considero também imprescindível, sobretudo, um marcante compromisso das empresas com a sustentabilidade e a consciência do papel social que precisa ser desempenhado por cada empresário.

Compromisso empresarial com a sustentabilidade — que fique bem claro — tem de passar pela justiça social. Não há nada mais estruturalmente errado do que um país onde cidadãos passam fome e outros não têm onde morar. Todos devemos nos pôr de acordo sobre isso: combate à pobreza é pré-requisito para a sustentabilidade. Elementos essenciais à vida humana (água potável, alimentos, moradia, energia etc.) devem estar ao alcance de todos. É obrigação moral, mesmo que não legal, das corporações agirem para que assim se dê.

Isso já é muito, mas não é o bastante. As empresas privadas vivem do mercado. Mas uma população, por si só, não é um mercado consumidor; ela apenas se torna um se todos aqueles que a compõem têm poder aquisitivo. Obviamente em diferentes níveis, mas ainda assim têm — todos.

Só se alcança tal objetivo transformando os excluídos em incluídos. No Brasil essa tarefa é hercúlea e urgente, pois nos últimos anos a pobreza e suas variantes mais terríveis — a miséria e a fome — cresceram exponencialmente.

Nossas ações sociais são muitas e nós as vemos como obrigação ética, jamais como um favor que prestamos a quem quer que seja. Grande parte delas é levada a cabo pela Fundação Norberto Odebrecht.

Criada em 1965, é uma das mais antigas fundações empresariais do Brasil. Sua finalidade básica é contribuir para o combate à pobreza e à desigualdade, visando à construção de uma sociedade mais responsável, harmônica, solidária e com igualdade de oportunidades para todos.

Com a missão de "Educar para Vida, pelo Trabalho, para Valores e Superação de Limites", é inspirada em uma filosofia de vida pautada na educação e no trabalho, e tem o jovem como principal foco, entendendo seu potencial de influenciar positivamente sua família e a comunidade, como agente de transformação.

A Fundação promove o desenvolvimento territorial sustentável a partir do PDCIS (Programa de Desenvolvimento e Crescimento Integrado com Sustentabilidade), com ações em seis frentes integradas: educação para o desenvolvimento sustentável; conservação ambiental; desenvolvimento econômico; inovação e tecnologia; cidadania e governança; e coesão e mobilização social.

Dessa forma, contribui para o alcance de metas específicas dos Objetivos de Desenvolvimento Sustentável da ONU e se integra à agenda de ESG (*Environmental, Social and Governance*), em linha com o crescente número de organizações e instituições que incorporam esses compromissos à sua estratégia.

Criado em 2003 no Baixo Sul da Bahia, o PDCIS fortalece a agricultura familiar, respeitando a vocação das comunidades beneficiadas para alavancar crescimento econômico com inclusão, em harmonia com o meio ambiente. Com o Programa, a Fundação une forças no combate à pobreza e à desigualdade, mobilizando poder público, iniciativa privada e sociedade civil, fortalecendo assim a Governança Participativa.

Em 2018 o PDCIS teve seus impactos avaliados num estudo inédito, realizado por uma consultoria independente. A relevância dos resultados levou a Fundação, no ano seguinte, a sistematizar a tecnologia social do Programa, em um trabalho concluído no ano de 2020.

Esses movimentos foram fundamentais para dar início, em 2021, à reaplicação da tecnologia social que desenvolveu, e assim atender demandas de instituições e investidores sociais para que outras regiões marcadas por vulnerabilidades também possam construir um futuro mais sustentável.

Contudo, não se deve confundir ações sociais com responsabilidade social. Esta última, assim entendemos na Novonor, corresponde à quase totalidade daquilo que se espera de uma corporação, desde prestar bons serviços e fornecer bons produtos aos clientes, a preço justo, até bem remunerar acionistas e trabalhadores, passando por agregar capital humano a cada país onde atua e chegando à já citada defesa do meio ambiente.

Já as ações sociais — embora também estejam sob o guarda-chuva da responsabilidade social — se destacam dentro dela por serem investimentos que visam a sanar carências de determinada coletividade. São investimentos voluntários. Não demandam retorno ou economia fiscal, mas a satisfação de cada integrante de nosso Grupo ao observar que algo de bom e útil foi feito para ajudar quem precisava.

Ações sociais são iniciativas que visam ao alcance dos resultados não econômicos que nossos empresários-parceiros, ou seja, os líderes de cada uma de nossas unidades operacionais, assumem o compromisso de gerar quando fazem o planejamento de sua tarefa empresarial no início de cada ano.

Não estamos falando de filantropia e menos ainda de caridade. Estamos falando de marcar nossa presença onde quer que estejamos pelo intangível proporcionado à comunidade local, como um gesto de confiança em cada ser humano que ali seja beneficiado. E confiança, eu lembro, é palavra-chave para nossas pessoas.

Assim tem sido desde os primórdios de nosso Grupo porque contribuir para suprir carências de uma comunidade é para nós uma obrigação que se conecta à própria razão de nossa existência.

É pela ação social que a Novonor, sem a intenção de competir ou substituir o Estado, ampliará sua natural capacidade de transformar ativamente a realidade que a cerca: diminuindo discrepâncias de renda, aumentando o acesso a bens e capital intelectual, ajudando na inclusão social e potencializando a capacidade inata de toda e qualquer comunidade de alcançar, de forma autônoma e independente, a autossustentabilidade por meio da promoção, articulação e mobilização de seus ativos sociais, ambientais e humanos, com vistas à perpetuidade.

Perpetuidade, crescimento e sobrevivência serão sempre consequência da capacidade das gerações de alcançar a autossuficiência em tudo que fazem, sejam ações de natureza empresarial, social ou até de lazer, mediante a organização, sempre, em cada um destes campos, de centros de resultados, nunca de centros de custo.

O que você, leitor, acabou de conhecer também foi levado ao conhecimento da força-tarefa de Curitiba. Sim, não perdemos a oportunidade de mostrar a seus integrantes a nossa filosofia empresarial, cuja base são valores que a diferenciam e que a transformam em algo mais amplo e profundo do que um modelo de gestão.

Percebi que, talvez, no íntimo, eles tivessem ficado surpresos e, por que não dizer, admirados ao saber que tais valores eram explícitos e praticados. Mas seus propósitos escusos, sobre os quais já falei algumas vezes, se sobrepuseram e, por miopia ou incapacidade de compreender o real significado disso tudo, preferiram ignorar nossa essência para seguir no propósito de nos destruir, se possível — ou de pelo menos nos enfraquecer.

Conseguiram nos enfraquecer, é verdade. Mas destruir não. Porque as crenças que nos trouxeram até aqui nos levarão a outros horizontes no tempo e no espaço. Eles, ao contrário, sem valores e sem princípios, estão desaparecendo, condenados ao anonimato. Tais conceitos talvez tenham sido resumidos com precisão pela jornalista Cristina Serra, na *Folha de S. Paulo* de 24 de abril de 2021, logo após a decisão do STF que confirmou a parcialidade do juiz de Curitiba:

> *O Brasil precisa virar essa página. O que importa, porém, já está decidido. O Supremo consagrou a vitória do devido processo legal, do Estado democrático de Direito e da Justiça. O ex-presidente Lula, impedido por Moro de concorrer em 2018, está livre para disputar em 2022. E Moro irá para o lugar reservado aos canalhas: a lata de lixo da história.*

A Lava Jato fingiu não ver que o BNDES é um banco voltado para financiar o progresso

Nem por último nem por menos importante, é impossível falar da Lava Jato sem falar do BNDES. É lamentavelmente obrigatório reconhecer que praticamente deixou de existir a execução de obras de engenharia por construtoras brasileiras fora do Brasil financiadas pelo BNDES, outro alvo preferencial da Lava Jato. Os recursos destinados a essas operações, quando ainda ocorriam, pela metade da década passada, representavam pouco mais de 1% dos desembolsos totais do banco. Não mais do que isso.

Com o percentual citado acima — embora obviamente pequeno para nosso potencial — a exportação de serviços de engenharia induzia a expansão e a capacitação de uma enorme cadeia de fornecedores brasileiros porque todos os desembolsos se dão no território nacional, em reais. Gerava 1,7 milhão de postos de trabalho no Brasil na interação estabelecida com os vários setores da economia brasileira; promovia a inovação; estimulava a retenção e repatriação de mão de obra altamente especializada e apresentava saldo positivo e crescente. Exportávamos know-how, conhecimento.

Distorções que, pelos óbvios ganhos para o país, proporcionados por essa modalidade de negócios, somente são criadas por ignorância ou má-fé, levaram a acusações sem fundamento, como a de que razões ideológicas estavam por trás da política de crédito do BNDES, entre os anos de 2005 e 2015, para a África e América Latina. Parte dos recursos da instituição estava concentrada em países da América Latina e África pela simples razão de que eram mercados para o setor de infraestrutura que cresceram 18,2% e 16,6%, respectivamente, naquele período, superando até a Ásia. Além disso, diferentemente do que se especulava, a maior parte dos financiamentos do banco naqueles anos destinou-se a exportações para os Estados Unidos, cujo valor foi de US$ 8,7 bilhões, dez vezes maior que a quantia destinada a Cuba, por exemplo, que foi de US$ 825 milhões.

Continuamos carentes de portos, aeroportos e estradas não porque, em vez de investir aqui, governos anteriores preferiram "custear obras no exterior". Não há disputa entre os recursos que financiam as exportações e os que se destinam a projetos no mercado interno porque as origens orçamentárias são distintas. Os recursos do BNDES destinados a financiar exportações são oriundos de captações externas, do repagamento dos créditos concedidos e do FAT. Os recursos para a infraestrutura doméstica têm origem no Orçamento Geral da União e estão condicionados à capacidade de endividamento dos estados e municípios, dentro dos limites estabelecidos pela Lei de Responsabilidade Fiscal.

Além disso, o Brasil nunca ofereceu taxas camaradas nem correu riscos de calotes em seus empréstimos porque os juros eram os mesmos praticados no mercado internacional pelas agências de financiamento à exportação de outros países.

Os recursos são destinados ao exportador brasileiro de bens ou serviços, em reais, com desembolso no Brasil após a comprovação das exportações brasileiras. O devedor não é a construtora — é o importador, ou seja, a empresa ou país estrangeiro que compra o bem ou serviço. Em caso de inadimplência do devedor, a estrutura de garantias é acionada e o BNDES é ressarcido pelo Fundo de Garantia às Exportações, mecanismo de menor taxa de sinistralidade mundial e superavitário em razão dos valores dos prêmios de seguro cobrados. Segundo dados do próprio BNDES, entre 2000 e 2021 o banco financiou exportações de serviços de engenharia para 15 países no valor de 10,4 bilhões de dólares. O prejuízo foi zero.

Outro mecanismo de proteção aos exportadores brasileiros é o CCR, Convênio de Crédito Recíproco, criado na década de 80 com o objetivo de promover e facilitar o comércio entre os países da América Latina e Caribe. É um sistema de garantias e de reembolso automático entre os bancos centrais que assegura ao exportador o pagamento integral de tudo que for exportado.

Em 2015 o BNDES suspendeu todos os desembolsos referentes aos projetos em andamento ou contratados das empresas envolvidas na Lava Jato. E foi para tratar deste tema que, na condição de testemunha, fui ouvido na CPI do BNDES, criada no Congresso Nacional no primeiro semestre de 2019. Minha audiência se deu no dia 3 de julho daquele ano, e reproduzo abaixo os trechos mais importantes da apresentação inicial que fiz aos deputados presentes.

> *Desde a década de 1970, a Odebrecht tem contribuído, legitimamente, com a concepção e com a definição de políticas públicas no Brasil e em outros países onde estamos presentes. Assim procedemos, pois temos a consciência de que nosso desenvolvimento como empresa será sustentável apenas se for casado com o crescimento e com o desenvolvimento dos países onde atuamos, especialmente do Brasil, nossa origem e nossa base político-estratégica.*
>
> *As empresas, de um modo geral, e nós em particular, quando definimos a internacionalização como um dos objetivos estratégicos, identificamos os países para futura atuação com base em critérios como: mercado potencial, agregação de tecnologia, aspectos culturais, estabilidade política, segurança jurídica, crescimento econômico e aspectos sociais, entre outros.*
>
> *Na Odebrecht, um dos nossos principais critérios para a seleção de um novo país de atuação sempre foi o alinhamento e a identidade de interesses com o Brasil.*
>
> *O nosso objetivo sempre foi o de nos integrarmos à comunidade local e lá permanecermos por longo prazo, realizando*

contratos de interesse estratégico para o país. Jamais entramos em um país com o simples objetivo de tirar rápidos proveitos de oportunidades localizadas e efêmeras.

Agimos assim desde o fim da década de 1970, quando conquistamos nosso primeiro contrato internacional em 1979.

Desde então, atuamos em alguns países com carência de recursos financeiros para realizar investimentos prioritários para seus desenvolvimentos. Nestes países e nestas situações, são desenvolvidas engenharias financeiras para tornar o empreendimento possível.

Para tanto, é fundamental a observância de algumas condições, tais como: a real necessidade do empreendimento para o país; a geração de riquezas tangíveis e intangíveis decorrentes dos resultados produzidos pelo empreendimento; a análise sobre a existência de alternativas factíveis, com maior e mais rápido retorno econômico; os possíveis impactos sociais e ambientais, entre outras.

Na concepção da engenharia financeira são estudadas diferentes alternativas para financiar o projeto. Desde as mais simples, como a disponibilidade de recursos do orçamento do país, ou a utilização de receitas oriundas do próprio empreendimento, até algumas mais complexas, como a concessão dos serviços a serem gerados pelo empreendimento, ou o financiamento de outros países para o empreendimento a ser realizado no país tomador dos recursos.

Nesta última hipótese, se enquadra o financiamento brasileiro para exportação de bens e de serviços.

Para a concessão deste financiamento, que julgamos importante para apoiar o desenvolvimento do importador e do Brasil, entendemos que é fundamental a análise de algumas condições pelo governo brasileiro. Entre elas destaco: a situação financeira do país tomador dos recursos, principalmente sua capacidade de repagamento; sua afinidade com o Brasil; a natureza dos bens e serviços a serem exportados.

Em engenharia e construção, a natureza destes serviços está basicamente relacionada à tecnologia, conhecimento, capacitação e inteligência.

É importante deixarmos claro que os recursos financeiros de que o Brasil dispõe, via BNDES, para financiar as exportações de bens e de serviços para os países importadores, não competem, de modo algum, com os recursos dos orçamentos da União, nem dos estados ou dos municípios utilizados para realizar os empreendimentos aqui necessários.

Os recursos destinados à exportação de bens e de serviços são limitados pelo valor destas exportações e pela capacidade de repagamento dos países importadores. Não têm relação direta com o orçamento da união.

Em outras palavras, ao realizarem empreendimentos no exterior, com recursos financiados pelo Brasil para os países importadores, as empresas brasileiras não estão consumindo recursos destinados a realizar empreendimentos no Brasil.

É ainda importante afirmar que os financiamentos concedidos pelo Brasil são pagos pelos países importadores em moeda forte, gerando divisas.

É também fundamental ratificar que os recursos financiados pelo Brasil não são transferidos para os países importadores dos nossos bens e serviços. Estes recursos são utilizados para pagar, internamente e em reais, aos exportadores brasileiros que aqui estão estabelecidos, gerando emprego e renda, movimentando nossa economia. Ou seja, estes recursos geram riquezas tangíveis e intangíveis em nosso País e para o nosso País.

Não podemos confundir o financiamento brasileiro para a internacionalização de empresas (compra de ativos no exterior, por exemplo) com financiamento à exportação. No primeiro caso, acontece a efetiva saída de divisas do Brasil. No segundo, que é o nosso caso, os recursos ficam no País.

Nos contratos de financiamento do BNDES para os países importadores, somos considerados intervenientes exportadores.

As empresas exportadoras brasileiras que prestam os serviços ou produzem os bens a serem exportados são de diversos setores da nossa atividade produtiva.

A Odebrecht, nestas décadas de atividade em outros países, proporcionou a exportação de bens e de serviços, ou a ida para o exterior de mais de duas mil empresas brasileiras de diferentes setores produtivos. Empresas que por si só não teriam condições de se tornarem exportadoras.

Destas duas mil empresas, mais de um mil e quinhentas são pequenas e médias.

De maneira geral, a parcela que corresponde à exportação direta da Odebrecht é sempre inferior à parte destinada às demais empresas exportadoras. Esta parte, direta da Odebrecht, refere-se basicamente à transferência de conhecimento e à tecnologia de engenharia, ou seja, a remuneração de centenas de técnicos e engenheiros brasileiros.

A significativa maioria do valor é destinada às demais empresas que exportam bens e serviços relacionados aos empreendimentos realizados.

Para informação às Senhoras Deputadas e aos Senhores deputados, ratifico que desde meados da década de 1970, quando decidimos que a internacionalização das nossas ações em engenharia e construção seria uma das nossas três vertentes estratégicas, definimos três premissas básicas fundamentais para atuarmos em outros países:

(1) Trabalhar em países com boas relações econômicas e diplomáticas com o Brasil;

(2) Conciliar nosso crescimento com o crescimento do país-cliente, contribuindo ativamente para seu desenvolvimento. (Para nós, o verdadeiro empresário busca e valoriza o equilíbrio entre o atingimento de resultados tangíveis e intangíveis e se diferencia desenvolvendo novos mercados; não se satisfaz em simplesmente ampliar sua participação no mercado existente);

(3) Assumir o compromisso de fazer com que os países importadores financiados cumpram seus compromissos com o Brasil, pois esta é a única maneira de haver continuidade nestes financiamentos.

PARTE III

Um mergulho nas raízes para olhar o futuro: chegamos à Novonor

Fale muito de coisas, pouco de pessoas e nada de si mesmo, recomendava com sabedoria um respeitado político brasileiro, já falecido. A avalanche de falsidades de que fomos vítimas pela Lava Jato, entretanto, com quase integral apoio dos grandes meios de comunicação, me obriga a falar um pouco de mim mesmo — ainda que sob o risco de cometer o pecado venial do cabotinismo. Até aqui falei sobre a Odebrecht, hoje renovada, transformada, operando com a marca Novonor. É hoje o que mais me inspira e mais ocupa meus pensamentos, e estamos avançando, com destaque para um aspecto essencial à nossa sobrevivência que é a reputação.

Desde 2009, somos avaliados pela RepTrak, consultoria global, líder mundial neste serviço, que possui o maior banco de dados de análise de reputação do mundo, com mais de 1 milhão de pesquisas de empresas por ano em mais de 60 países. Nossa pontuação, numa escala de 0 a 100, em 2013 somou 65,5, considerada média. Em 2017, estávamos no fundo do poço com apenas 13,5. O trabalho feito desde então, em todas as dimensões do Grupo, as mudanças que promovemos, inclusive nas marcas, e a reconquista da confiança de *stakeholders* e da sociedade gerou, em agosto de 2022, um importante indicador: nossa pontuação atingiu 71,8, a maior desde o início do monitoramento em 2009.

Ou seja: estamos em 2022 em um patamar reputacional onde jamais estivemos antes da Lava Jato.

Agora quero contar mais um pouco de minha própria história, com foco na minha visão de mundo. Os membros da família Odebrecht, da chegada de Emil ao Brasil na metade do século XIX até os dias de hoje, espalharam-se pelo país. Edmundo, meu bisavô, ao contrário do pai e do filho Emílio, não se interessou pela engenharia. Queria ser mecânico de automóveis, mas virou marinheiro. Tornou-se um dos mais requisitados capitães de navio da marinha mercante brasileira e morreu no mar, em naufrágio no litoral do Ceará.

Eu nasci em Salvador, em janeiro de 1945, e quando fiz três anos de idade fui para Blumenau, onde viviam meus avós. Lá fiquei, convivendo com eles e aprendendo muito, até os seis anos. Tenho quatro irmãos: Ilka, Marta, Norberto e Eduardo. Em Blumenau fui muito feliz. Meu avô, livre da obrigação de cuidar dos negócios, dedicou-se ao primeiro neto — e tivemos juntos três anos repletos de passeios, caçadas, pescarias e brincadeiras. Ele ensinava à criança que eu era então a valorizar e respeitar a natureza, a família e a amizade. Tive meu caráter, em tão tenra idade, forjado no amor ao próximo e no respeito a todos e a tudo ao meu redor.

Do ponto de vista educacional, comecei a ser instruído tendo por base valores luteranos, o credo ancestral dos Odebrecht. Quando, em 1952, meus avós voltaram para Salvador, fui morar com meu pai e com minha mãe Yolanda. O casamento deles durou 69 anos e, talvez não por acaso, ambos faleceram no ano de 2014, um após o outro, em um intervalo de tempo de apenas quatro meses.

Dos seis aos 11 anos morei no bairro de Brotas. Antes, até os três, quando fui para Blumenau, havia morado no bairro dos Aflitos. Estudei durante aquele período em casa, com professores contratados por minha família, o que era uma tradição entre os Odebrecht. Meu pai também passou pela mesma experiência. Com 11 anos fui matriculado no Colégio Maristas, no bairro do Campo Grande, onde fiquei até os 18, porque houve um intervalo.

É que, quando fiz 16, meu pai mandou-me para uma longa viagem à Europa, de 11 meses de duração, junto com meus avós e meus tios Clarival do Prado Valladares e Érica, irmã de meu pai. Foram conosco dois de meus primos e três de meus irmãos.

O objetivo da viagem era nos dar a oportunidade de conhecer aquele continente, aprimorar nossa bagagem cultural e incutir na então mais jovem geração dos Odebrecht o humanismo e o apreço pelas artes.

Na ocasião, meus avós e meus tios falaram muito sobre valores, educação e cultura, o que nos ajudou a esboçar uma primeira visão de mundo referenciada também pela história, pelas línguas diversas dos países europeus e pelos muitos e interessantes contrastes e diferenças entre os povos com os quais fomos mantendo contato.

Aqui, aliás, abro parênteses para falar da importância de meu tio Clarival na história da arte brasileira. Embora os modernos mecanismos de pesquisas da Internet sejam fartos e abundantes a respeito de sua trajetória, não quero deixar de registrar minha opinião pessoal. Ele foi um dos mais destacados estudiosos das artes plásticas no Brasil e o mais importante historiador da arte nordestina, especificamente. Clarival era formado em Medicina. Patologista, entrou no mundo das artes depois da morte de seu irmão José Antonio do Prado Valladares, em um desastre de avião, em 1959.

Professor, crítico de arte, fotógrafo e escritor, José Valladares foi um dos fundadores e primeiro diretor do Museu de Arte da Bahia. Clarival, de certa forma, deu continuidade ao trabalho do irmão e foi o mentor da política de contribuição cultural que a Odebrecht viria a desenvolver, com foco em publicações que realçassem aspectos distintivos das comunidades onde atuava.

Foram quase 400 — sim, quatrocentos — livros de arte desde o primeiro patrocínio, em 1959, da obra *Homenagem à Bahia Antiga*, ilustrado com fotografias de José Valladares. Ao longo de mais de 50 anos, praticamente sem interrupções, patrocinamos edições sobre arte, história e riquezas naturais no Brasil, Argentina, Peru, Equador, Venezuela, República Dominicana, Cuba, Portugal e Angola.

De autoria de Clarival, publicamos *Nordeste Histórico Monumental*, em quatro volumes, que, sem dúvida, é o mais importante estudo analítico e fotográfico da arte e da cultura da região. *O Brasil dos Viajantes*, outra de nossas publicações marcantes, deu origem a uma exposição com obras dos pintores e naturalistas que visitaram o Brasil entre os séculos XVII e XIX que, no MASP em São Paulo, atraiu mais de 300 mil pessoas. Em 2003, como homenagem e agradecimento, criamos o Prêmio Odebrecht de Pesquisa Histórica Clarival do Prado Valladares, concurso de ensaios que, pelo ineditismo, trouxessem relevante contribuição para a história do Brasil. Foram 14 publicações, que mereceram sete vezes o Prêmio Jabuti, o mais importante do país na área bibliográfica.

Nossa contribuição à cultura, no entanto, também se deu nas artes plásticas e na recuperação de sítios históricos. Era um compromisso para o qual nunca fizemos uso das leis de incentivos ou benefícios fiscais nestes investimentos. Nada contra elas, mas jamais foram condição para apoiarmos um projeto.

Como sempre, nossas convicções sobre a responsabilidade das empresas neste campo e a sensibilidade adquirida a partir daqueles 11 meses na Europa é que prevaleciam.

Ao retornar da viagem, eu já atingira os 17 anos e fui cumprir meu serviço militar no CPOR (Centro Preparatório de Oficiais da Reserva). Esta é outra tradição dos Odebrecht. Meu pai serviu às Forças Armadas e meu filho Marcelo também. Aos 17 anos conheci Regina Bahia, então com 14. Casamos cinco anos depois e temos quatro filhos: Mônica, Márcia, Marcelo e Maurício. Todos nasceram em Salvador.

Eu fiquei dois anos no CPOR. No segundo desses dois anos cursei o preparatório para ingressar na Faculdade de Engenharia da Universidade Federal da Bahia (UFBA). Em razão da viagem pela Europa, atrasei em um ano minha entrada na faculdade, mas o destino mostrou que a experiência valeu muito a pena. De forma concomitante, por essa época (na verdade, já alguns anos antes) eu comecei a assumir certas obrigações e tarefas. No começo tratava-se de afazeres domésticos, depois virou trabalho mesmo. Em nossa família, ativa e devotada ao trabalho, nunca houve espaço para a condescendência, mesmo a derivada de laços de sangue. Como já disse, hoje nem todos somos luteranos, mas o rigor ético do luteranismo segue firme entre nós.

Disse acima que comecei a assumir responsabilidades cedo, a partir dos 15 anos. Era o filho mais velho e tinha o dever de responder por tudo que acontecesse em casa, estando ou não presente nela. Quando conseguia fazer algo especial ou elogiável, ouvia que não tinha feito mais do que minha obrigação. A alguns pode parecer uma forma áspera de reconhecimento, mas ela me vem à mente como memória, não como queixa, pela influência educativa e formadora que o cumprimento daquelas tarefas viria a ter em minha vida futura.

Ainda durante a faculdade, realizei várias pequenas obras para a família. Fiz como pessoa física, não como integrante da construtora de meu pai. Era também um treino para o futuro que a mim estava reservado. E foi assim que me coube cuidar da construção do mausoléu dos Odebrecht, localizado no Cemitério do Campo Santo, em Salvador. É algo pelo qual sinto orgulho, por tê-lo conseguido erguer não obstante minha juventude e, mais ainda, concebido por ninguém menos que a arquiteta Lina Bo Bardi, que à época (década de 1960) estava vivendo e trabalhando na Bahia.

Na escuridão do cemitério, dois vultos circulam com Lina Bo Bardi

É dela o projeto do mausoléu. Consiste em um caixão de concreto armado para abrigar as urnas funerárias de nossos familiares. O estilo arquitetônico da obra é o brutalismo, do qual Lina foi uma das expoentes mundiais. Uma lembrança curiosa: extremamente atarefada, a arquiteta só encontrava tempo para supervisionar as obras do mausoléu quando já era noite. Então era comum que ela, eu e um mestre de obras vagássemos por um cemitério vazio, lúgubre, fechado e no escuro para checar como evoluía a construção.

Quando fiz o curso de Engenharia, desfrutava as férias de inverno e de verão com a família, costume que vinha desde minha adolescência. Até meus 13 anos tais férias ocorriam em um sítio que meu avô tinha em Mar Grande, na ilha de Itaparica. Depois passaram a se dar na ilha de Kieppe, situada mais ou menos 100 milhas ao sul de Salvador. Kieppe é uma ilha marítima, na foz dos rios Camamu e Serinhaém, a oito quilômetros da costa, que pertence à família Odebrecht.

Também naquelas ocasiões recebi de meu avô Emílio e de minha avó Hertha sempre boas lições, como eles haviam feito naqueles anos de minha primeira infância, em Blumenau. A convivência com a natureza talvez seja a mais importante dentre elas. Ao longo dos anos e décadas que se seguiriam, esse convívio se converteria em uma fonte de prazer e paz espiritual para mim.

Gostava da caça e da pesca esportiva, atividades que ainda hoje aprecio e que nos ajudam a desenvolver o sentido da paciência, o valor do planejamento, e nos proporcionam a sensação única da conquista que acontece depois de uma longa espera. Não basta contemplar o mundo natural. É preciso integrar-se a ele e entender que nós, seres humanos, não somos (ao menos não deveríamos ser) corpos estranhos no mar e na floresta.

Meu avô explicava-me, durante aqueles dias passados em Kieppe, que todo animal é inteligente o bastante para ajustar-se ao ecossistema em que vive, ao invés de simplesmente dele extrair o máximo possível de recursos em um mínimo possível de tempo. Aqueles que não agem assim, cedo ou tarde são punidos pela natureza com a extinção de sua espécie. E o homem não está fora desta regra, advertia-me.

É importante lembrar: Emílio, meu avô, também aprendera muito com o avô dele, o imigrante Emil. Por volta de 1860, Emil percorria Santa Catarina demarcando terras para os colonos alemães que chegavam à região. Ele tinha um hábito: sempre que uma planta, pela beleza, raridade ou utilidade, lhe chamava a atenção, colhia mudas ou sementes que plantava no terreno de sua casa, no povoado que se tornaria Blumenau. O bosque nascido de suas mãos é hoje um dos mais belos parques daquela cidade.

É com orgulho que posso afirmar ter seguido o exemplo de Emil: em áreas rurais que doei aos meus filhos, há mais de 20 anos, com usufruto político-econômico, na Bahia e em Minas Gerais, plantamos mais de um milhão e meio de árvores para recuperar mais de 60km de matas ciliares, proteger as áreas de reserva legal e formar bosques de espécies da região de Itagibá, no interior da Bahia. São elas pau-brasil, pau d'arco, ipê, vinhático, jequitibá, sucupira, jacarandá e muitas outras, num sistema de reflorestamento integrado que proporciona o desenvolvimento da fauna em condições adequadas para que se perpetue.

Iniciativas como essas exigem altos investimentos. O valor essencial delas, entretanto, não se mede por aí. Mede-se pelo fato de serem fruto de consciência cidadã e de arraigadas convicções pessoais, como se deu com meu avô e como se deu com meu pai durante suas vidas em várias regiões do Brasil.

No Baixo Sul da Bahia meu pai deixou um legado inspirador de ações que, com o mesmo espírito e os mesmos propósitos, continuam sendo empreendidas pela Fundação Norberto Odebrecht. Em nossas propriedades, nos municípios de Itagibá, Ibicuí e Uberaba, vivem 120 famílias. Nas casas, utilizam energia solar e reciclam os resíduos que geram. E fazem isso não porque haja uma determinação nesse sentido, mas porque sabem a razão para que assim seja feito.

Melhor exemplo do que parece à primeira vista, ao senso comum, a água, para nosso Grupo, converteu-se em objeto de pesquisas de grande relevância e de importantes iniciativas na área industrial. O acesso à água, essencial para todas as formas de vida, melhorou nas últimas décadas em muitos países, mas 900 milhões de pessoas ainda carecem de água potável adequada. Num mundo com uma população de 7 bilhões, a caminho de 8 bilhões em 2030, a demanda é cada vez maior. O planeta já consome mais água (4,5 trilhões de metros cúbicos por ano) do que seus sistemas hídricos disponibilizam (4,3 trilhões de metros cúbicos/ ano). Cerca de 70% dos recursos são consumidos pela agricultura, e a demanda de alimentos só tende a crescer. Além de aprender a conservar, a humanidade precisa aprender a usar e a reciclar a água.

A parceria entre o poder público e a empresa privada pode ser um caminho. No ano de 2012, a Odebrecht Ambiental e a Companhia de Saneamento Básico do Estado de São Paulo (Sabesp) se associaram para construir a maior estação de água de reuso do mundo, o Projeto Aquapolo, que converte esgoto em água industrial para abastecer as empresas do Polo Petroquímico de Capuava, em Mauá.

Imprópria para o consumo humano, a água de reuso pode ser usada em torres de resfriamento, caldeiras, geração de energia ou limpeza. A produção do insumo na Estação de Produção de Água Industrial da Aquapolo, situada dentro da Estação de Tratamento de Efluentes do ABC, da Sabesp, permite economizar e destinar 650 mil litros de água doméstica para a população. Essa quantidade de água é suficiente para o abastecimento diário de uma cidade de 300 mil habitantes.

A Odebrecht Ambiental não existe mais. Foi vendida para o grupo Brookfield e mudou de nome logo depois que a Lava Jato nos atingiu, mas o projeto que se materializou segue dando frutos. Não apenas para os paulistanos, mas para milhões de brasileiros de outros estados, e até para estrangeiros de todos os cantos do mundo onde estamos ou estivemos.

Ao contrário do tratamento que nos foi destinado pela malfadada "República de Curitiba", é comum as comunidades beneficiadas por empreendimentos como tantos que espalhamos por mais de 30 países demonstrarem gratidão mediante gestos de reconhecimento. Dentre os que me couberam, um tem valor especial: trata-se da homenagem que recebi como representante da Odebrecht, pela Câmara Municipal de Trujillo, no Norte do Peru. Situada na costa peruana, a região é desértica. Mas o deserto ali é fértil. Havendo água, produz alimentos. Estudamos o assunto e desenvolvemos um projeto agroindustrial no vale de Chavimochic — nome formado pelas primeiras sílabas dos nomes dos quatro rios que cortam o vale: Chao, Viru, Mochica e Chicama, nenhum deles perene. Em alguns anos, eles têm água por, no máximo, uma semana. Mas no alto da cordilheira dos Andes, muito próxima, nasce o rio Santa, este perene porque recebe água do degelo nas montanhas. Se pudéssemos reservar parte da água do rio Santa e distribuí-la em canais pelo vale, teríamos ali um polo de desenvolvimento para a região. Foi o que fizemos, em parceria com o governo da província de La Libertad.

Hoje em Chavimochic se cultiva, entre outros legumes e frutas, os melhores aspargos do mundo, e suas terras áridas geram divisas para o país pela exportação de parte do que produzem. Avançando mais para o interior do país, notamos que a Cordilheira dos Andes separa os rios que correm para a vertente do Oceano Atlântico dos que descem para o Oceano Pacífico. Usando a engenharia, invertemos essa disposição, e transferimos águas das encostas chuvosas do Atlântico para as terras áridas do lado do Pacífico para irrigar projetos agrícolas e produzir alimentos no vale do rio Olmos, na província de Lambayeque.

Começamos pela construção de uma barragem de 43 metros de altura no rio Huancabamba, que corre para a vertente do Atlântico. Depois, abrimos um túnel de 20 quilômetros de extensão por cinco metros de diâmetro, a uma profundidade de 2 mil metros da superfície da montanha, que capta água na represa, atravessa a cordilheira e transfere as águas do Huancabamba para a vertente do Pacífico. Hoje, uma rede de dutos e canais de irrigação viabiliza a agricultura em 43 mil hectares de terras, transformando o que era deserto em polo exportador de frutas e legumes. Parte das terras foi vendida para companhias agroindustriais e parte doada para pequenos agricultores que já viviam na região, e tiveram suas vidas transformadas para melhor.

Todos os esforços decorrentes dessa saudável associação entre capital público, recursos privados e tecnologia das grandes empresas internacionais desabaram quando a praga de dimensões bíblicas nos atacou a todos: a Covid-19. A pandemia que aterrorizou o planeta em 2020 e 2021 tem origens ainda desconhecidas, mas seus efeitos certamente foram potencializados por fatores como poluição ambiental, falta de condições sanitárias em populações carentes e grande nível de pobreza em muitos países.

Tais males — poluição, insalubridade, pobreza — surgem da ausência daquilo que é conhecido como desenvolvimento sustentável. Este é um dos temas que mais vêm me preocupando nos últimos anos. Observo com entusiasmo e alento a mocidade de nossos dias — não apenas a brasileira, mas rapazes e moças de todo o planeta empenhados na construção de sistemas econômicos e sociedades que sejam geradores de riquezas, mas que não degradem o planeta para tanto.

Também está na mira desses jovens a diminuição das desigualdades sociais, não apenas em seus respectivos países, mas também das desigualdades entre as nações propriamente ditas. Vejam, por exemplo, o admirável exemplo da jovem sueca Greta Thunberg, que há alguns anos criou e lidera um movimento mundial para o combate ao aquecimento global.

É importante frisar que desenvolver uma economia de forma sustentável não tem a ver apenas com deter a mudança climática (já em curso, aliás). Sociedades formadas por multidões de pobres e meia dúzia de ricos jamais serão sociedades "verdes". Salvar a natureza passa, antes e necessariamente, por salvar das garras da miséria homens, mulheres e crianças pobres. Felizmente, o chamado tripé da sustentabilidade cada vez mais se incorpora ao pensamento empresarial contemporâneo. Explico: tal tripé busca inserir o mundo corporativo na luta em prol do planeta, fazendo com que as empresas se engajem nesta luta nas três esferas — ambiental, social e governança, as quais devem balizar a atuação delas neste sentido.

Tentemos entender cada uma destas esferas.

A esfera ambiental se traduz na adoção de uma visão global, não fragmentada, por parte de cada organização, sobre como ela deve atuar. Toda empresa, é claro, tem de entregar bens e serviços, mas deve fazê-lo de forma a mitigar o impacto que venha causar à natureza e, além disso, tomar partido no combate às ameaças que nos rondam, sendo as principais a poluição, a mudança climática e o desperdício, principalmente dos recursos naturais.

A esfera social aponta para os membros de cada empresa e das comunidades com as quais os mesmos interagem com foco na promoção de impacto social positivo. Aos primeiros, os trabalhadores, deve cada empregador garantir condições plenas de trabalho seguro, chances reais de que realizem seus planos de vida e carreira e o direito a uma justa remuneração por sua atividade laboral. Às comunidades deve-se disponibilizar, além dos serviços e produtos que melhorem a qualidade de vida, o apoio, imprescindível, para que superem as faltas e carências que as afligem.

A terceira destas esferas tem a ver com governança, destacando-se ética, integridade e transparência; direitos dos acionistas e gestão de riscos, fatores determinantes para o sucesso da empresa. Toda companhia precisa gerar resultados para seus proprietários e/ou acionistas, sem o quê se torna uma instituição filantrópica.

A intenção é que a busca de retorno dos investimentos feitos pelo ente econômico (a empresa) não seja causa de destruição de seu entorno socioambiental; pelo contrário, sirva também para sua regeneração.

Mas penso que não podemos avançar apenas até esses pontos: a defesa do bem-estar humano, do bem-estar da natureza e da viabilidade econômica e administração segura das organizações empresariais em um mundo ambientalmente correto. Temos de ir além, incluindo o desafio cultural e o desafio político. Em se tratando do primeiro, o cultural, deve-se almejar um modelo de integração que leve em consideração a perspectiva, os valores e as crenças dos indivíduos aos quais as empresas servem.

No plano cultural, a base de toda ação corporativa deve ser o respeito à diversidade e o enaltecimento daquilo que caracteriza e distingue os muitos grupos sociais inseridos em cada comunidade ou nação.

No que tange ao desafio político, ele se constitui na busca ininterrupta de oportunidades de contribuição com as instituições governamentais tendo em vista o bem comum, como no apoio à formulação de políticas públicas e na defesa intransigente da democracia. Temos exemplos de contribuições relevantes de nosso Grupo para a formulação de políticas públicas no Brasil.

Cito o Estatuto da Criança e do Adolescente, transformado em lei promulgada em 13 de julho de 1990, para cuja discussão promovemos várias ações, lideradas pela Fundação Norberto Odebrecht, em conjunto com o UNICEF (Fundo das Nações Unidas para a Infância) e com a Frente Parlamentar pelos Direitos da Criança e do Adolescente, do Congresso Nacional.

Nossa contribuição ao Programa Nacional de Desestatização, em 1988, se deu mediante o oferecimento de vários estudos sobre iniciativas semelhantes então em curso em alguns países como Inglaterra e Espanha. No âmbito da Assembleia Nacional Constituinte de 1988, defendemos a inclusão da participação dos trabalhadores nos lucros ou resultados das empresas, hoje conhecida como PLR, e que foi estabelecida no artigo 7º da Carta Magna, no capítulo que trata dos direitos sociais dos brasileiros.

Em 1992 apoiamos mudanças na Lei das Licitações, no sentido de aperfeiçoá-la como instrumento para gerar competitividade e proteger o Estado. E em 1995 oferecemos contribuições baseadas em estudos e pesquisas para a elaboração da lei que estabeleceu a possibilidade de gestão de serviços públicos por empresas privadas, mediante concessão.

Portanto, em minha visão, é sobre cinco esferas — a ambiental, a social, a de governança, a cultural e a política — que se assenta o desenvolvimento sustentável tal qual eu o entendo. Parte disso, recordo, me foi ensinado na infância e na adolescência em casa, no sítio de meu avô, em Itaparica, e na ilha de Kieppe. Meu avô e meu pai foram bastante conectados à natureza. Ela era, para ambos, a chave a partir da qual podia-se compreender o lugar ocupado pelo homem em meio ao universo de outros seres que habitam o planeta: este lugar era o da integração, o de elo de uma gigantesca corrente.

Os animais e plantas não estão no planeta para nós, seres humanos; eles estão no planeta conosco, seres humanos. Não se trata de questão meramente semântica, mas de uma diferenciação que, uma vez compreendida, enseja no homem o respeito por todas as demais formas de vida — o que é, em síntese, tudo aquilo que se busca atingir através da luta ambiental.

Um ensinamento hereditário: fazer juntos, para fazer melhor

Ao falar em meio ambiente, para nosso Grupo, é inevitável retornar à experiência peruana. O desafio, quando chegamos em Lambayeque, era realizar um milagre: transformar um estéril deserto nevado em terra fértil para a agricultura. Nós conseguimos. Quando escrevo "conseguimos", não estou recorrendo ao chamado "plural majestático": quem realizou o milagre foi o trabalho coletivo de pequenos agricultores que já viviam na região e companhias agroindustriais que se juntaram ao Estado e a nosso Grupo.

Não é impossível que até minhas escolhas pessoais, como a prática de esportes, tenham sido influenciadas por essa concepção de vida. Sempre gostei de praticar esportes, em especial os coletivos. No esporte se obtém saúde, e vale observar que a saúde não é um valor, tal como o são a liberdade, a fraternidade ou a Justiça; ela mais se assemelha a um bem material — pelo qual precisamos zelar. Além disso, os esportes coletivos trazem outros benefícios, como o aprendizado das ações em equipe; a compreensão dos papéis do líder e dos que cabem aos liderados, e a capacidade de uns reconhecerem e valorizarem o outro.

Quando cheguei à adolescência, era muito comum que eu acompanhasse meu pai nas visitas que ele fazia às obras da empresa nos finais de semana. O hábito se transformou em oportunidades de treinamento, de preparação para o mundo do trabalho. Eram situações nas quais eu ampliava minha compreensão do que significava ter responsabilidades institucionais. Também aprendia a valorizar a atividade laboral, as pessoas e os compromissos, e a enriquecer os ensinamentos vindos do conhecimento teórico, ensinado na escola, com os conhecimentos práticos para a vida que só a labuta nos traz. Tal simbiose de informações (e formações) me permitiu consolidar as concepções referenciadas por princípios, valores, crenças e conhecimentos que guiam cada um de meus passos desde então.

Naqueles anos de juventude, em dois momentos experimentei o sofrimento decorrente de perdas: no falecimento de meu avô Emílio, ocorrido em 1962, e no de meu primo José Carlos Magalhães, pessoa por quem nutria um afeto especial.

A morte é parte integrante da jornada humana.

De certo modo, ela até mesmo confere significado à existência: se todos fôssemos viver para sempre, por qual razão lutaríamos visando a colocar em prática nossos projetos de vida, dado que não existiria o sentido de urgência para tanto? O fato é que tais perdas me provocaram reflexões profundas sobre o que realmente é importante valorizarmos enquanto estamos vivos.

Das conclusões a que cheguei, destaco uma: devemos nos desapegar, em larga medida, dos bem materiais.

Os bens intangíveis são mais importantes. Dentre eles, o principal são as amizades. Os verdadeiros amigos estarão ao nosso lado mesmo nos piores momentos, e o bem que nos fazem só cessa em dois casos: com o término de suas vidas ou o da nossa.

As experiências, os aprendizados e os diversos sentimentos que todo ser humano experimenta ao viver me fizeram tomar diversas decisões, as quais ajudaram a consolidar minhas posições e a definir rumos futuros no que tange ao que sou:

- enquanto indivíduo;
- enquanto membro da família;
- enquanto membro de minha comunidade;
- enquanto profissional;
- enquanto membro da empresa à qual sirvo;
- enquanto empresário propriamente dito;
- e, por fim (e mais importante do que todo o restante), enquanto cidadão.

Sigo convicto, não obstante os golpes que já sofri, de que as várias facetas da personalidade de um ser humano que expus acima (e que toda pessoa ostenta, não só eu) devem estar todas a serviço, e em convergência, da missão que cada um de nós escolheu para si aqui na terra.

Eu estava às portas de converter-me em indivíduo quando, pouco mais que adolescente, ingressei na Construtora Norberto Odebrecht S.A. (CNO) em 1966, como estagiário. Na ocasião, cursava o 2º ano da Faculdade de Engenharia. Era um jovem adulto de 21 anos ingressando em uma jovem companhia de 22 anos. Meu início na Odebrecht deu-se em um canteiro de obras no interior baiano e prosseguiu na Bahia até 1974. Aquele foi um tempo dedicado principalmente a aprender.

Destaco os ensinamentos recebidos de meu avô e, principalmente, os recebidos de meu pai, ensinamentos que vinham das decisões que ele tomava, dos comportamentos cotidianos, dos exemplos que me dava dos resultados práticos e pontuais que obtinha, e da clareza de por que agira daquela maneira. Em muitas ocasiões pude constatar que meu pai estava mostrando a aplicação concreta, mas de forma natural, de verdades que estamos acostumados a ouvir, como:

- Não decida pelo outro. Incentive e crie as condições para que ele possa decidir por si mesmo; sim, estou falando do ditado popular: não dê o peixe, ensine a pescar.
- Omitir-se é a pior das atitudes. Erre, se for inevitável, mas decida. Depois aprenda com os erros, pois é essa a forma de agir que melhor instrui, e também a que lhe dará base para fazer o certo em situações futuras.

Em 1974 surge o meu primeiro grande desafio: junto com companheiros da segunda geração da Odebrecht, mudar para o Rio de Janeiro para assumir os negócios da empresa na região Sudeste do

Brasil. Foi a oportunidade de colocar em prática outros ensinamentos de meu pai, estes mais complexos, e que, daí em diante, foram referências fundamentais ao homem no qual me tornei, não importando a função ou responsabilidade que exercesse. Dois pontos, no caso, merecem ser sublinhados:

- O alinhamento, a prática e a transmissão às gerações mais jovens da filosofia empresarial desenvolvida por Norberto e por ele explicitada nos livros *Sobreviver, crescer e perpetuar* e *Educação pelo trabalho*.
- A aplicação e o compartilhamento das visões e posturas empresariais que eu mesmo já estava concebendo, as quais estão expostas em meus livros *Confiar e servir* e *Suceder e ser sucedido*.

Essas obras resultam de uma disciplina intelectual, fundamental para o exercício da liderança no mundo empresarial, e simbolizam o valor da cultura em nosso Grupo. A existência de uma cultura é inerente à existência dos negócios. Qualquer empreendimento, não importa o tamanho, tem um modo de ser e de agir que o distingue porque reflete as crenças, valores e princípios de seu fundador ou fundadores. Mas não é comum a sistematização dessas referências e seu compartilhamento com todas as pessoas que naquela empresa trabalham, numa perspectiva filosófica. Foi isso que eu e meu pai fizemos nos livros por nós escritos.

A mudança ocorrida em minha carreira dentro da Odebrecht a partir de 1974 (a qual se estendeu até quase o fim daquela década) serviu para que eu tirasse do papel e me comportasse guiado por ideias e ações como:

- Deve-se, sobretudo, servir, não ser servido.
- O ser humano deve ser o agente de seu próprio destino.
- Buscar sempre *o que* é o certo, não *quem* está certo.

- A eficácia de uma reunião depende de manter seu foco na contribuição de cada um e nos resultados.
- A prioridade sempre é atender às demandas do cliente. Isto faz daquele a quem foi delegado atender tais demandas, automaticamente, o executivo principal, o CEO de fato. Os demais membros da empresa devem agir em seu apoio.
- Todo líder responsável por uma missão ou um objetivo deve pensar e agir como se fosse o "dono" da empresa.
- Todo líder responsável pelo desenvolvimento de uma comunidade, região ou país precisa pensar globalmente e agir localmente.
- Todo empresário, caso almeje o sucesso, tem de ser capaz de identificar parceiros que o ajudem a satisfazer, simultânea e continuamente, as duas fontes de vida de uma organização empresarial: o cliente e o acionista.
- O empresário com espírito de empreendedor, e que estiver com os olhos voltados para o amanhã, precisa criar seus mercados. Jamais deve se contentar apenas em aumentar sua parcela de participação em mercados já existentes.
- Nunca se deve menosprezar a opinião pública, e para satisfazê-la o caminho é a verdade e a transparência no agir.

Ser empresário é ser um homem de ação, mas todo empresário deve portar-se como um líder educador e tornar explícita a filosofia empresarial que o guia. Deve ser um formador de talentos e de novas lideranças capazes de alcançar o equilíbrio entre o econômico, o social e o ambiental, dotadas de uma concepção humanista do mundo dos negócios.

No dia a dia do relacionamento com os liderados o líder deve aproveitar os momentos de tomada de decisão, particularmente ricos na perspectiva educativa, para enfocar não na decisão em si, mas no motivo, no porquê daquela decisão.

Pude fazer duas constatações cruciais naqueles primeiros anos como líder de uma operação empresarial complexa.

A primeira é que a descentralização maximiza a entrega de resultados por parte das células de uma organização e potencializa o surgimento de mais e melhores líderes. Por que tantas empresas não descentralizam? Certamente porque este é um processo que exige confiança. Se eu desconfio, não delego; se não delego, centralizo. Quando centralizo, o tamanho da empresa é o tamanho das minhas possibilidades, não o tamanho das possibilidades de todos.

A segunda constatação é que o desenvolvimento de um profissional avança quando a ele se delegam responsabilidades maiores do que as recomendadas, em princípio, ao seu nível de capacitação naquele momento. Sei que isso pode parecer ousado, mas desafiar cada homem e cada mulher a ir além de seus limites só pode lhes ser benéfico. Ao líder de tal pessoa desafiada caberá o papel de educador mediante a pedagogia da presença, a qual se traduz na prática pelo oferecimento sem reservas ao educando de tempo, presença, experiência e *exemplos*.

Percebi também que homens e mulheres em posição de liderança que se destacam têm como características diferenciadoras:

- A ânsia de surpreender os clientes com inovações e não somente satisfazer suas necessidades.
- A capacidade de pensar e de planejar para o longo prazo, em contraste com aqueles que agem de forma imediatista e até mesmo mercenária.
- A tendência a tomar decisões baseadas na criatividade e na intuição.
- O cuidado com a análise do custo-benefício de cada passo a ser dado, sem ficar detido apenas nas despesas.

Estes são os que classifico como bons empresários. Sabem dar a devida prioridade à obtenção de resultados mediante o aumento da produtividade e foco na satisfação dos clientes.

Praticam constante autoavaliação, visando tanto o desenvolvimento pessoal quanto a identificação de parceiros e equipes que sejam complementares aos talentos que possuem, e capazes de suprir as deficiências que têm.

Possuem a humildade de dividir os méritos dos acertos com os colegas, ao mesmo tempo em que assumem os ônus dos erros cometidos, tomando para si mesmos, com grandeza, a responsabilidade pelo que não deu certo. E têm consciência plena da responsabilidade que abraçam quando se tornam líderes de uma obra, de uma empresa ou de seus próprios negócios.

O meio fornece as lentes pelas quais o indivíduo enxerga a vida. Eu sou um empresário

Para falar da confiança nas pessoas e na capacidade de cada ser humano desenvolver-se e tornar-se senhor do próprio destino volto à gênese da empresa fundada por meu pai na primeira metade dos anos 1940. Ele não tinha então nada a seu favor, a não ser a extraordinária qualidade da mão de obra da construtora do meu avô. Ela quase deixara de existir, mas aqueles excelentes trabalhadores seguiam disponíveis. Estavam ali, querendo construir, mas precisando, é claro, ganhar para tanto.

O que ele fez?

Acertou com todos que, a partir dali, na nova empresa onde iriam trabalhar (a Construtora Norberto Odebrecht), receberia mais quem mais e melhor entregasse resultados. "Entregar resultados" pode parecer, à primeira vista, uma visão superficial do trabalho com vistas apenas na urgência do contrato. Mas não. No caso, era erguer mais rapidamente os prédios e demais encomendas conseguidas, mas fazê-lo com qualidade, pelo menor custo.

A criatividade no trabalho, a alta produtividade e equipes competentes geram riquezas adicionais para todos: clientes, acionistas, operários, executivos-parceiros e comunidades. Ou seja: o verdadeiro ganha-ganha, que é a base material indispensável à criação de uma sociedade economicamente justa e solidária. E uma das melhores maneiras de estimular cada trabalhador nesse sentido é recompensando, moral e materialmente, aqueles que se destacam pelos bons resultados que alcançam.

Tais bons resultados são frutos do espírito de servir, da qualificação, do empenho, da resiliência, da persistência na busca do que foi previamente pactuado. E também nascem da ousadia, da criatividade, da inovação, da convicção de que aquilo que importa é entregar no preço, no prazo e na qualidade o que espera o cliente mais exigente.

As mais difíceis missões são o norte dos melhores executores porque é nelas que deixam de ser simples executivos para se transformarem em empresários-parceiros, que se sentem donos do que lideram e agem como tal, em benefício de todos e para o crescimento de todos.

Seja em um canteiro de obras, seja operando uma planta petroquímica, seja perfurando poços no oceano em busca de petróleo ou erguendo refinarias, em todos esses casos o mérito reside em ir além, em aprender a aprender, autodesenvolver-se, educar-se pelo trabalho, superar-se. E tornar-se um líder.

Toda empresa que se pauta por uma filosofia humanista, baseada na confiança, sabe que, louvando e premiando o mérito, os bons resultados tendem a multiplicar-se: assim é que sempre entendemos e praticamos o conceito de meritocracia. Por fim, mas não menos importante, a riqueza gerada pela corporação tem de ser compartilhada por ela. Compartilhada pelo cliente, pela qualidade do investimento entregue para alcançar os retornos planejados. Compartilhada entre as comunidades que serão diretamente beneficiadas pelo resultado de suas ações. E compartilhada, essencialmente, entre os trabalhadores que produziram a riqueza para que fique claro a todos e a cada um que a remuneração a que fazem jus são eles próprios que geram.

E é essencial — não esqueçamos — que acionistas obtenham retorno coerente com os investimentos que fizeram para que sigam cumprindo seus papéis de fontes de vida de qualquer organização empresarial.

Em meio a tantas descobertas e aprendizados o tempo passou, de forma inexorável, e em 1998 assumo a presidência do Conselho de Administração da Odebrecht S.A., permanecendo como diretor presidente da holding, posição em que já estava desde 1991. Reconheço que não foi uma boa ideia acumular ambos os cargos em 1998, tal como fiz — ser o presidente executivo e o presidente do Conselho, ao mesmo tempo. Expus as razões desta conclusão a que cheguei no livro *Suceder e ser sucedido*. Nele, faço um relato completo sobre o período em que fui líder do Grupo, leitura que tomo a liberdade de recomendar a quem queira saber mais sobre o tema.

Creio ter acertado várias vezes em minha vida empresarial, mas não haveria como não ter falhado. De qualquer modo, em 2002 o erro foi corrigido a tempo, com Pedro Novis me sucedendo como diretor presidente da empresa. Meu plano era permanecer no Conselho de Administração até 2015, quando deixaria o cargo para cuidar dos netos e dos negócios de meu núcleo familiar. Infelizmente, não foi possível colocar em prática o que tinha planejado para aquele ano.

É natural que um religioso tenha sua visão de mundo assentada na fé; que um agricultor tenha sua visão de mundo baseada nos ciclos da natureza, dos quais seu sustento depende. O meio fornece ao indivíduo as lentes pelas quais ele enxerga a realidade. Eu sou um empresário. A abordagem da vida que assumo, portanto, é a de um empresário. Minha identidade foi moldada por esta condição — e, a partir dela, firmo convicção sobre os temas mais importantes para meu país, o Brasil. Ter uma visão de mundo é essencial a todo ser humano, porque, ao refletir como cada homem e cada mulher compreendem o funcionamento da vida ao seu redor, isso molda seus pensamentos e suas ações.

Mas ser empresário — aprendi-o sendo desde muito jovem — é tornar-se fonte de atos geradores de riqueza material e moral que vão além da condução dos próprios negócios e perpassam diversos domínios do ambiente em que se vive. Acredito e defendo a economia de mercado porque é o sistema com maior capacidade de gerar riquezas já concebido pela humanidade. Nada que tenha vindo antes foi mais eficiente nesse sentido. É o modelo no qual as atividades produtivas são tocadas por empresas privadas de micro, pequeno, médio e grande portes.

As estatais podem e devem existir, mas não como o eixo econômico de uma sociedade aberta, democrática. Se isso acontece, corremos o risco de caminhar em direção a um problema, uma deformação. O Brasil, na segunda metade do século XX, passou pela estranha experiência de um capitalismo de Estado, o qual controlava direta ou indiretamente mais de 70% da economia nacional.

Foi um erro. Um grande erro.

Por isso defendi a desestatização da economia brasileira. Não me omiti nem escamoteei minhas opiniões sobre o tema em artigos de jornais, em palestras públicas, em manifestações junto aos governos. A Odebrecht sofreu com isso porque interesses corporativos e grupos que se opunham a essa convicção, principalmente ativistas e partidos de esquerda, buscaram e encontraram formas de nos retaliar. Pagamos caro por esse protagonismo, mas isso não me intimidou. Sou e serei sempre senhor da independência de minhas opiniões.

As estatais gigantescas surgidas durante o período militar eram, quase todas, ineficientes. Havia exceções, como a Embraer, a Petrobras e a Vale, mas mesmo essas só se tornaram realmente produtivas depois que foram privatizadas ou deixaram de ser monopólios.

Isso ocorreu em especial nos anos 1990, depois que o governo federal, na presidência de Fernando Collor de Melo, criou o Programa Nacional de Desestatização com o objetivo de concentrar a atuação do Estado em áreas que constitucionalmente lhe competem. O texto que reproduzo a seguir está na abertura do livro *A Odebrecht e a privatização*, publicado em 1993 por nosso Grupo:

Tal programa corresponde à vontade da maioria da sociedade brasileira, que reclama contra o tamanho do Estado e contra o peso de sua ineficiência; contra o poder exagerado do governo de interferir na vida dos cidadãos e contra sua incapacidade de resolver questões básicas nas áreas de educação, saúde, saneamento e segurança pública entre outras. Servir à sociedade significa, para o governo, abdicar da gestão de um Estado que se investiu do papel de principal agente econômico do país e voltar-se para a administração competente dos recursos que arrecada sob a forma de tributos, transformando-os em melhor qualidade de vida para todos os brasileiros.

Ocorre que eu não apenas falava. Agia, também, participando ativamente dos leilões de vendas de participações nas empresas petroquímicas, visando a consolidar os investimentos que tínhamos iniciado no setor mais de 10 anos antes. Por essas razões, fui convidado pela Comissão Parlamentar de Inquérito do Congresso Nacional que tinha sido criada para debater a desestatização que estava em curso. Meu pronunciamento aconteceu no dia 25 de agosto de 1993 e dentre as mensagens que levei aos deputados destaco a seguinte:

Quem julga a Odebrecht no exterior também julga a nossa pátria. Temos a certeza de que, em qualquer dos países em que servimos, a imagem que temos, pelos serviços que prestamos, faria os senhores sentirem orgulho de serem brasileiros. Não há opção para o Brasil senão modernizar os seus setores de produção, integrar-se à comunidade mundial e conviver com padrões internacionais de competitividade. Só teremos uma economia forte quando tivermos empresas privadas brasileiras igualmente fortes e qualificadas para competir, dentro e fora de nosso mercado, com as melhores empresas internacionais.

As privatizações feitas no período quase conseguiram livrar o Estado brasileiro do indesejável papel de empresário que dominava os setores petroquímico, siderúrgico, de telecomunicações e de petróleo. Da participação na CPI, trago duas lembranças importantes: a primeira foi o que disse o deputado Paes Landim, do PFL do Piauí:

> *Eu me lembro que, no ano passado, quando me encontrava em Miami, o cônsul brasileiro naquela cidade americana me mostrou a obra da Odebrecht lá. Em fevereiro, quando ia para o aeroporto, em Lisboa, o motorista, entusiasmado, apontava uma obra de engenharia da maior importância, talvez a mais importante de Lisboa, construída pela Odebrecht.*

A segunda, foi a oportunidade de ser inquirido pelo deputado Aldo Rebelo do PCdoB — Partido Comunista do Brasil — de São Paulo. Bem-preparado nas perguntas, duro nos questionamentos, não teve condescendência com o depoente, no caso eu, embora demonstrando sempre que buscava apenas o que era o certo. Vi que ali estava um político sério e um homem de bem, ainda que, circunstancialmente, defendesse posições antagônicas às nossas.

O programa de privatização prosseguiu no governo do presidente Itamar Franco e foi ampliado pelo sucessor dele, Fernando Henrique Cardoso.

Continuamos participando ativamente, e é obrigatório destacar o papel desempenhado pelas grandes construtoras brasileiras: muitas delas engajaram-se ao esforço do governo e investiram pesado nos setores que estavam sendo transferidos à iniciativa privada. O setor de mobilidade e transportes é um deles, com destaque para as concessões rodoviárias. Pode-se perceber conexões claras entre essa atividade e a engenharia, o que justificaria o interesse. Mas nós, por exemplo, nos associamos ao Unibanco, ao jornal

Folha de S. Paulo e à Air Touch, operadora de telefonia nos Estados Unidos, para concorrer a uma das concessões de telefonia celular colocadas em leilão.

Não conquistamos o negócio, mas o cito pela importância do gesto, simbólico do que as chamadas empreiteiras têm feito para contribuir com o país, além de suas especialidades e da infraestrutura, com evidentes resultados na modernização e melhoria dos serviços que hoje os brasileiros têm nos setores de telecomunicações, geração e distribuição de energia, e saneamento. O fato é que o setor de Engenharia e Construção no Brasil sempre foi pujante, ativo, criativo e pioneiro, comprometido em mobilizar o país rumo ao crescimento contínuo, mediante realizações geradoras de oportunidades de trabalho e renda direta aos seus trabalhadores e à grande cadeia produtiva que atende suas demandas e áreas adjacentes.

A melhor educação transforma crianças e jovens, a cada geração

Economia de mercado são homens e mulheres trabalhando, colocando capital tangível e intangível, como conhecimento, criatividade e tempo, em empreendimentos que gerem novas riquezas para a nação, cabendo ao Estado agir como indutor do desenvolvimento sustentável, que jamais será alcançado sem o investimento correto na área da educação. Porque a melhor e mais efetiva resposta aos complexos e recorrentes desafios econômicos e sociais que o Brasil, desde sempre, enfrenta, exige sobretudo que resolvamos nossos problemas educacionais.

Essa é uma percepção que quero deixar clara: a raiz mais profunda da maior parte dos males que acometem o Brasil (até mesmo do pior deles — a imensa desigualdade econômica e social que a todos fere) está fincada em nossa incapacidade de criar aqui um sistema educacional de classe mundial.

A educação em que acredito é a que possibilita o aproveitamento máximo das potencialidades de cada homem e de cada mulher. Ao fazê-lo, esta mesma educação, em um movimento dinâmico, traz mudanças para a sociedade que a aplica, e mudanças até em si mesma. Todo bom processo pedagógico é também um processo autopedagógico: a melhor educação é a que, ao transformar crianças e jovens, transforma-se também, a cada geração. Mas, exatamente, sobre qual melhor educação estou falando?

Estou falando daquela que serve à formação do indivíduo pela construção de sua visão de mundo e de seu caráter, tudo acrescido dos conhecimentos que ele adquire (ou seja, acrescido da instrução).

Dada tal definição, estou convencido de que a falta de êxito do Brasil na educação infantojuvenil é quase o "pecado original" do país, aquele que seguimos cometendo há 500 anos, e graças ao qual até hoje não nos tornamos uma nação de primeiro mundo. Enquanto houver vida há esperança de um recomeço, mas é penoso resgatar de suas limitações adultos que, quando crianças, foram privados de uma boa educação (e às vezes, para vergonha de todos nós, brasileiros, privados até de uma boa alimentação).

Algo que me espanta é perceber que há certo desapreço por parte de algumas famílias pela atividade de educar os próprios filhos, e isso independe de classe social. Trata-se, a meu ver, de uma característica negativa do mundo contemporâneo. Hoje é praxe que, muito cedo em suas vidas, meninos e meninas sejam colocados em escolas de educação infantil (as antigas creches) e depois em colégios, os quais praticamente assumem sua formação. Os pais se ausentam quase por completo.

Isso é melhor do que nada, mas o menos ruim não equivale ao bom, e muito menos ao ótimo na educação (e nem em nenhum outro campo da existência, aliás). Em suma: educar é algo que cabe, primeiramente, aos pais, à família. Só depois, e de forma concomitante, vem o papel da escola nesse processo. Os jovens têm de aprender em casa, com pais, mães e parentes, os valores e códigos que regem nossa sociedade. Contudo, ressalvadas as exceções, tal reflexão leva a um aparente poço sem fundo: como esperar de pais e mães o monitoramento de valores e códigos que a escola transmite a seus filhos, se eles próprios, pelas conhecidas mazelas nacionais, não tiveram educação que lhes transmitisse tais valores? Como corrigir ou aperfeiçoar o que você ignora?

Por outro lado, os empregos, em função das transformações sociais, estão acabando; o trabalho não, pois é ele, ao dar ao homem o poder de transformar o mundo ao seu redor, que lhe confere a humanidade propriamente dita. Trata-se de uma opção quase existencial: educar os jovens não para a busca de empregos, mas para a domínio do trabalho.

Nações desprovidas da fartura de recursos naturais que nos caracteriza — e, às vezes, até mesmo sem território suficiente para produzir alimentos, como Japão, Coreia do Sul e Taiwan — tornaram-se potências mundiais pela educação de seus jovens. O segredo do sucesso, nesses casos, é sempre o mesmo: investimento em tecnologia, inovação e, principalmente, formação profissional com alto nível de qualificação, atualizada quanto aos avanços tecnológicos que o mundo vem alcançando.

Isso, porém, só acontece quando a preparação dos jovens para o trabalho é tratada como assunto prioritário, e merece os investimentos necessários por governos que têm visão de geração e não de eleição. A sintonia, a sinergia e a parceria do setor público com a iniciativa privada nesse rumo no mínimo justificam-se pelo que já repeti neste livro algumas vezes: não há empresas fortes em país fraco.

Eu sei que a questão é complexa e várias decisões político-estratégicas a precedem, ou, no mínimo, precisam ser simultâneas, tanto no âmbito do Estado como no âmbito dos governos, quanto a planejamento e gestão eficaz nos campos da educação, saúde, ciência e tecnologia, e infraestrutura, devidamente alinhadas a uma redução contínua do "custo Brasil". Mas torna-se imperativo que instituições públicas e empresas, em cooperação, busquem harmonia, compatibilização e equilíbrio entre o econômico, o social e o ambiental para que os avanços sejam sustentáveis na perspectiva de nossa crescente inserção internacional.

A referência estratégica do nosso grupo é sobreviver, crescer e perpetuar

Nos países democráticos, no âmbito público, há três modalidades de ação política. A primeira é a político-partidária: cidadãos que se unem e formam partidos, através dos quais expõem as propostas que têm para as sociedades das quais fazem parte. Essas pessoas, é claro, também disputam eleições, proporcionais e majoritárias. Se as ganham, implementam suas ideias. Se as perdem, vão para a oposição.

A segunda é a ação político-governamental. Ela corresponde às posições e providências dos políticos escolhidos pela sociedade, os quais exercem poder de mando no governo. Ou então conduz às mesmas posições e providências por parte de indivíduos que não foram escolhidos pela população, mas chamados por aqueles que o foram para dirigir um ministério, por exemplo.

A terceira diz respeito ao interesse público, e é nessa modalidade que o empresariado pode e deve contribuir para a nação, transcendendo seus interesses negociais. Precisamos desmistificar a visão distorcida de nosso papel político, mas conscientes de que para o empresário ter uma ação política não significa participar do governo, mas valorizar e agir a favor dos anseios da coletividade, e não de interesses particulares de grupos ou de indivíduos.

A filosofia empresarial de nosso Grupo, na prática, tem como referência estratégica o que chamamos de rumo. E nosso rumo é *sobreviver, crescer e perpetuar.*

É legítimo que as grandes organizações se posicionem, com respeito e limites, junto aos clientes e às autoridades — e usem as relações de confiança que construíram e o poder econômico e social que detêm para dialogar com o poder público e contribuir na busca de soluções para o país, com perspectiva de longo prazo. Quem assegura oportunidades de trabalho para milhares de pessoas precisa ser ouvido, assumindo o papel de voz pública em defesa do que considera melhor para todos. O alcance desses marcos se dá mediante resultados obtidos em cada um dos âmbitos em que os respectivos verbos definem o foco. A sobrevivência é concentração dos líderes das unidades de negócio — uma obra, por exemplo, ou uma fábrica de produtos petroquímicos — onde se buscam resultados como produtividade, liquidez e imagem. Esse é o âmbito empresarial operacional.

Formação de pessoas, inovação, investimentos, entre outros, são fatores indispensáveis ao crescimento, cuja responsabilidade cabe aos líderes das grandes empresas do Grupo, líderes dos negócios. Eles atuam no âmbito estratégico empresarial.

Sucessão, renovação, preservação da cultura, planejamento de longo prazo e direcionamento da atuação são condições para que se alcance a perpetuidade, concentração da alta direção — executivos e conselheiros — com atuação no âmbito político estratégico.

O que é estratégia? Há múltiplas definições. Fiquemos com uma: é caminho, maneira ou ação empreendida para que se alcancem as metas e objetivos estabelecidos, visando situar a empresa perante seus ambientes: econômico, social, ambiental e político

E o que é política? Não é exclusivamente o exercício do poder governamental ou partidário, como disse acima, nem apenas o que está associado ao interesse público. Não. A palavra política, sim, está diretamente vinculada à ideia de poder, também aplicável ao âmbito privado.

Por isso, a governança empresarial é uma prática política, da mesma forma que a palavra política também designa a forma de relacionamento entre pessoas para atingir um objetivo comum.

É disso que estamos falando quando estabelecemos que o diálogo da alta direção de nosso grupo com interlocutores com poder de decisão em empresas, no sistema financeiro, nos meios de comunicação, universidades, entidades de classe ou associações da sociedade civil é uma ação de natureza político-estratégica.

Não é um valor, não é uma forma de assédio a instâncias de governo. É a construção de relacionamentos de interesse recíproco no âmbito da governança, em instituições de natureza pública ou privada, onde as agendas envolvem decisores e decisões. Apenas isso. Nada mais.

Um texto de sete anos atrás, espantosamente atual

Em raros momentos de sua história o Brasil precisou tanto de governantes, lideranças empresariais e sociedade civil alinhadas no restabelecimento da paz e no retorno da confiança e da esperança em todos nós. Essa é a condição para que possamos olhar para o futuro, decidir sem medo, sepultar o passado injusto e improdutivo do perde-perde para mudar e voltar a crescer. E é precisamente a respeito do tema que escrevi o artigo abaixo, em maio de 2015. Mas não o publiquei. A Lava Jato começara um ano e dois meses antes e era preocupante a letargia dos poderes da República, das instituições e das entidades representativas da sociedade.

Dei a ele o título de *Uma agenda para o futuro*, porque eu estava receoso com o que poderia acontecer com nosso país se continuássemos nos comportando como meros espectadores de uma situação que tendia a se agravar. Embora tenha sido escrito *sete anos atrás* e seja um texto inédito, acredito que, pela espantosa atualidade, merece vir à luz.

> *Dei tempo ao tempo mas, com a recente divulgação do balanço da Petrobras, decidi romper o silêncio e manifestar minha opinião sobre fatos que têm causado tantos e irreparáveis prejuízos, tangíveis e intangíveis, ao Brasil e aos brasileiros.*
>
> *Estou me referindo ao que há quase um ano ocupa o nosso dia a dia: a questão da corrupção e a falta de uma agenda clara de crescimento para o futuro do país.*
>
> *Vivemos uma crise sem precedentes. O assunto corrupção é grave e deve ser tratado com respeito à lei e aos princípios democráticos de direito, mas é fundamental que a energia da nação,*

particularmente das lideranças, autoridades e meios de comunicação, cobre e implemente uma agenda positiva de crescimento com desenvolvimento para o Brasil.

As mulheres e os homens deste país, principalmente os jovens, querem olhar para o futuro com otimismo, e não podemos apagar esse futuro nos autodigerindo no passado e no presente.

O balanço de 2014 da Petrobras tem uma dimensão simbólica quando atribui o valor de R$ 6 bilhões a eventuais perdas causadas pela corrupção e R$ 45 bilhões por erros de gestão — estratégicos, gerenciais e operacionais.

São números sobre os quais não me cabem comentários, mas os utilizo para ilustrar a necessidade de se acabar com ambos, pois se a corrupção é o ralo por onde escoam riquezas, energia, dinheiro público e valores morais, a má gestão drena compromissos, possibilidades e esperanças.

Pagamos um preço alto pela falta, protelação e erro nas decisões; pelo "custo Brasil", que encarece nossos produtos e serviços e desestimula a competitividade, fruto da produtividade que gera sustentabilidade; pelos projetos sem orçamento; pela interferência política na gestão de empresas públicas.

Por isso, precisamos nos mobilizar para a causa do crescimento com desenvolvimento, com a proposição de uma agenda de futuro a ser compartilhada com a sociedade, concomitantemente ao indispensável pacote fiscal, e nela deve estar estabelecido o que queremos e onde e quando queremos chegar, ou seja, nosso rumo com um direcionamento estratégico.

Esses desejos e intenções devem ser transformados em objetivos, estratégias e prioridades, definidos com clareza com os responsáveis, para o curto, o médio e o longo prazos, com metas quantitativas e qualitativas, sob lideranças explicitamente identificadas para cada um dos resultados esperados no que diz respeito a orçamento, prazo e qualidade.

Poucos brasileiros têm noção de quanto uma obra ou um investimento são onerados quando paralisados várias vezes durante a sua implementação. Mobilizam-se trabalhadores, equipamentos, recursos; depois desmobilizam-se; aí mobilizam-se novamente, e assim por diante, inviabilizando o retorno econômico do empreendimento.

A falta de planejamento e de decisão prévias acabam sendo também geradores de custos elevadíssimos para o país porque, quando não se faz o que é preciso no tempo certo, fazê-lo açodadamente e, não raro, sem os projetos prontos e recursos financeiros necessários, sai muito mais caro.

Nesse sentido, cabe cobrar das instituições responsáveis por fiscalização, auditagem e aprovações ambientais consciência quanto aos prejuízos que causam quando prorrogam ou paralisam empreendimentos necessários ao país, não raro por motivação política ou ideológica.

O enfrentamento da corrupção é necessário. Igualmente importante é a responsabilidade que todos temos de ajudar a construir um país melhor.

O primeiro pilar de um Projeto de Nação terá a nossa intransigente defesa da democracia.

Ao reler este artigo, escrito há quase uma década, concluí que deveria ir mais adiante no tema. Porque, mesmo que governantes no exercício de seus mandatos se sensibilizem com o que disse, temos um vício na gestão pública no Brasil: o eterno começar de novo. A cada governo que se inicia, mesmo as melhores experiências do anterior são esquecidas ou descontinuadas, e reinventa-se a roda.

Os motivos para isso são múltiplos e vão desde a identificação de uma boa ideia com determinado partido político até a existência de uma marca que poderá ser associada à administração anterior. Com o propósito de apagar o feito alheio, o novo governante penaliza a sociedade, desperdiça recursos e tudo fica, inevitavelmente, pior.

Penso que uma das causas desse comportamento é a inexistência em nossa governança pública de um *Projeto de Nação*. Nos acostumamos com os "planos de governo", aqueles que são elaborados a cada nova eleição e que balizam a gestão do candidato vencedor. É óbvio que os "planos de governo" são indispensáveis, mas o Brasil precisa antes de um Projeto de Nação que os anteceda e sirva de referência para todos.

Sobre o quê falo?

Um Projeto de Nação consiste em uma visão compartilhada pela maior parte da população de um país e por suas lideranças políticas, econômicas, científicas e culturais, sobre o que se quer para o futuro. Por futuro entenda-se as próximas gerações, não as próximas eleições.

Precisamos decidir qual o formato que terá o Brasil no momento em que ele estiver sendo habitado não mais por nós, mas sim por nossos filhos, netos e bisnetos. Quais serão as características do país quando essa hora chegar?

Um Projeto de Nação determinaria a estrutura que terão nossa economia e nossa sociedade a médio e longo prazos, e seria capaz de exercer uma influência positiva naqueles que serão os brasileiros e as brasileiras dos dias que estão por vir. Um Projeto de Nação bem concebido é do que os jovens brasileiros precisam para ter uma visão otimista do amanhã. Sabendo para onde vamos, eles certamente optarão por construir seus destinos aqui mesmo, na terra onde nasceram.

Para dar mais sentido à defesa que faço da adoção de um Projeto de Nação para meu país, apresento abaixo o que seriam, em minha opinião, os pilares sobre os quais ele se sustentaria. Tratam-se, é claro, de posições pessoais, sujeitas a críticas ou discordâncias.

Mas meu principal desejo não é que as ideias que defendo se sobreponham a outras, possivelmente tão relevantes e prioritárias quanto elas. O que desejo é mostrar como é possível e necessária a existência de uma direção de longo prazo para a construção de uma nação saudável, inclusiva, igualitária e justa.

O primeiro pilar tem natureza política e trata-se da *defesa intransigente da democracia*, sustentada na existência de uma institucionalidade sólida e equilibrada, onde a força das instituições e dos poderes seja equivalente ao respeito nas relações que devem cultivar entre si. Pode parecer estranho dar tal peso a esse tema, até porque em passado recente tínhamos já muitos problemas, mas ameaças ao regime democrático certamente não era um deles.

O Estado de Direito sofreu seus primeiros ataques por parte de Sergio Moro e seus procuradores. Em seguida, a própria civilização no Brasil foi recuando, dia após dia.

Precisamos trazer ambas, a civilização e a democracia, à plenitude com que antes vicejavam por aqui.

Do início da Lava Jato em diante, nosso país passou a viver em uma forma atípica de Estado de Exceção — nunca declarado oficialmente, mas na prática é o que acontece.

Temos de sair disso.

Temos de voltar à mesa das democracias plenas, com democracia eleitoral, e na qual as garantias legais dos cidadãos são asseguradas e instituições fortes fazem do respeito de umas com as outras o sustentáculo da responsabilidade e do compromisso que seus integrantes têm de servir ao bem comum.

Neste plano — o do respeito entre as instituições do Estado — quero destacar o papel das Forças Armadas.

Conheci e fiz parte do Exército brasileiro na condição de integrante do CPOR da Bahia e, posteriormente, como prestador de serviço. Edificamos, ao longo de nossa história, mais de uma centena de obras para o Exército, para a Marinha e para a Aeronáutica. Tivemos a honra de patrocinar a publicação de diversas edições históricas sobre a trajetória das três armas na construção da nação. Destaco *O Exército na história do Brasil*, *Nossa Marinha — seus feitos e glórias* e *Aeroportos do Brasil*.

Norberto Odebrecht, meu pai, recebeu do Comando Militar do Oeste o Bastão de Comando, uma homenagem singular porque raramente é conferida a civis. O Bastão de Comando é dado aos generais da ativa como um símbolo de autoridade.

São lembranças que reforçaram minha alegria ao confirmar a certeza de que, em um momento crucial de transição e polarização política, como aconteceu neste ano de 2022, a sociedade brasileira podia confiar nos militares.

Nos meus muitos anos de convivência com oficiais de todas as patentes, vi que eles têm optado pelo que é o certo e pelo que a nação deles espera. São mulheres e homens de conhecimento, preparados, cultos, com valores pessoais e profissionais que nutriram minha admiração, confiança e amizade — sim, amizade, porque tenho dentre eles vários amigos.

De forma discreta, madura, serena e responsável, não se deixam levar para a vala dos que preferem abrir mão dos valores democráticos em nome de interesses e causas de poucos, ou de grupos, e subordinam suas decisões à Constituição, orientados por uma visão nacionalista e pelo compromisso com o desenvolvimento de nosso país.

Neste ano, Exército, Marinha e Aeronáutica reavivaram o respeito que merecem e que continuarão a merecer de todos nós brasileiros.

O segundo pilar é de natureza socioeconômica. Trata-se da *redução do desnível social*.

No Brasil, os índices de pobreza e de miséria seguem altíssimos. A quantidade de pessoas e famílias carentes que aqui vivem é, ou deveria ser, intolerável. Em 2018, a FAO (Organização das Nações Unidas para Alimentação e Agricultura) recolocou o Brasil no Mapa da Fome da ONU, de onde havíamos saído em 2014.

Em 2020, registrou-se que impressionantes 55,2% dos brasileiros viviam em estado de insegurança alimentar, ou seja: não tinham certeza de que no dia seguinte teriam o que comer. Ou então tinham certeza de que não teriam nada mesmo. A pandemia de Covid-19 agravou esta situação. Em um Projeto de Nação está excluída a possibilidade de haver fome no Brasil. É um absurdo, não tem cabimento um país com tanta terra, tanta água, tanta luz solar não ser capaz de alimentar seu próprio povo.

Mas não acredito que tirar das pessoas de maior renda seja o caminho para auxiliar as pessoas de menor ou de nenhuma renda.

O crescimento da renda e do poder aquisitivo dos que têm menos não deve ser visto como consequência da redução da riqueza dos que têm mais. O trabalho produtivo e digno é que será capaz de tornar a população mais próspera. Trabalho produtivo e digno, porém, só terá uma população bem-educada após vários ciclos de crescimento econômico. Ou seja:

- Precisamos fazer a roda da economia voltar a girar para que ressurjam as oportunidades de trabalho e de geração de renda;
- Precisamos educar a população brasileira de forma maciça e com alto padrão de ensino, para que as pessoas possam alcançar as qualificações e competências que o mundo do trabalho hoje exige.

Lembre-se, a propósito, de duas conhecidas frases do maior presidente da história dos Estados Unidos da América, Abraham Lincoln:

"(...) Não fortalecerás os fracos por enfraqueceres os fortes/ Não ajudarás o assalariado se arruinares aquele que o paga(...)".

O terceiro pilar está na *agenda ambiental*.

A biodiversidade do Brasil é o nosso mais extraordinário ativo. Defender ecossistemas como a Amazônia, a Mata Atlântica e o cerrado é um dever que nós, brasileiros, temos para conosco e para com o restante do mundo. Ao mesmo tempo, não podemos deixar de usufruir de uma riqueza que é nossa, pois se encontra em nosso território, e da qual precisamos para dar à população melhores condições de vida.

Infelizmente, há dois conceitos fundamentais para uma abordagem séria deste tema que estão presentes nos debates técnicos e científicos, mas ou estão ausentes ou são usados de forma distorcida no ambiente sociopolítico, onde as decisões acabam sendo tomadas. Trata-se de conservação e preservação.

Conservar é aplicar princípios e técnicas que permitem a exploração racional dos recursos naturais, ou seja, a proteção desses recursos em uma perspectiva de sustentabilidade, que permite seu uso mas garante sua renovação e serve à vida humana.

Preservar significa proteger integralmente uma área natural, sem interferência humana, e se faz necessário quando há risco de perda de biodiversidade, seja de uma espécie, um ecossistema ou de um bioma como um todo.

Com essa compreensão, a *agenda ambiental* deve estar focada em quatro vetores:

- *Equilíbrio entre sustentabilidade e desenvolvimento* — como referência para definição de políticas públicas e atuação dos organismos de fiscalização e controle quanto ao uso dos recursos naturais por entidades públicas e privadas.
- *Imagem* — decorrente do reconhecimento internacional de que o Brasil e os brasileiros dispõem de mecanismos legais, tecnologia e consciência para conservar e preservar nosso patrimônio natural.
- *Conquista do respeito das demais nações do planeta* — pela capacidade de, mediante articulação e parcerias internacionais, assumir responsabilidades e fazer o que é certo.
- *Fonte de riqueza para o Brasil* — com a geração de recursos que devem ser destinados, prioritariamente, para investimentos em Educação e Tecnologia.

Vou utilizar um conceito da área ambiental para uma última reflexão sobre o Projeto de Nação: os países do mundo compõem um ecossistema. Cada um é um sistema conectado a todos os demais, e com os quais estabelece relações de cooperação e interdependência. Como o corpo humano, cujos sistemas — digestivo, cardiovascular, respiratório, etc. — cumprem suas funções, mas não podem existir sem a participação dos demais.

Com o direcionamento que um Projeto de Nação proporciona,

o Brasil saberá valorizar e fazer da interdependência entre os países, — econômica, por exemplo, viabilizada pelas trocas e intercâmbios comerciais — um mecanismo de desenvolvimento e reafirmação de nosso compromisso com a soberania de cada um deles.

Em 3 de julho de 2019, fui ao Congresso Nacional fazer um depoimento na CPI do BNDES, do qual alguns trechos seguem abaixo. Essa Comissão Parlamentar de Inquérito foi criada para investigar possíveis irregularidades em financiamentos concedidos pelo banco. Vale registrar que foi a terceira com o mesmo propósito criada entre 2015 e 2019, cujos resultados são aqueles que todos conhecemos: nenhum. Mas não é disso que quero falar, porque naquele dia eu já havia, de certo modo, revelado minha esperança de que vale a pena acreditar no que acima está proposto.

Cometemos na Odebrecht vários erros em um passado recente. Reconhecemos publicamente estes erros e nos desculpamos expressamente perante a sociedade.

Firmamos os acordos necessários com os órgãos competentes da Justiça brasileira. Pagamos todas as multas devidas até hoje.

Continuamos contribuindo com a Justiça brasileira, como nos comprometemos.

Nossos acordos foram firmados com o firme propósito, de ambas as partes, de "virar a página" e continuarmos a trabalhar.

Até hoje não há normalidade na operação com as instituições brasileiras, como ocorreu nos Estados Unidos e em outros países onde também firmamos acordos semelhantes.

As posições extremas, radicais e polarizadas estão, em larga escala, dificultando a superação das reais necessidades para ultrapassarmos o momento crítico que vivemos no Brasil. Temos que voltar a crescer e a nos desenvolver de forma sustentável, evoluindo para o futuro promissor que nossa população precisa e merece. Como país, temos todas as condições para tanto; po-

rém, reforço, precisamos da união de todos para, urgentemente, retomarmos o crescimento, e gerarmos os postos de trabalho que nossa população tanto precisa.

Podem ter certeza de que a Odebrecht quer e está pronta para exercer um papel ativo neste novo ciclo de desenvolvimento que, acredito, não tardará.

Erramos, aprendemos, mudamos. Vamos em frente, sem olhar para esse passado recente, sem rancor, mesmo considerando alguns exageros, e, por que não dizer, algumas injustiças observadas.

Tenho legitimidade para assim pensar, pois fomos o grupo privado brasileiro que mais colaborou com a Justiça, que mais sofreu e que mais pagou, em todos os sentidos, seja na pessoa jurídica, seja nas pessoas físicas.

Vamos continuar nossa trajetória de mais de 75 anos de realizações e de contribuições para a recente história empresarial do nosso País.

Não desaparecemos, apenas hibernamos. Há reserva de vontade para a construção do futuro

Ao reproduzir essas ideias, elaboradas ao longo de um período tão difícil, quero demonstrar também que cuidei dos tangíveis, que mantêm vivas as organizações empresariais, sem esquecer dos intangíveis associados aos compromissos que assumimos com as comunidades, regiões e países com os quais convivemos — porque é nesses ambientes que as empresas vivem e se desenvolvem.

As experiências que vivi, no Brasil e no exterior, me ensinaram que nada é mais eficaz do que a inserção comprometida dos líderes na realidade dos países e regiões em que estão presentes.

Desse modo, é possível para uma empresa exercer o papel de indutora do desenvolvimento local sustentável, participando ativamente da busca de soluções que sirvam para melhorar a qualidade de vida das pessoas, por meio da formulação da agenda estratégica que o momento exige e da defesa das prioridades que a compõem nos vários fóruns dos quais participa.

O momento que o Brasil vive é muito complexo, e nesse sentido é preciso que haja um movimento que crie as condições para que grandes corporações, como a Novonor, se engajem novamente no desafio da reconstrução de nosso país.

Faço uma analogia deste momento com os embriões congelados que, de repente, ganham vida.

Não fossem os ataques destrutivos que nossas grandes empresas sofreram, o Brasil não estaria enfrentando tantas dificuldades para retomar o caminho seguro do crescimento. Mas não desaparecemos. Apenas hibernamos, e estou seguro de que há no coração e nas mentes dos líderes das companhias brasileiras reservas de vontade e de capacidade suficientes para fazer novamente o muito que fizeram no passado.

O fundamental é que as comunidades desejem, que a sociedade aprove e que as lideranças se mobilizem para ressuscitar estes patrimônios de conhecimento, experiência e espírito de servir que não pertencem aos acionistas apenas — pertencem à nação.

Ressuscitar, ou resgatar, significa reabilitar, desobstruir os caminhos, remover os bloqueios e renovar a confiança, conferindo a licença social que estas empresas momentaneamente perderam — porque se transformaram, fizeram o que precisava ser feito, são capazes de cumprir com excelência o que lhes couber, e querem viver.

Isso estimulará os empresários a aproveitarem ou criarem oportunidades de diálogo com as lideranças políticas no poder, a fim de que se estabeleçam, para a administração pública, padrões mínimos de desempenho, e se definam metas e objetivos que também visem à excelência.

Podemos compartilhar com os administradores públicos, de maneira prática e concreta, as competências e a capacidade de gestão já tantas vezes demonstradas pelo empresariado brasileiro.

Testar novos modelos de governança, de modo a contemplar formas diferenciadas de cooperação entre o Estado e a iniciativa privada, e mobilizar, de forma articulada, as universidades, as entidades de classe e outras instituições da sociedade civil para avançar na promoção de alianças são alguns dos caminhos possíveis para que tal aconteça.

Uma bandeira sob a qual expus, pública e intensamente, a minha visão é a das parcerias público-privadas, popularizadas como PPPs. Elas são mais antigas do que geralmente se pensa: minha cidade natal, Salvador, foi construída em grande medida através de parcerias público-privadas... na segunda metade do século XIX.

O conceito de uma PPP é simples: se o Estado não dispõe de recursos suficientes para investir em infraestrutura, então que se usem os recursos da iniciativa privada no setor, sob a orientação do poder público e mediante pagamento às empresas feito pelos usuários dos serviços prestados. Assim se dá o ganha-ganha.

"Ganha-ganha", uma relação benéfica entre pessoas, sócios, instituições, empresas e clientes

Ganha-ganha, expressão que à primeira vista pode soar a certos leitores como algo vulgar, é a relação mutuamente benéfica que deve se estabelecer entre pessoas, entre sócios, entre instituições, entre empresa e cliente.

Alguns empreendedores, por vezes, têm uma visão equivocada da atividade à qual se dedicam. Confundem ambição (que é uma postura positiva e desejável em um empresário) com ganância (negativa e indesejável).

Quem só quer ganhar, sem se importar se seus parceiros econômicos também terão êxito, provavelmente não tem vocação para a vida empresarial. Também não terá êxito sustentável a longo prazo. É uma visão de curto prazo, oportunista, egoísta, descomprometida com o futuro.

Na Novonor acreditamos, como já disse, que os benefícios ao cliente têm prioridade porque nossos benefícios só existirão se os clientes já tiverem sido beneficiados. São as riquezas geradas pelo cliente satisfeito que se transformam em fatores de prosperidade para a sociedade e para nós mesmos.

Queremos ganhar, sim; somos uma empresa e almejamos resultados, como toda empresa. Mas não a qualquer custo.

A boa relação produtiva é aquela em que todas as partes envolvidas ganham. Aquela em que apenas uma parte se sai bem, enquanto a outra amarga perdas, pode ser tão deletéria quanto a em que ambas as partes sofrem prejuízos. Isso porque se só um ganha, temos aí algo apenas momentâneo. Ninguém fica em um negócio no qual se sente lesado. Quem lucra sozinho, enquanto todos os demais perdem, o faz apenas uma vez. Não repetirá a façanha — ao menos, não com os mesmos parceiros econômicos.

Empresas, trabalhadores, poder público e comunidades (o conjunto da sociedade, enfim) devem se beneficiar das relações econômicas que estabelecem contínua e cotidianamente entre si. E sempre observando a honestidade e a lisura.

Precisamos cada vez mais valorizar e avaliar as pessoas, empresas e organizações pela capacidade e obtenção de resultados tangíveis e intangíveis, dentre os quais o lucro, mas cada vez mais é imperativo que a avaliação diferenciada seja sobre o que fazem com os resultados auferidos — se, por exemplo, não usam seus ganhos para incrementar o padrão de vida ou para investir em coisas supérfluas.

Isso é o que chamo de relação ganha-ganha. E é a que defendemos, praticamos e na qual acreditamos na Novonor, marca que nasceu para dar nome a um recomeço. Herdeira e sucessora de uma história iniciada há mais de 75 anos, a Novonor carrega em sua marca a expressão simbólica da transformação consciente, verdadeira, extensa e profunda que vivemos, mudando tudo o que era preciso mudar, ao mesmo tempo em que valorizamos aquilo que reconhecidamente nos fez diferentes quanto a inovação, tecnologia, capacidade de entrega, responsabilidade social e uma filosofia que perdura ancorada em sólidos valores e crenças.

Novonor renova no presente as ações que ajudarão a construir o futuro que desejamos

Novonor é a nova identidade de milhares de pessoas de conhecimento que seguem trabalhando unidas e motivadas para superar os desafios da construção de sociedades sustentáveis, guiadas pela visão, no horizonte de 2030, de ter a confiança dos clientes e da sociedade para conceber e concretizar, com ética, soluções inovadoras que criam valor para todos. O que nos move é o compromisso contínuo com os mais altos padrões éticos, técnicos, de eficiência e de governança em tudo o que fazemos.

Nossa história é o melhor testemunho de que podemos conceber e fornecer soluções para algumas das maiores necessidades atuais, como educação, saúde, energia, água, transporte, habitação e saneamento.

Nesse ambiente em que fazemos acontecer, somos capazes de aprender. E, quanto mais aprendemos, mais nos tornamos corajosos. Com coragem, conseguimos desbravar novas fronteiras, falar vários idiomas e usar a linguagem universal da vontade, da disciplina, do respeito, da confiança e da realização.

Por isso, a Novonor identifica, atrai e desenvolve pessoas com visão de futuro, que compartilham o sonho de fazer a diferença. Pessoas que fazem a diferença não ficam jamais satisfeitas com o alcance de seus objetivos e sempre buscam superar, fazer mais, ir além das metas que pactuaram em suas responsabilidades econômicas, sociais e ambientais.

São capazes de pensar, conceituar e empresariar as grandes mudanças que já chegaram, provenientes, por um lado, do prolongamento da vida humana, que resulta em uma quarta geração de indivíduos que precisa, porque quer e pode, manter-se útil e produtiva nas empresas, nos mercados, no planeta; e, por outro lado, dos novos hábitos, novas necessidades e novos desafios sociais que impactam a qualidade de vida e o destino da nossa espécie.

O futuro é um desejo, uma aspiração. Representa as mudanças que ainda estão por vir.

Para os integrantes da Novonor o futuro também significa inspiração, renovação e, principalmente, as ações no presente que ajudarão a construí-lo como o desejamos.

Isso será feito protegendo o planeta, inovando, respeitando e incentivando a diversidade, ampliando a inclusão social, contribuindo para a redução das desigualdades, transformando positivamente os lugares e as comunidades nas quais atuamos, realçando o papel da mulher em todos os âmbitos e todos os contextos. E as destaco porque aprendi com as mulheres o verdadeiro significado do que é protagonismo — nos negócios, no trabalho, na comunidade, na vida.

Nos tristes dias da Lava Jato foram as mulheres que, vendo presos seus companheiros, pais de seus filhos, souberam conduzir a vida pessoal e de suas famílias, tomar decisões, fazer escolhas, assumir o papel de garantidoras de um futuro onde só havia incertezas. Ao agir assim, inocularam conforto, esperança e confiança naqueles que delas tanto precisavam.

Essa é a razão pela qual a Novonor existe: um sentimento compartilhado por todos que a integram, trabalhando juntos, motivados pelo espírito de servir, para agir e fazer acontecer.

PARTE IV

"A terra arrasada em que Moro transformou o Brasil levará décadas para renascer"

As palavras acima foram ditas pelo jurista Marcelo Uchôa, professor de Direito da Universidade de Fortaleza (Unifor), ao portal *Brasil de Fato*, em reportagem publicada em 23 de abril de 2021. Elas expressam o juízo, já há muito majoritário, acerca da maneira como Sergio Moro e seus comandados (em especial o responsável pela equipe de procuradores de Curitiba, Deltan Dallagnol) conduziram a Lava Jato.

Não se trata de uma opinião isolada. É a visão disseminada entre os especialistas do ambiente jurídico e de vários de seus mais destacados observadores. Vejam o que Cristina Serra, articulista da *Folha de S. Paulo*, escreveu em 24 de abril de 2021:

> (...) o ex-juiz Sergio Moro sugeriu pistas, informantes e estratégias aos procuradores da Lava Jato, ou seja, tramou fora dos autos como chefe da investigação. Violou o direito básico do réu a um juiz imparcial e desprezou o código de ética da magistratura.

Desde seu surgimento, em março de 2014, a operação foi polêmica. Havia os que a defendiam com paus e pedras e havia os que deploravam a subversão da Justiça por ela patrocinada. Essa polêmica não cessou, mas, por falta de argumentos, os apoiadores da Lava Jato se reduziam a olhos vistos. Já seus detratores cresciam, estimulados sobretudo pela enorme quantidade de fatos vindos à tona nos últimos anos, desmontando passo a passo a argumentação da chamada "República de Curitiba".

Bruno Salles Pereira Ribeiro, advogado e mestre em Direito pela Universidade de São Paulo (USP), na página 47 do primeiro volume de *O livro das suspeições*, está obviamente pensando em Moro ao dizer as seguintes palavras — não como síntese, mas como antítese do que elas expressam:

> *A imparcialidade do juiz é princípio alicerçante do próprio sistema de Justiça. A palavra juiz não pode ser compreendida sem o subentendido predicado da imparcialidade.*

Por sua vez, o cientista político Luiz Werneck Vianna, em entrevista concedida ao jornal *O Estado de S. Paulo* em 13 de março de 2021, cunhou uma expressão para designar os efeitos que a operação teve sobre a democracia brasileira, hoje tão combalida: a Lava Jato causou entre nós a "desertificação da política".

> *Desde o começo, [a Lava Jato] foi um erro monumental, em que juízes e procuradores jovens, eu diria provincianos, assumiram o papel de salvadores do País. Andaram estudando a operação que transcorreu na Itália (Mãos Limpas) e aplicaram aqui. Fizeram uma leitura descontextualizada da situação italiana. E mobilizaram a mídia como peça de sustentação. Acho que foi um erro. A Lava Jato... ela durou demais. Nasceu de uma concepção abstrusa, em que um pequeno núcleo de procuradores e juízes assumiu um papel messiânico, de salvação da política. Querer fazer política pelo Judiciário é um caminho ruim. E foi o que a "República de Curitiba" tentou. Pelo processo formal, os processos não deveriam ser vinculados a Curitiba (...). Houve um erro humano. Desqualificou-se a política, os partidos, e ficamos em um deserto. O legado da "República da Lava Jato" é a desertificação da política. Moro sai desse processo inteiramente desqualificado como juiz. Ele foi parcial.*

A aposta na antipolítica como arma para "limpar" a política nos custou (e seguirá ainda por um bom tempo nos custando) muito, muito caro. O populismo punitivista deixou o Brasil mais pobre. Busquemos entender, ao menos, de que forma tal tragédia foi produzida.

Se a Lava Jato nasceu para desvendar esquemas de lavagem de dinheiro organizados por doleiros paranaenses, por que durou inacreditáveis sete anos? Por que sua finalidade foi sendo ajustada às novas intenções daqueles que a conduziam? A indisfarçável verdade é que, a partir de um certo momento, os soldados de Moro na força-tarefa definiram dois alvos prioritários: um, político, que era impedir o ex-presidente Luiz Inácio Lula da Silva de concorrer nas eleições de 2018; outro, econômico, que era destruir a engenharia pesada brasileira e a indústria nacional do petróleo.

Lograram ambos.

"Se, na época da condenação do ex-presidente Lula, duvidava-se de suas intenções, ao se tornar ministro do governo Bolsonaro, Sergio Moro revelou toda a sua parcialidade por interesses políticos e eleitorais", constatam Evelyn Melo Silva e Samara Mariana de Castro, ambas advogadas e participantes do Grupo Prerrogativas, instituição que se formou em reação aos desmandos da Lava Jato. Esta afirmação aparece na página 292 do primeiro volume de *O livro das suspeições*.

Clandestinamente um hacker expõe ao público as vísceras da Lava Jato

Em 9 de junho de 2019, aquilo que muitos suspeitavam, e vários tinham certeza, pôde enfim ser demonstrado e provado: o comportamento de Sergio Moro na Lava Jato havia sido de intolerável parcialidade. O mesmo pode ser dito de quase todos os demais membros da força-tarefa. Na data mencionada, o jornal digital *The Intercept Brasil* começou a divulgar pacotes de conversas do juiz, do procurador Deltan Dallagnol e de outros membros da operação que haviam sido encaminhadas ao editor do veículo, Glenn Greenwald. Não se tratava de mais um blogueiro rebelde, mas do respeitado correspondente do jornal *The Washington Post* no Brasil.

O que *The Intercept Brasil* publicou na internet eram enxurradas de conversas entre os procuradores de Curitiba e o juiz Sergio Moro. Elas haviam ocorrido via Telegram, um aplicativo de mensagens instantâneas, e tinham sido acessadas por um hacker. Parece relevante, no caso, sublinhar uma peculiaridade apurada pelas autoridades: o hacker, de nome Walter Delgatti, jovem e até então anônimo universitário do interior de São Paulo, não fora movido por razões políticas ou ideológicas. Ao contrário: até chegar aos diálogos de Moro, Dallagnol e demais membros da Lava Jato, Delgatti era um empolgado lavajatista, chegando a fazer uma viagem de automóvel para assistir a uma palestra de Dallagnol. Ouvir a exposição o deixou otimista, "certo de que a Lava Jato estava acabando com a corrupção e com os maus políticos brasileiros". Ao descobrir semanas depois, ouvindo as gravações que conseguira captar, o verdadeiro objetivo de Moro e seus procuradores, o estudante de Direito se escandalizou com o que leu, viu e ouviu no Telegram, e decidiu tornar o material público. A reação que mudou a opinião de Delgatti acabou por atingir todo cidadão brasileiro com um mínimo de apreço pelo Estado de Direito.

Não deixa de ser curioso que as verdades que vieram à tona tenham sido reveladas com o uso de meio ilícito, fruto de ação de um hacker, cujos métodos, na essência, em nada diferem daqueles que os justiceiros de Curitiba utilizaram durante anos, enquanto reinavam na "instituição" Lava Jato.

Aliás, depois de dois anos de investigações, a PF concluiu e arquivou o inquérito que averiguava se havia patrocinador ou mandante para as escutas que foram feitas. Não, não houve. Já quanto aos conteúdos, para aqueles, como eu, que viram de perto e sentiram na pele como operavam Sergio Moro e seus procuradores, nada do que foi revelado causou a menor surpresa.

"Se usarmos os critérios do juiz Moro para julgar as ações do cidadão Moro, estes diálogos revelam atos ilegais", afirmou, em artigo no *The New York Times*, Gaspard Estrada, diretor executivo do Observatório Político da América Latina e do Caribe no respeitado SciencePo, o Institut d'Études Politiques de Paris. Foi o que revelaram, em 7 de dezembro de 2015, documentos vazados pelo Intercept. Moro indica para Dallagnol duas testemunhas que teriam dados de propriedades de um dos filhos do ex-presidente Lula:

> *Então... Seguinte... Fonte me informou que a pessoa do contato estaria incomodada por ter sido a ela solicitada a lavratura de minutas de escrituras para transferências de propriedade de um dos filhos do ex-presidente. Aparentemente a pessoa estaria disposta a prestar a informação. Estou então repassando. A fonte é séria.*

Ou seja: Moro transmite ao procurador fontes que deveriam ser acessadas para que um réu pudesse mais facilmente vir a ser condenado... pelo próprio Moro! A obsessão do então juiz pelo exibicionismo fica clara em outro trecho difundido pelo Intercept. Em

31 de agosto de 2016, Moro reclama com Dallagnol da ausência de ações da força-tarefa aos olhos da opinião pública: "Não é muito tempo sem operação?". A constatação é mais do que óbvia: muitas das operações da Lava Jato não surgiam apenas de investigações em curso ou de delações, mas do indiscutível desejo do juiz de brilhar na mídia. Comentando esses e outros procedimentos de Sergio Moro, os juristas Lenio Luiz Streck e Marco Aurélio de Carvalho escreveram, na edição de 28 de abril de 2021 da *Folha de S. Paulo*:

> *Às favas com o Estado de Direito. Esquecem do óbvio: acusação de crime exige apuração por juiz imparcial e juiz natural. No mundo todo, isso é sagrado: só se é considerado culpado por crime se foi obedecido o devido processo legal. Ou é linchamento.*

Em entrevista ao jornal *Correio Braziliense*, de 25 de agosto de 2020, o ministro do Supremo Tribunal Federal Ricardo Lewandowski, depois de tomar conhecimento do conteúdo de tais diálogos entre Moro e seus liderados da força-tarefa, não escondeu seu espanto: "Coisas muito estranhas aconteceram em Curitiba, naquela Vara Federal".

Os fatos tornados públicos tanto pelo *Intercept* quanto pela "Operação *Spoofing*" (deflagrada pela PF em julho de 2019 para investigar invasões às contas do Telegram de autoridades e de pessoas relacionadas à Lava Jato) apenas confirmaram o quão condenáveis eram os métodos adotados em Curitiba.

Os exemplos mais eloquentes dessa persecutória forma de cumprir a lei terão sido as agressivas e ilegais conduções coercitivas. Executivos da Odebrecht passaram por tal humilhação. Sim, porque verdadeiros espetáculos circenses eram encenados para que eles fossem levados a depor, quando apenas um convite, feito por telefone, já seria prontamente atendido. Ao contrário, antes mesmo que um indiciado ou seu advogado soubesse, hordas de repórteres, cinegrafistas e blogueiros eram previamente informados do "bote" e davam plantão na porta das casas das vítimas. Como relatei na Parte I deste livro, muitas delas eram inocentes. Acerca disso, o ministro do STF Marco Aurélio Mello, em entrevista ao portal de notícias G1 de 14 de junho de 2018, afirmou:

> (...) *a condução coercitiva implica cerceio à liberdade de ir e vir e ocorre mediante ato de força praticado pelo Estado. Não tem razão de ser. Visa o interrogatório na maioria das vezes. Na maioria das vezes só retrata o desgaste da imagem do cidadão frente ao semelhante.*

Mas nada se compara às delações premiadas. Espécie de muletas jurídicas nas quais sempre se apoiava, Moro raramente foi capaz de fundamentar qualquer uma de suas sentenças em provas sólidas e verificáveis. Não. Cesarista, ele condenava, quase sempre, com base em delações premiadas. E só. O procurador Celso Antônio Tres, que trabalhou com Moro na Justiça de Cascavel, no interior do Paraná, em depoimento que está no documentário *A construção de um juiz acima da lei*, disponível no Youtube, analisa o tema:

> *O que é um advogado especializado em delação premiada? Criminalistas de escol os rechaçam. Porque eles de fato eram simpáticos aos procuradores. E aos juízes. A relação da delação é muito complicada porque ela estabelece, literalmente, um mercado.*

Na delação, tal como foi feita na Lava Jato, encarcerados se viam compelidos a dizer o que intuíam que os procuradores queriam ouvir, pois sabiam que a cada minuto a confissão se tornava menos "valiosa". Afinal, outros presos podem já estar antecipando suas próprias delações. Como consequência, Curitiba concebeu um monstrengo judicial: uma verdadeira maratona para ver quem delatava "mais rápido e melhor" (o "mercado" a que Tres se refere) para conseguir penas mais brandas. Ao optar pela delação, desesperado, o indivíduo que já renunciou ao direito de se defender se sujeita também a dizer o que os investigadores ordenem que diga.

Um pequeno trecho do depoimento concedido por Alexandrino Alencar ao filme *Amigo secreto*, de Maria Augusta Ramos, é revelador do comportamento e dos verdadeiros objetivos da Lava Jato nos interrogatórios dos acordos de delação:

— Muito duro. (...) "Ah, você não falou o suficiente. Vai e volta, vai e volta. Senão não aceitamos o teu acordo". Fizeram uma pressão em cima da gente, e aí estava nítido que a questão, a minha questão, era uma questão com o Lula. Queriam saber sobre o irmão do Lula, o filho do Lula, não sei o quê do Lula, as palestras do Lula. Se eu falasse mais, eu estaria inventando. Estaria contando uma mentira, como aconteceu com alguns que você sabe, notórios (...), que mentiram para tentar escapar. Eu, não. Eu fui ao limite da verdade.

As provocações também eram frequentes. Quanto mais estressado o preso, mais facilmente se arrancaria dele o que se quisesse. E às vezes eram provocações físicas. Assim como haviam colocado clandestinamente sob escuta a cela do doleiro Youssef, noutra ocasião o cochilo do começo de noite de cerca de trinta presos — advogados, empreiteiros, políticos de vários estados — foi interrompido pelo barulho de algo que alguém atirara para dentro da ala das celas onde estavam. Era um cilindro de plástico duro, de 10 centímetros de comprimento, sobre o qual estava impresso, em inglês: "*Prosecure 90 ml*". Spray de pimenta! Alguém da carceragem jogara spray de gás de pimenta dentro da cela! O efeito, entre os presos, cumpriu o prometido na embalagem do produto: "irritação nos olhos, boca, nariz, garganta e sistema nervoso central, retardando a vítima por 10 a 15 segundos". O "descuido de um agente desastrado" foi o pretexto utilizado para justificar a bomba de pimenta. Sempre havia quem vazasse "a ação" para as redes sociais, deixando familiares e advogados aterrorizados ao ouvirem notícias como essas.

Um Judiciário amedrontado, receoso de ser tachado de aliado de corruptos

E aqui nasce outra inescapável indagação: como a sociedade brasileira permitiu, durante sete longos anos, que Moro e seus comparsas atentassem repetidamente contra o Estado de Direito?

Porque foi precisamente isso o que ocorreu, sem acréscimos nem subtrações: atentados repetidos contra o império da lei em nosso país.

Como explicar a indiferença da Corregedoria Nacional de Justiça, por exemplo, que tem por função, exatamente, zelar para que não ocorram os abusos inomináveis perpetrados pela Lava Jato?

E o Supremo Tribunal Federal, o qual tantas vezes funcionou como um muro de contenção diante de malfeitores os mais diversos? Por que seus ministros não se pronunciaram de imediato, já em 2014, acerca das arbitrariedades que Moro cometia e seguiria cometendo nos anos seguintes?

É bem verdade que o ministro Teori Zavascki, primeiro relator da Lava Jato no STF, tentou sim, no início da operação, impedir que a força-tarefa agisse ao arrepio da lei. O discreto Zavascki, no entanto, não conseguiu fazer com que Moro e seus comandados procedessem dentro das normas do Direito. Após seu triste falecimento em acidente aéreo, os poucos freios que a operação ainda tinha foram desligados por completo. Por quê? É a pergunta que também se faz o já citado Lenio Streck:

> *Tudo muito simples, pois não? E por que, ainda com todos esses elementos, parte da comunidade jurídica aplaude as ilicitudes? Precisava mesmo de tudo isso, de todo esse tempo para que a explosão acontecesse? Precisava que viesse o jornalista Glenn*

Greenwald jogar isso na nossa cara para que acordássemos como comunidade jurídica? Já estava tudo ali. Talvez não estivesse dito, mas o não dito já existia.

Torna-se indispensável, no entanto, registrar a publicação de um documento fundamental. Nele encontramos uma tentativa de explicação para a condescendência com que os desmandos da Lava Jato foram tratados, durante tanto tempo, por tantas instâncias do Poder Judiciário.

No dia 15 de janeiro de 2016 foi publicada nos três maiores jornais brasileiros uma carta, a qual contestava, com força e assertividade, o modo como vinha sendo conduzida a operação a partir de Curitiba. O documento era assinado por cerca de 100 corajosos juristas. Sim, corajosos porque mesmo entre os advogados imperava o medo.

Alguns deles trabalhavam para a Odebrecht na época; eles foram porta-vozes de um sentimento generalizado de dor e revolta das vítimas da operação. Incapaz de responder às denúncias contidas na carta, parcela da mídia que aderira ao lavajatismo chegou a acusar a Odebrecht de estar por trás da publicação.

Acusação falsa, desrespeitosa, e mais um desserviço que a mídia ofereceu ao país naqueles tempos duros. Desacreditar aqueles advogados e juristas, cujo renome era fruto de integridade e competência, foi sem dúvida a mais deplorável manifestação do conluio com a Lava Jato. Quem assim procedeu deixou clara a decisão de servir ou de ser usado por Sergio Moro, Deltan Dalagnol e seus procuradores.

A releitura do texto, passados tantos meses, contém um trecho que chama a atenção:

Magistrados das altas Cortes do país estão sendo atacados ou colocados sob suspeita para não decidirem favoravelmente aos acusados em recursos e habeas-corpus, ou porque decidiram ou votaram (de acordo com seus convencimentos e consciências) pelo restabelecimento da liberdade de acusados no âmbito da Operação Lava Jato, a ponto de se ter suscitado, em desagravo, a manifestação de apoio e solidariedade de entidades associativas de juízes contra esses abusos, preocupadas em garantir a higidez da jurisdição. Isto é gravíssimo e, além de representar uma tentativa de supressão da independência judicial, revela que aos acusados não está sendo assegurado o direito a um justo processo.

Eis aí exposta a principal razão pela qual as investidas da Lava Jato contra o direito de defesa dos acusados não encontravam resistência no sistema jurídico nacional: as Cortes tinham medo. Receosas de serem tachadas de aliadas dos supostos corruptos que a Lava Jato, também supostamente, combatia, autoridades fechavam os olhos para as ilegalidades cometidas por Moro e procuradores que a ele respondiam.

Mas o tempo sempre guarda para si a última palavra acerca do destino dos homens (a penúltima é da Justiça) — e desde 2020 o Supremo Tribunal Federal referenda por completo o que a carta dos juristas de janeiro de 2016 afirmou. Repito: janeiro de 2016. Se a grande mídia não tivesse feito tudo o que fez para desqualificar, à época, os signatários da carta, talvez tantas iniquidades posteriores não tivessem sido cometidas.

Trata-se, portanto, de texto tão absolutamente relevante — porque foi a primeira vez, desde o início da Lava Jato, que homens e mulheres honrados ergueram suas vozes contra as barbaridades cometidas pela operação — que o reproduzo na íntegra:

No plano do desrespeito a direitos e garantias fundamentais dos acusados, a Lava Jato já ocupa um lugar de destaque na história do país. Nunca houve um caso penal em que as violações às regras mínimas para um justo processo estejam ocorrendo em relação a um número tão grande de réus e de forma tão sistemática. O desrespeito à presunção de inocência, ao direito de defesa, à garantia da imparcialidade da jurisdição e ao princípio do juiz natural, o desvirtuamento do uso da prisão provisória, o vazamento seletivo de documentos e informações sigilosas, a sonegação de documentos às defesas dos acusados, a execração pública dos réus e o desrespeito às prerrogativas da advocacia, dentre outros graves vícios, estão se consolidando como marca da Lava Jato, com consequências nefastas para o presente e o futuro da Justiça criminal brasileira. O que se tem visto nos últimos tempos é uma espécie de inquisição (ou neoinquisição), em que já se sabe, antes mesmo de começarem os processos, qual será o seu resultado, servindo as etapas processuais que se seguem entre a denúncia e a sentença apenas para cumprir 'indesejáveis' formalidades.

Nesta última semana, a reportagem de capa de uma das revistas semanais brasileiras não deixa dúvida quanto à gravidade do que aqui se passa. Numa atitude inconstitucional, ignominiosa e tipicamente sensacionalista, fotografias de alguns dos réus (extraídas indevidamente de seus prontuários na Unidade Prisional em que aguardam julgamento) foram estampadas de forma vil e espetaculosa, com o claro intento de promover-lhes o enxovalhamento e instigar a execração pública. Trata-se, sem dúvida, de mais uma manifestação da estratégia de uso irresponsável e inconsequente da mídia, não para informar, como deveria ser, mas para prejudicar o direito de defesa, criando uma imagem desfavorável dos acusados em prejuízo da presunção da inocência e da imparcialidade que haveria de imperar em seus julgamentos — o que tem marcado, desde o começo das investigações, o comportamento perverso e desvirtuado estabelecido entre os órgãos de persecução e alguns setores da imprensa.

Ainda que parcela significativa da população não se dê conta disso, essa estratégia de massacre midiático passou a fazer parte de um verdadeiro plano de comunicação, desenvolvido em conjunto e em paralelo às acusações formais, e que tem por espúrios objetivos incutir na coletividade a crença de que os acusados são culpados (mesmo antes de serem julgados) e pressionar instâncias do Poder Judiciário a manter injustas e desnecessárias medidas restritivas de direitos e prisões provisórias, engrenagem fundamental do programa de coerção estatal à celebração de acordos de delação premiada.

Esta é uma prática absurda e que não pode ser tolerada numa sociedade que se pretenda democrática, sendo preciso reagir e denunciar tudo isso, dando vazão ao sentimento de indignação que toma conta de quem tem testemunhado esse conjunto de acontecimentos. A Operação Lava Jato se transformou numa Justiça à parte. Uma especiosa Justiça que se orienta pela tônica de que os fins justificam os meios, o que representa um retrocesso histórico de vários séculos, com a supressão de garantias e direitos duramente conquistados, sem os quais o que sobra é um simulacro de processo; enfim, uma tentativa de justiçamento, como não se via nem mesmo na época da ditadura.

Magistrados das altas Cortes do país estão sendo atacados ou colocados sob suspeita para não decidirem favoravelmente aos acusados em recursos e habeas-corpus, ou porque decidiram ou votaram (de acordo com seus convencimentos e consciências) pelo restabelecimento da liberdade de acusados no âmbito da Operação Lava Jato, a ponto de se ter suscitado, em desagravo, a manifestação de apoio e solidariedade de entidades associativas de juízes contra esses abusos, preocupadas em garantir a higidez da jurisdição. Isto é gravíssimo e, além de representar uma tentativa de supressão da independência judicial, revela que aos acusados não está sendo assegurado o direito a um justo processo.

É de todo inaceitável, numa Justiça que se pretenda democrática, que a prisão provisória seja indisfarçavelmente utilizada para forçar a celebração de acordos de delação premiada, como, aliás, já defenderam publicamente alguns procuradores que atuam no caso. Num dia os réus estão encarcerados por força de decisões que afirmam a imprescindibilidade de suas prisões, dado que suas liberdades representariam gravíssimo risco à ordem pública; no dia seguinte, fazem acordo de delação premiada e são postos em liberdade, como se num passe de mágica toda essa imprescindibilidade da prisão desaparecesse. No mínimo, a prática evidencia o quão artificiais e puramente retóricos são os fundamentos utilizados nos decretos de prisão. É grave o atentado à Constituição e ao Estado de Direito e é inadmissível que o Poder Judiciário não se oponha a esse artifício.

É inconcebível que os processos sejam conduzidos por magistrado que atua com parcialidade, comportando-se de maneira mais acusadora do que a própria acusação. Não há processo justo quando o juiz da causa já externa seu convencimento acerca da culpabilidade dos réus em decretos de prisão expedidos antes ainda do início das ações penais. Ademais, a sobreposição de decretos de prisão (para embaraçar o exame de legalidade pelas Cortes Superiores e, consequentemente, para dificultar a soltura dos réus) e mesmo a resistência ou insurgência de um magistrado quanto ao cumprimento de decisões de outras instâncias, igualmente revelam uma atuação judicial arbitrária e absolutista, de todo incompatível com o papel que se espera ver desempenhado por um juiz, na vigência de um Estado de Direito.

Por tudo isso, os advogados, professores, juristas e integrantes da comunidade jurídica que subscrevem esta carta vêm manifestar publicamente indignação e repúdio ao regime de supressão episódica de direitos e garantias que está contaminando o sistema de Justiça do país. Não podemos nos calar diante do que vem *acontecendo neste caso. É fundamental que nos insurjamos contra estes abusos. O Estado de Direito está sob ameaça e a atuação do Poder Judiciário não pode ser influenciada pela publicidade opressiva que tem sido lançada em desfavor dos acusados e que lhes retira, como consequência, o direito a um julgamento justo e imparcial — direito inalienável de todo e qualquer cidadão e base fundamental da democracia. Urge uma postura rigorosa de respeito e observância às leis e à Constituição brasileira.*

"O jornalismo brasileiro ao longo dessa cobertura, com raras exceções, não passou de propaganda"

A exposição midiática imposta pela Lava Jato a suas vítimas foi o outro componente de extrema relevância para a operação. Sem ela, as ilegalidades cometidas pela força-tarefa não teriam como ir tão longe. Tal exposição, destrutiva para as pessoas que dela eram objeto, potencializava o apoio da opinião pública

Quem assumiu essa tarefa foi o jornalismo lavajatista.

Em outubro de 2018, Christianne Machiavelli, a profissional que foi, durante anos, a assessora de imprensa da Lava Jato (sim, a operação tinha sua própria assessoria de imprensa), deu uma entrevista ao site *The Intercept Brasil*. Na ocasião ela havia acabado de pedir demissão do emprego. Resolvera ir para a iniciativa privada e criar um escritório especializado no gerenciamento de crises de imagem. "Era tudo divulgado do jeito como era citado pelos órgãos da operação. A imprensa comprava tudo", disse ela na entrevista.

Em artigo publicado na *Folha de S. Paulo* em 8 de fevereiro de 2021, intitulado, justamente, "A praga do jornalismo lavajatista", a colunista Cristina Serra teceu algumas considerações definitivas sobre o assunto:

> *Além de afrontar o ordenamento jurídico e ajudar a corroer a democracia, a Lava Jato também corrompeu e degradou amplos setores do jornalismo; em alguns casos, com a ajuda dos próprios jornalistas (...).*
>
> *Relações promíscuas entre imprensa e poder não são novidade. No caso da operação, contudo, as conversas mostram que repórteres na linha de frente da apuração engajaram-se no es-*

quema lavajatista e atuaram como porta-vozes da força-tarefa, acumpliciados com o espetáculo policialesco-midiático.

Foi o que aconteceu.

Eu me recordo bem disso. Soube, então, que repórteres eram pessoalmente instruídos pelos membros da força-tarefa sobre exatamente como deveriam divulgar as "novidades" que a Lava Jato produzia em ritmo de linha de montagem.

Soube, também, que muitas fases da operação eram antes comunicadas para alguns veículos de imprensa e para alguns profissionais selecionados, e só depois colocadas na rua. Assim estaria garantida a cobertura estridente, pelas TVs, das conduções coercitivas e das prisões. A punição, na Lava Jato, começava já na própria exibição das pessoas sendo presas — isso muito antes que se determinasse se eram elas culpadas ou não dos crimes pelos quais eram acusadas.

Mario Vitor Santos foi chefe da sucursal de Brasília da *Folha de S. Paulo* e *ombudsman* do jornal. Nesse último cargo, uma de suas tarefas era justamente analisar a qualidade e a isenção do material jornalístico produzido. Já fora da *Folha*, ele escreveu, no portal de notícias 247, artigos contundentes acerca da maneira como a mídia se portou diante da Lava Jato, começando em 20 de junho de 2019. Aqui, ele fala sobre as mensagens trocadas entre Moro e os procuradores de Curitiba:

> (...) *o Intercept Brasil revela uma verdade que fez subitamente jogar no lixo anos de cobertura avassaladora dos grandes meios de comunicação. A verdade apareceu: o jornalismo brasileiro ao longo dessa cobertura, com raras exceções, não passou de propaganda. Enquanto abandonavam a independência e envergavam a camisa de torcedores de Sergio Moro e da Lava Jato, cantando em coro que ela era uma operação judicial angelicalmente isenta, "técnica", apolítica e afinal salvadora de um país imerso na cor-*

rupção, o furo agora revelado por Glenn Greenwald e sua equipe escancarou uma realidade oposta.

Em outro trecho do mesmo artigo, Mario Vitor Santos reafirma a parcela de culpa que o jornalismo lavajatista teve no colapso sofrido pelo Brasil de 2014 para cá:

> Enquanto posava de semideus, Moro se divertia abusando da crendice nacional. Que o populacho se deixe enganar é lamentável, mas que seja o jornalismo a conduzi-lo à cegueira chega a ser criminoso.

E em seguida, numa sequência de parágrafos extremamente claros, objetivos e diretos, ele diz aquilo que precisava ser dito acerca do acobertamento dos desmandos da Lava Jato pela imprensa brasileira:

> Enquanto a Justiça era achincalhada com objetivos criminosos, por aqueles mesmos que deveriam zelar pela sua neutralidade, a mídia se oferecia para criar um culto, reverberar as versões oficiais sem exercer o ceticismo, sem cobrança, sem apurar os reais interesses que orientavam a cozinha venenosa da Lava Jato. Vem à tona agora o que alguns observadores e veículos isolados alertavam impotentes: a mídia foi parte essencial de um massacre engendrado por agentes sumamente poderosos, incrustados no aparato judicial de características improvisadas especialmente para a ocasião, contornando prerrogativas constitucionais, instâncias, prazos processuais e garantias legais.
> Seria ilusão considerar que esse evento, devastador para a imagem do jornalismo pátrio, tenha se dado por um descuido casual e que esteja restrito a este caso, mas aqui o mecanismo mostrou suas engrenagens. Assim como a Justiça, também

o jornalismo ignorou seus próprios princípios éticos fundamentais de distância crítica, trocados por uma ânsia moralista que recobria uma torcida ideológica dos meios de comunicação, agora posta a nu.

E Mario Vitor Santos conclui esta sua linha de pensamento com as seguintes ponderações:

Houve, além do mais, imensa falta de vontade jornalística dos meios de comunicação diante dos descaminhos de Sergio Moro e da Lava Jato. Seus excessos, existentes desde os primeiros momentos dessa cobertura, deveriam fazer soar alarmes nas redações.

Em lugar de investigar e cobrar os deslizes de Sergio Moro a fundo, a mídia empenhou-se em incensar seus métodos, e não só isso. Ela dedicou-se a estigmatizar os que se contrapunham a Sergio Moro. Ainda hoje, os juízes do STF, como Teori Zavacki (já morto), Ricardo Lewandowski, Gilmar Mendes e Marco Aurélio Mello, padecem nos programas, nas colunas, nas páginas de jornais e nas capas de revistas. São alvos de torturas midiáticas, tachados como criminosos protetores de corruptos, nos comentários de analistas maldosos.

As consequências demolem a imagem do jornalismo brasileiro, posto sob justificada suspeição, batido por veículos liliputianos, mas muito mais confiáveis para quem deseja fazer emergir a verdade. A Justiça e a democracia não estariam tão ameaçadas no Brasil se o jornalismo acima de tudo tivesse cumprido com independência o seu papel.

Refletindo sobre o que está dito acima, me vêm à lembrança homens como Roberto Marinho, Otávio Frias e Ruy Mesquita. Tenho certeza de que, se aqui estivessem, não teriam permitido que seus veículos se prestassem a tão lamentável papel. Por outro lado, sei que o serviço à Lava Jato foi a opção de uma minoria nas redações, mas me entristece pensar que a maioria percebeu, admitiu e silenciou — como, aliás, fizeram autoridades públicas, Judiciário e lideranças empresariais — por medo. Sim, medo de serem identificados como protetores de supostos corruptos. E isso é lastimável.

Ao mesmo tempo me ocorre uma pergunta da qual não posso fugir: estariam alguns destes meios que aderiram de modo tão inusitado à Lava Jato e fecharam os olhos a seus desmandos investindo em alguma proteção futura? Talvez algum dia saibamos a resposta.

Não é casual que eu tenha registrado a consideração de Luiz Werneck Vianna, o qual aponta para o fato de a Lava Jato ter gerado a "desertificação da política" no Brasil. O que ele deseja expressar com tal conceito é simples: a Lava Jato, quando de seu início, conseguiu, já naquele primeiro momento e mais ainda nos anos subsequentes, cumprir com esmero o principal objetivo a que se propôs. Qual era? Destruir. Destruir o sistema de governança a duras penas construído no Brasil desde 1985, primeiro ano da redemocratização.

Porém, uma vez o tendo feito, não colocou nada em seu lugar — e onde não há nada, há algo: um deserto, justamente. Daí a expressão de Vianna. A pretensão de refundar a República, desejo manifesto da Lava Jato, teve como ponto de partida a tacanha visão de mundo de um pequeno grupo de promotores paranaenses.

Seu líder (que, aliás, jamais poderia sê-lo, legalmente falando) era um homem de idêntica pobreza intelectual.

Não tinha como dar certo.

E, de fato, não deu.

"A Lava Jato é essencialmente uma ação de velhacos atuando à socapa, à margem da lei, comandada por justiceiros sedentos de cargos e poder, executando um projeto político na verdade 'isento de isenção'", disse, com ênfase e propriedade, Mario Vitor Santos naquele texto de 20 de junho de 2019.

É louvável que jornalistas como os citados neste texto tenham se disposto a fazer autocríticas tão sinceras. Mas a sociedade brasileira — que foi leitora e espectadora do que resultava do acordo indecente entre a força-tarefa e os meios — merece mais que isso.

Com certeza, muitos conseguem perceber motivos por trás dessa articulação espúria, mas haverá um momento em que os dirigentes da mídia nacional revelarão por que assim agiram? Em nome dos olhares históricos que eventualmente forem compelidos a sobrevoar estas páginas, é essencial chamar a atenção para os que estavam na outra margem do rio. É sempre imprudente escolher um nome em detrimento dos demais, mas se a escolha for inevitável, que seja feita. Ele não é o único, obviamente, mas estará na lista dos grandes jornalistas brasileiros. Quando a maioria de seus colegas seguia as iscas da Lava Jato para dar à opinião um falso rumo das coisas, Jânio de Freitas foi ao fundo do mar e ofereceu este presente aos assinantes do jornal *Folha de S. Paulo* na edição de 10 de março de 2016:

> (...) *Em condições normais, ou em país que já se livrou do autoritarismo, haveria uma investigação para esclarecer o que o juiz Sergio Moro e os procuradores da Lava Jato intentavam de fato, quando mandaram recolher o ex-presidente Lula e o levaram para o Aeroporto de Congonhas. E apurar o que de fato se passou aí, entre a Aeronáutica, que zela por aquela área de segurança, e o contingente de policiais superarmados que pretenderam assenhorear-se de parte das instalações.*
>
> *Mas quem poderia fazer uma investigação isenta? A Polícia Federal investigando a Polícia Federal, a Procuradoria Geral da República investigando procuradores da Lava Jato por ela designados?*
>
> *É certo que não esteve distante uma reação da Aeronáutica, se os legionários da Lava Jato não contivessem seu ímpeto. Que ordens de Moro levavam? Um cameraman teve a boa ideia, de-*

pois do que viu e de algo que ouviu, de fotografar um jato estacionado, porta aberta, com um carro da PF ao lado, ambos bem próximos da sala de embarque VIP transformada em seção de interrogatório.

É compreensível, portanto, a proliferação das versões de que o Plano Moro era levar Lula preso para Curitiba. O que foi evitado, ou pela Aeronáutica, à falta de um mandado de prisão e contrária ao uso de dependências suas para tal operação; ou foi sustado por uma ordem curitibana de recuo, à vista dos tumultos de protesto logo iniciados em Congonhas mesmo, em São Bernardo, em São Paulo, no Rio, em Salvador. As versões variam, mas a convicção e os indícios do propósito frustrado não se alteram.

Uma pergunta era inevitável. Quando os policiais chegaram à casa de Lula às 6h, repórteres já os esperavam. Quando chegaram com Lula ao aeroporto, repórteres os antecederam. "Houve vazamento?". O procurador, sempre prestativo para dizer qualquer coisa, fez uma confirmação enfática: "Vamos investigar esse vazamento agora!". Acreditamos, sim. E até colaboramos: só a cúpula da Lava Jato sabia dos dois destinos, logo, como sabe também o procurador, foi dali que saiu a informação — pela qual os jornalistas agradecem. Saiu dali como todas as outras, para exibição posterior do show de humilhações. E por isso, como os outros, mais esse vazamento não será apurado, porque é feito com origem conhecida e finalidade desejada pela Lava Jato.

A informação de que Lula dava um depoimento, naquela mesma hora, foi intercalada por uma contribuição, veloz e não pedida, do delegado Igor Romário de Paula: "Espontâneo!". Não era verdade e o delegado sabia. Mas não resistiu.

Figura inabalável, este expoente policial da Lava Jato. Difundiu insultos a Lula e a Dilma pelas redes de Internet, durante a campanha eleitoral. Nada aconteceu. Dedicou-se a exaltar Aé-

cio, também pela rede. Nada lhe aconteceu. Foi um dos envolvidos quando Alberto Youssef, já prisioneiro da Lava Jato, descobriu um gravador clandestino em sua cela na Superintendência da Polícia Federal em Curitiba. Nada aconteceu, embora todos os policiais ali lotados devessem ser afastados de lá. E os envolvidos, afastados da própria PF.

Se descobrir por que a inoportuna lembrança do nome Operação Bandeirantes, e for útil, digo mais tarde.

Um juiz sem escrúpulos sequer para respeitar a intimidade de uma adolescente

Se falamos de violações a direitos pétreos, não podemos deixar de entrar à Casa pela porta da frente. Observem isso que lá está: o Artigo 5º de nossa Constituição assegura que "são invioláveis a intimidade, a vida privada, a honra e a imagem das pessoas, assegurado o direito a indenização pelo dano material ou moral decorrente de sua violação". Se entendo bem, isso significa que a intimidade das pessoas e a emoção contida em uma conversa de uma menina de 14 anos de idade com a própria mãe, ao telefone, não podem ser utilizadas pela autoridade configurada em um Juiz de Direito, de forma abjeta, espalhada via mídia para o escândalo público.

Assim agiu Sergio Moro com gravações feitas de conversas entre a esposa de Marcelo Odebrecht e sua filha mais nova, minha neta. Ao ser confrontado com este fato pelo próprio Marcelo, o Sr. Moro justificou-se: o telefone da menina não estava interceptado; o dele, Marcelo, estava; logo, se falasse com alguém, este seria gravado, e todos os que viessem a falar com este terceiro estariam sujeitos à mesma invasão.

Explicação simples, feita com cinismo impassível. Mas o que o juiz não explicou foi por que, sendo o responsável pela guarda daquelas gravações, decidiu torná-las públicas — ou, talvez, "facilitar" o acesso a elas — submetendo a criança à execração que se viu, principalmente nas mídias sociais.

Era um membro do Poder Judiciário, que foi concebido para proteger o direito de cada cidadão, um indivíduo que, algum tempo depois, viria a ser ministro da Justiça, violando e permitindo que se violasse a intimidade de um diálogo entre mãe e filha, demonstrando sua total falta de escrúpulos enquanto posava de paladino da moralidade.

Era com gente dessa natureza que estávamos tratando. E por que ele, juiz, agia dessa maneira? Porque sabia o que compraz certas plateias e, em seu cálculo frio, essa era uma forma de obter a máxima atenção midiática, fundamental para os projetos futuros dos líderes daquela operação.

O cenário atual da política brasileira é a herança que a operação nos deixou

"Faz muito tempo que aprendemos que salvadores da pátria costumam salvar, sobretudo, a si mesmos". São palavras do juiz e escritor Marcelo Semer, membro e ex-presidente da Associação Juízes para a Democracia, em artigo de 19 de agosto de 2019, publicado na revista *Cult*. Ele se refere à Lava Jato, que os membros da operação costumam descrever como uma ação policial e jurídica contra a corrupção. Nada mais. É uma definição muito concisa — não ocupa duas linhas de texto — para designar algo que abalou o Brasil até a medula.

A força-tarefa de Curitiba, seu líder máximo, Sergio Moro, e o maior dentre os auxiliares dele, Deltan Dallagnol, ao prometerem o que está acima, entregaram ao país calamidades gêmeas: política e econômica.

Sim, combateram a corrupção, mas a forma que escolheram para o combate, contaminados pela ideologia que os guiava, pelos interesses pessoais que defendiam e pelos projetos que abraçaram, não pode ser aceita ou esquecida. Ao final, não foi a doença que mais causou danos aos pacientes — no caso, o Brasil e seus agentes produtivos, os reais geradores da riqueza nacional. Foi o remédio!

Cito mais uma vez Sergio Moro afirmando no livro *Contra o sistema de corrupção*: "Não se trata de combater o crime e a corrupção a qualquer custo. O combate deve se dar na forma da lei, sem violência desnecessária, sem golpes ou trapaças, e respeitando os direitos do acusado". Soa quase como uma autocrítica....

Em texto publicado em 26 de julho de 2019, no portal *Carta Maior*, o experiente diplomata Samuel Pinheiro Guimarães, ex-secretário geral do Itamaraty e ex-ministro de Assuntos Estratégicos, escreveu sobre as motivações abertamente ideológicas dos integrantes da força-tarefa de Curitiba: seu neoliberalismo extremado, seu ódio à coisa pública (vista como inerentemente corrupta) e, não menos importante, sua postura radicalmente pró-Estados Unidos da América sob todos os aspectos.

Assumidas pela Lava Jato, tais concepções nutriam seus objetivos políticos. E, neste campo, não há muito o que especular. Mas cabe expressar, novamente, fato que já é há anos conhecido (e, inclusive, legalmente apontado pelo STF) e de domínio público: Sergio Moro era inimigo do ex-presidente Luiz Inácio Lula da Silva.

Por isso, usou e abusou de seus poderes de juiz para impedi-lo de concorrer e, muito provavelmente, vencer as eleições presidenciais de 2018, e para tirar da frente tudo e todos que pudessem, direta ou indiretamente, dificultar o alcance do seu objetivo.

Propôs-se a fazê-lo e o fez.

O então juiz esmerou-se, a partir de março de 2014, em prejudicar o Partido dos Trabalhadores e, em especial, a transformar em um inferno a vida de Lula.

Não se cansou enquanto não o encarcerou em Curitiba.

Esteve atento, durante todo o ano de 2018, para que Lula não fosse solto sob hipótese alguma — era ano eleitoral —, e a vitória do candidato presidencial de sua predileção, Jair Bolsonaro, dependia de que o ex-presidente fosse impedido de disputar o pleito. Interrompeu suas férias para despachar contra Lula, quando julgou isto necessário para mantê-lo no cárcere. Ultrapassou todos os limites da decência quando ordenou à Polícia Federal que não cumprisse uma ordem judicial que concedia a Lula um habeas-corpus. Divulgou, ilegalmente, uma conversa telefônica entre a então presidente Dilma Rousseff e Lula.

Moro, além de saciar com tais ações o deplorável sentimento que nutria por Lula, preparou assim seu caminho para Brasília. Como prêmio pelo que cometeu, recebeu de Jair Bolsonaro, uma vez eleito presidente da República (influenciado e apoiado por Paulo Guedes, seu onipotente e "liberalíssimo" ministro da Economia), o posto de ministro da Justiça.

Mas Moro não se esqueceu de Lula.

Em agosto de 2019, após o vazamento de dados do seu celular e dos celulares de outros membros da Lava Jato, Moro, já no Ministério de Bolsonaro, ordenou que Lula (que estava preso em Curitiba, em uma quitinete de um prédio da Superintendência da Polícia Federal — "cela de estado-maior", direito que cabe a todo ex-presidente da República) — passasse pela humilhação de ser transferido para o presídio de Tremembé II, uma penitenciária de segurança máxima, no interior de São Paulo. A transferência só não ocorreu porque o STF, por 10 votos a 1, derrubou a decisão.

"Houve uma tentativa cruel e insana de vingar, na pessoa do ex-presidente Lula, os vazamentos", escreveu Pedro Serrano, doutor em Direito do Estado pela Pontifícia Universidade Católica de São Paulo (PUC-SP), em artigo publicado no dia 22 de março de 2021 na edição eletrônica da revista *Carta Capital*. "Os vazamentos nada mais fazem do que tornar públicas as ilicitudes que eles praticavam. Eles estão irritados com isso e tentaram se vingar no ex-presidente Lula".

O cenário atual da política brasileira é uma das heranças nefastas que a operação nos deixou.

A "Fundação Lava Jato", uma armadilha política financiada com dinheiro público

Em 16 de fevereiro de 2021, o ministro do Supremo Tribunal Federal Gilmar Mendes disse em entrevista à BBC Brasil: "A Lava Jato tinha candidato e tinha programa no processo eleitoral. E atuou, inclusive, para perturbar o Brasil em termos institucionais", referindo-se às eleições presidenciais de 2018.

O fato é que a Lava Jato cogitou, efetivamente, transformar-se em algo semelhante a um partido político, abrigado em uma "fundação" formada pelos bilhões de reais amealhados pela operação através das pesadas multas por ela impostas a empresas e empresários. A "fundação" seria gerida por uma ONG — a Transparência Internacional, simpática ao lavajatismo — e pelos próprios procuradores de Curitiba. Este exótico "Partido da Lava Jato" talvez até disputasse eleições, e seus candidatos, muito provavelmente, seriam os próprios membros da operação!

Processos sociais destrutivos causam terrível estrago enquanto perduram. Insanidades coletivas, que tomam de assalto uma sociedade e a levam a mergulhar no caos, já ocorreram inúmeras vezes ao longo da história. A Lava Jato não foi o primeiro caso do tipo, nem no Brasil, nem no exterior.

Em situações assim, geralmente encontram-se dois fatores em comum. Primeiro, as multidões que apoiam líderes que as levam ao desastre certamente perderam a razão, mas os líderes mesmos, estes se mantêm bastante lúcidos — e espertos. Sabem o que estão fazendo, embora não aparentem. Agem em benefício próprio, enquanto convencem a todos que estão agindo em benefício coletivo.

Segundo, tais processos cedo ou tarde (geralmente, tarde) encontram um ponto de inflexão em algum acontecimento que, enfim, abre os olhos da maioria para o caos que se está produzindo a troco de nada. Então, subitamente, os manipuladores da boa-fé alheia perdem todo, ou quase todo o apoio que tinham — e, não raro, caem em merecido ostracismo.

A Operação Lava Jato teve seu ponto de inflexão quando os juízes do Supremo Tribunal Federal resolveram dar um basta ao verdadeiro circo midiático que há anos vinha sendo encenado em Curitiba e trazer o Brasil de volta à razão.

Os fatos são objetivos: a Petrobras, devido à operação, viu-se obrigada a realizar um acordo de não persecução com o Departamento de Justiça americano, o qual obrigava a empresa a pagar uma multa no valor de R$ 2,5 bilhões. É importante observar que essa multa nada tem a ver com os US$ 2,95 bilhões que a Petrobras foi obrigada a pagar para acionistas minoritários estrangeiros, em razão do papel da empresa nos fatos revelados pela operação — aliás, mais um indício dos interesses que moviam Sergio Moro e seus parceiros.

No início de 2019, os procuradores da força-tarefa no Paraná decidiram que a tal fundação, de direito privado, deveria gerir parte daquele dinheiro que seria desembolsado pela Petrobras. Ou seja: Dallagnol almejava erguer com dinheiro público uma entidade de direito privado, a qual estaria sob seu controle e de gente de sua confiança, de dentro e de fora da força-tarefa que coordenava.

Os objetivos da pretensa fundação eram os mais vagos possíveis: financiar "cursos", "palestras", "oficinas" e "iniciativas contra a corrupção". Seria uma espécie de repositório da moralidade nacional, a palmatória de todos nós. As autoridades norte-americanas aceitaram, de bom grado, essa ideia indecente. Mas há sempre um momento em que alguém em posição de poder, e ao qual ainda resta um mínimo de lucidez, diz: basta!

Este momento chegou para a Lava Jato quando os juízes do STF examinaram os termos do acordo firmado entre a operação e os órgãos do governo dos Estados Unidos, e ficaram escandalizados com o que leram. O ministro Alexandre de Moraes, em especial, demonstrou indignação ao ver que os membros da operação queriam usar recursos públicos como se fosse dinheiro particular.

Resultado: em 15 de março de 2019, ele determinou a suspensão de todos os efeitos do acordo que havia sido celebrado, e também determinou o bloqueio de todos os valores que já haviam sido depositados na conta da 13ª Vara Federal de Curitiba. Pouco tempo depois, Deltan Dallagnol, mal disfarçando o constrangimento, renunciou publicamente à intenção de criar a "Fundação Lava Jato".

Indústria pesada e trabalhadores, unânimes: a Lava Jato quebrou a economia brasileira

Repito o que já disse antes: não há como existirem empresas fortes em países fracos, nem países fortes dotados apenas de empresas fracas. As empresas são a força motriz dos Estados modernos. Os governos devem ser indutores do desenvolvimento — e elas, protagonistas do crescimento econômico do país onde operam, ou a partir de onde operam. É no canteiro de obras, no chão da fábrica, no campo produtivo que nascem e florescem as grandes nações.

Nos anos 80 e 90, no ponto mais alto da industrialização, o setor de transformação brasileiro representou 35% do PIB. Hoje não chega a 12% e está caindo. O Brasil está experimentando uma das maiores desindustrializações da história.

O auge da economia brasileira em toda nossa história se deu no ano de 2013, dado devidamente medido e registrado pelo IBGE e outros institutos. Na ocasião, éramos a sétima economia do mundo. E havia chances reais de nos tornarmos, em alguns anos, a sexta. Nosso PIB era maior do que o da Itália, por exemplo. Nos anos seguintes, empresas, empresários, executivos e uma massa enorme de trabalhadores sofreram os efeitos da barbárie judicial orquestrada por Sergio Moro.

O topo de riqueza que tínhamos, a duras penas, acumulado até 2013 esvaiu-se. Ocorreram, sim, erros na condução de nossa política econômica, mas nosso patrimônio foi dilapidado em grande parte pela ação dos justiceiros de Curitiba.

Outros fatores concorreram para tanto?

Sim, alguns.

Até 2017 houve queda no preço das commodities agrícolas e minerais, das quais somos grandes exportadores. A própria pandemia, que nos atinge em 2020, gerou consequências para as quais não estávamos preparados. Mas, ainda que tentemos entender o empobrecimento de nosso país sob outro prisma que não o do estado de exceção aqui instalado pela Lava Jato, a conclusão não será diferente: foi ela, de fato (com seu *modus operandi* e seus ataques a empresas), que nos levou à ruína de 2014 para cá.

Pesquisas recentes, reveladas pelo economista Fernando Teixeira, pós-graduado em Direito Empresarial pela FGV e em Compliance pela Penn Law School, sugerem que a economia pode ser afetada a curto prazo pela corrupção, caso ela resulte em "escândalos", ou seja, espetáculos midiáticos anticorrupção. Isso porque tais eventos podem reduzir a confiança de agentes econômicos, assustar investidores e reduzir a produção de emprego e renda. Trabalho publicado pelo FMI (Fundo Monetário Internacional) em 2018 analisou 650 milhões de notícias de 30 países para concluir que escândalos de corrupção provocam uma queda de 3% no PIB (Produto Interno Bruto), em média. A conclusão a que chega Teixeira reconhece que corrupção custa dinheiro, mas seu combate também. "Ao agir de forma excessiva e descontrolada", afirma, "órgãos de controle podem afetar o sistema produtivo e criar custos passivos superiores aos próprios prejuízos da corrupção".

Em março de 2021, o Dieese (Departamento Intersindical de Estatística e Estudos Socioeconômicos), após um longo trabalho de pesquisa feito por seus técnicos, comprovou tais dados através de um estudo acerca dos efeitos que a Lava Jato tivera sobre a economia e sobre a sociedade brasileira. Lembrando: a operação tinha sido extinta, na ocasião, havia pouco mais de um mês. Àquela altura já era generalizada, em especial entre a população mais pobre do país, a percepção de que a Lava Jato fora uma espécie de praga que se abatera sobre o Brasil.

As pessoas se lembravam de como haviam melhorado de vida, ano após ano, até 2014, e de como, a partir do lançamento da operação, haviam empobrecido de forma ininterrupta — e não tão lenta. Mas ninguém tinha até então quantificado tal empobrecimento (ou associado a mudança) à Lava Jato. Foi justamente o estudo do Dieese que o fez, de forma científica, via coleta e medição de uma enorme base de dados. Estes são os indicadores obtidos:

- Graças à Lava Jato, a estarrecedora soma de 4,4 milhões de empregos foi perdida no Brasil.
- A operação, sozinha, foi também responsável por exterminar 3,6% de nosso PIB (Produto Interno Bruto).
- Os técnicos do Dieese calculam que as incontáveis "fases" da Lava Jato tenham feito com que o governo brasileiro deixasse de arrecadar R$ 47,4 bilhões em impostos e R$ 20,3 bilhões em contribuições sobre folhas de pagamento.
- A sangria não cessou em tais números: a operação também reduziu a massa salarial do país em R$ 85,8 bilhões.

Os valores e números acima são o produto de um estudo feito em vários anos por um instituto com mais de meio século de existência, respeitado dentro e fora do Brasil pelo rigor de suas análises. Informa ainda o documento que, por causa da Lava Jato, deixaram de ser feitos no Brasil investimentos em produção no valor de R$ 172,2 bilhões, por parte da Petrobras e das empresas de construção civil. E isso considerando apenas os anos de 2014 (quando a operação começou), 2015, 2016 e 2017.

Por fim, um dos levantamentos mais interessantes — para tristeza e decepção de todos nós — são as medições de crescimento ou retração que o PIB brasileiro atravessou sob a pressão da Lava Jato, em comparação com os mesmos índices que, estima-se, teriam sido atingidos se a operação jamais tivesse existido.

Veja-se:

- Em 2014, já com a Lava Jato atuando, o PIB brasileiro cresceu 0,5%. Sem a operação, teria crescido 0,8%.
- Em 2015, o país entra em recessão e nosso PIB encolhe 3,6%. Sem a Lava Jato, teria encolhido bem menos: 2,5%.
- Em 2016, outro ano recessivo, o PIB brasileiro encolhe 3,3%. Sem a Lava Jato, teria encolhido 2,1%.
- E em 2017, sobre o qual há dados disponíveis, o PIB brasileiro cresce 1,3%; não houvesse a Lava Jato, teria crescido quase o dobro: 2,4%.

Algum defensor ou partidário da Lava Jato poderá alegar que tais números foram produzidos pelo Dieese, órgão mantido por sindicatos de trabalhadores e, portanto, partem do ponto de vista de apenas um setor da sociedade. Ao contrário. Avaliação semelhante foi feita pela Tendências Consultoria, por encomenda do Sinicon — Sindicato Nacional da Indústria da Construção Pesada-Infraestrutura. A empresa produziu um estudo de 80 páginas tratando do tema até o ano de 2022. E as conclusões são ainda mais graves.

O ensaio aponta em linhas gerais como a esterilização do BNDES e a Lava Jato impactaram o setor. No caso da operação, vale destacar as decisões judiciais e medidas administrativas que determinaram o cancelamento de contratos; o pagamento de pesadas multas; as declarações de inidoneidade; punições que dificultam ou inviabilizam o uso de ativos e de estruturas das empresas, e até o impedimento de participação em novas licitações públicas.

Os números são assustadores: perda de 500 mil empregos; fechamento de 500 empresas com mais de 30 funcionários (em 2014 eram 2700) e redução na participação do PIB de 1,25% para 0,56%, deixando de contribuir anualmente com cerca de R$ 50 bilhões como atividade econômica. A queda real de consumo de materiais em 60% do setor da construção pesada e infraestrutura representou uma perda de arrecadação de cerca de R$ 105 bilhões no período.

Criado há 60 anos para fomento e socorro do desenvolvimento nacional, o BNDES reagiu em contraste com sua história: reduziu em R$ 50 bilhões anuais os recursos destinados a infraestrutura. Entre 2010 e 2014 o banco destinava, em média, U$ 1,5 bilhão ao ano para financiar a exportação de serviços de engenharia e construção pesada. Nos cinco anos seguintes este número foi reduzido a praticamente zero.

Diante de tal cenário de terra arrasada, ficamos tentados a perguntar quais eram mesmo os alvos da Lava Jato. Não se trata de uma pergunta retórica; ela pede resposta.

"Nos Estados Unidos ninguém destruiria empresas de vanguarda como a Petrobras e a Odebrecht"

No mês de abril de 2021, o historiador e professor marxista pernambucano Jones Manoel, em entrevista ao portal de notícias *Poder 360*, disse o seguinte: "Quando os EUA desmontam a Odebrecht, para além de reduzir a concorrência no mercado internacional, eles querem que os empregos que a Odebrecht gerava aqui no Brasil sejam gerados nos EUA".

Essa afirmação é corroborada pelo sociólogo Jessé de Souza. "A minha opinião é que a Lava Jato é o maior engodo da história do Brasil. Porque é uma mentira", ele afirmou, em maio de 2018, numa edição do telejornal da TV Cultura de São Paulo.

> *É uma Justiça seletiva. Quando as pessoas quiseram denunciar os crimes do mercado financeiro, ninguém quis ouvir. Que Justiça é essa? (...) Por que a Petrobras e por que a Odebrecht? Porque estas duas empresas são extremamente importantes para o ataque do capitalismo financeiro americano em destruir o BRICS e o processo de inserção autônoma, econômica do Brasil junto com Rússia, China etc. Destruir empresas de vanguarda como Odebrecht e Petrobras é algo que nenhum americano faria dentro dos Estados Unidos; nenhum americano é idiota de acabar com milhões de empregos de suas grandes empresas. Isto só é feito aqui. Nós destruímos uma base produtiva extremamente importante a partir de um processo que é seletivo, que é dirigido de acordo com interesses partidários e que não toca de modo algum na questão real de como a corrupção funciona entre nós.*

Hoje, já temos respostas para as perguntas que fez Jessé de Souza. Ele também as tinha, mas poucos lhe deram ouvidos. Uma reportagem publicada no jornal francês *Le Monde* sobre a Lava Jato, em abril de 2021, afirma que a gênese da operação não se deu no Brasil, mas sim nos escritórios do FBI, nos Estados Unidos. E também nas salas do Departamento de Justiça do governo americano. Intitulada "O naufrágio da operação anticorrupção Lava Jato no Brasil", escrita por dois autores que foram espectadores da operação desde seu início, em março de 2014, até seu fim, em fevereiro de 2021 (Gaspard Estrada e Nicolas Bourcier), a reportagem relata (e comprova) que a Lava Jato foi, sobretudo, uma criatura de laboratório.

A operação, segundo eles — baseados em provas documentais e testemunhais — foi a forma que tomou algo que vinha sendo urdido por estrategistas norte-americanos, pelos já citados órgãos do governo daquele país e pela embaixada dos Estados Unidos em Brasília, com um objetivo bem definido.

Qual?

Destruir, ou ao menos danificar de forma irreversível, empresas brasileiras dos dois já citados setores industriais (petróleo, engenharia e construção pesada) cuja atuação estava, desde o início dos anos 2000, incomodando e tirando espaço de empresas americanas, em especial na América Latina e no continente africano, entre elas a Petrobras, OAS, Camargo Corrêa, Andrade Gutierrez, Queiroz Galvão e... Odebrecht.

Principalmente a Odebrecht. Como? Sob a nobre justificativa do combate à corrupção.

Esse plano era complexo, e a Lava Jato acabou sendo o seu grande e venenoso fruto — para nós, brasileiros. A partir do começo do século XXI começaram a ocorrer no Brasil eventos que incomodavam cada vez mais o governo norte-americano. Em primeiro lugar, teve início à época aquilo que ficaria conhecido como o superciclo das commodities. A China crescia a espantosos 10%, 12% ao ano, e estava disposta a pagar bem pelos grãos, carne e minério de ferro brasileiros. Grosso modo, tal superciclo começou por volta de 2003 e arrefeceu a partir do início de 2014 — por infeliz coincidência no exato momento em que a Lava Jato iniciava seu ataque contra a economia brasileira.

Em 2002 é eleito Lula, que pregava uma atuação política e econômica independente em relação aos EUA. E aqui vejo um segundo objetivo da estratégia dos americanos: impedir a consolidação de um movimento político que levara ao poder, pela via democrática do voto, um político de origem popular, representante legítimo dos anseios de amplos setores do pensamento progressista nacional.

Ele começa a privilegiar o chamado eixo Sul-Sul de comércio, — ou seja, trocas econômicas com os demais países da América Latina e com a África. Para tanto, Lula estimula as grandes empresas de engenharia brasileiras a atuar no exterior e não mais apenas internamente.

Passamos a contar com o apoio do Banco Nacional de Desenvolvimento Econômico e Social — o BNDES, que no período chegou a assumir o posto de maior agência de fomento do planeta.

Em 2006 a Petrobras descobre gigantescas reservas de petróleo de ótima qualidade na camada pré-sal de nossa plataforma marítima. Descobre e desenvolve, ela mesma, a tecnologia para explorá-la (que até então não existia). Com o passar dos anos, graças ao pré-sal, a empresa brasileira chegaria a ser a quarta maior produtora de petróleo do mundo.

Antes disso, em agosto de 2002, nós da Odebrecht, junto com a Petrobras, havíamos criado a Braskem, empresa cuja missão era livrar o Brasil da necessidade de importar insumos petroquímicos, estratégicos para grande parte das cadeias produtivas, e exportar os excedentes, que passaram a abastecer quase 70 países.

Quando os norte-americanos acordaram para o que estava acontecendo ao Sul de suas fronteiras, o Brasil já havia escapado à sua esfera de influência e controle, e estava se consolidando como uma nação democrática, forte e politicamente influente na América Latina e na África.

Então, resolveram agir para proteger suas multinacionais — da maneira mais óbvia, ainda que mais condenável possível: atirando nas multinacionais brasileiras.

Em 2021 foi lançado no Brasil o livro *Arapuca estadunidense: Uma lava jato mundial*, escrito por Frédéric Pierucci, executivo da Alstom, empresa francesa do setor de energia e transporte, e por Matthieu Aron, pesquisador e jornalista. A Alstom, com quem nos consorciamos inúmeras vezes em grandes projetos de infraestrutura, tem a maior experiência nuclear do mundo e é a empresa número um no fornecimento de centrais elétricas completas, que equipam 25% do parque de geração mundial.

Em artigo publicado no site "A terra é redonda", Ladislau Dowbor, professor titular de economia da PUC-SP, diz que "o livro relata, capítulo por capítulo, como a General Eletric americana (...) conseguiu comprar a Alstom, usando para isso perseguições judiciais, prisões, e naturalmente este cavaleiro branco da política que é a luta contra a corrupção, em nome da qual podem ser feitas as maiores barbaridades".

"O Brasil é mencionado em várias ocasiões", afirma o professor Dowbor, "e não há como não fazer o paralelo entre a guerra pelo controle das tecnologias mais avançadas e dos maiores contratos internacionais, com o que foi a Operação Lava Jato no Brasil. Também desenvolvida em nome da luta contra a corrupção, com o apoio dos Estados Unidos, ela terminou por quebrar grandes concorrentes da construção como a Odebrecht. (...). É guerra, e utilizar o Judiciário americano e brasileiro de forma escandalosa faz parte do sistema".

É mais uma evidência de que Sergio Moro e seus procuradores sabiam muito bem o que estavam fazendo, e a quem estavam servindo.

Em 7 de junho de 2021, 20 congressistas dos Estados Unidos enviaram uma carta ao secretário de Justiça, Merrick Garland, que assumira a pasta após a chegada de Joe Biden à Casa Branca.

Nela, questionam se houve interferências (indevidas) do Departamento de Justiça americano na política e no sistema judiciário brasileiro, e pedem que o governo dos EUA torne públicas as informações acerca da "cooperação" íntima ocorrida entre órgãos de investigação do país e a Operação Lava Jato no Brasil.

"Os Estados Unidos têm uma história sombria de intervenção na política interna da América Latina e precisamos compreender totalmente a extensão do envolvimento do nosso país com a Lava Jato para evitar que uma eventual implicação inaceitável aconteça no futuro", afirmou o deputado federal americano Raúl Grijalva, do Arizona, signatário da carta. "Se o DoJ (Departamento de Justiça) desempenhou algum papel na erosão da democracia brasileira, devemos agir e garantir a responsabilização para que isso nunca se repita", acrescentou Susan Wild, deputada pela Pensilvânia, também signatária da carta.

Em agosto de 2019, 12 congressistas americanos já haviam mandado denúncia semelhante ao próprio Departamento, questionando-o acerca de seu envolvimento com a Operação Lava Jato. Em junho de 2020 veio a resposta: "O DoJ não pode fornecer informações sigilosas sobre tais assuntos nem revelar detalhes não públicos das ações". A tradução fiel da resposta não dá margem a dúvidas: também nos Estados Unidos há quem saiba o quanto a Lava Jato serviu aos interesses americanos.

A receita vem pronta de Washington: "Para condenar alguém é necessário que o povo odeie essa pessoa"

Os fatos relatados a seguir foram revelados na referida matéria publicada em 9 de abril de 2021 no jornal francês *Le Monde*. Trata-se de reportagem extensa, meticulosamente apurada e escrita por jornalistas de um dos mais respeitados veículos europeus. Uma boa medida da veracidade da denúncia é que nenhum dos dados nela apontados jamais viria a ser contestado por quem quer que seja.

Quando assumiu a Presidência da República, Lula tomou várias medidas que tinham por objetivo combater a corrupção. Uma delas foi fazer com que que o procurador-geral da República e outras autoridades do Poder Judiciário passassem a ser escolhidas por seus pares e apenas chanceladas pelo presidente. Simultaneamente, a administração do então presidente americano, George W. Bush, insistia para que o Brasil se integrasse à luta mundial que os americanos diziam travar contra a corrupção e a lavagem de dinheiro. O Brasil, como disse, já tomava providências nesse sentido, mas não exatamente as providências que o governo dos EUA queria que tomássemos.

Enquanto isso, as empresas locais cresciam e disputavam contratos em todo o globo, coisa que jamais antes se dera.

Em resposta, a embaixada norte-americana em Brasília, então liderada pelo diplomata Clifford Sobel, começa a cultivar relações próprias com juízes, procuradores e advogados locais, paralelamente aos convencionais canais diplomáticos e à margem de qualquer intermediação do Itamaraty. A ideia era criar uma rede de operadores do meio jurídico brasileiro, que sustentassem as posições americanas sem deixar indícios de que fossem meros "peões" de Washington (há um telegrama diplomático de Sobel à época que confirma isso, exatamente com estas palavras).

Em 2007 o juiz Sergio Moro, que já estava colaborando com as autoridades norte-americanas em um caso de lavagem de dinheiro, é convidado a participar de um "programa de relacionamento" financiado pelo Departamento de Estado dos EUA. Convite aceito, Moro constrói relacionamentos no FBI, no DoJ e no próprio Departamento de Estado. Paralelamente, a embaixada americana no Brasil institui o cargo de assessor jurídico residente. Para ocupá-lo, nomeia a procuradora Karine Moreno-Taxman, que desde 2008 desenvolvia o chamado Projeto Pontes.

Tratava-se da organização de ciclos e cursos de formação para juristas brasileiros, para que estes absorvessem métodos americanos de investigação — as forças-tarefa, as delações premiadas e a partilha "informal" de dados — à margem dos tratados formais de cooperação judiciária. Exatamente o que a força-tarefa de Curitiba pôs em prática. Sergio Moro, que já havia então se tornado um "parceiro" da diplomacia americana no Brasil, converte-se em palestrante frequente nesses cursos.

Em fins de 2009, como já relatei na Parte I, Moro e Moreno-Taxman foram convidados para falar na conferência anual de policiais federais brasileiros. O encontro deu-se em Fortaleza e tinha como tema a "luta contra a impunidade". É essencial repetir, *ipsis literis*, o espantoso trecho do que disse a procuradora, um resumo do método pregado pelos palestrantes norte-americanos — a inclusão formal do ódio como parte de uma investigação judicial:

"Em um caso de corrupção, você tem que correr atrás do 'rei' de uma maneira sistemática e constante para derrubá-lo. *Para que o Judiciário possa condenar alguém por corrupção é necessário que o povo odeie essa pessoa*".

A força-tarefa seguiu à risca a recomendação e usou massivamente a mídia para inocular na sociedade brasileira um sentimento que muito raramente fizera parte da nossa vida política: o ódio. Ódio a Lula, ódio aos políticos, ódio aos empreiteiros, ódio à Odebrecht, ódio a quem eles escolhessem. A receita de Moreno-Taxman converteu-se na mais tóxica herança que a Lava Jato nos deixou. Exatamente nove anos depois (ou seja, em 2018), o discurso do ódio, muito comum nos EUA desde sempre, vicejaria com uma força incrível em uma eleição presidencial brasileira. E determinaria, na verdade, o resultado da eleição.

Mas foi naquele remoto ano de 2009, naquela palestra, que pela primeira vez a estratégia de disseminar o ódio foi pregada e explicitada, sem adjetivos ou metáforas, para um público brasileiro, por uma diplomata dos Estados Unidos.

"O objetivo é proteger os interesses dos EUA e a capacidade de empresas americanas de competir no futuro"

Naquela época, o governo brasileiro estava sob forte pressão dos norte-americanos para tornar ainda mais dura a legislação anticorrupção. A intenção era forçar o Brasil a adotar dispositivos de um conjunto de regras americanas a respeito, a Lei de Práticas de Corrupção no Exterior (FCPA). A FCPA simplesmente permite que qualquer empresa, de qualquer nacionalidade, em qualquer lugar do mundo, possa sofrer sanções e punições do Poder Judiciário americano, iniciativa que os Estados Unidos já adotam contra dezenas de países em todo o planeta.

Basta, por exemplo, que uma empresa envie um e-mail que passe por um servidor alocado em solo americano, e pronto. A remetente já está, para fins de "combate à corrupção", sujeita aos tribunais dos Estados Unidos. Para apressar a adoção, entre nós, de uma prática exclusiva dos EUA, o chefe da unidade da FCPA do Departamento de Justiça dos Estados Unidos veio pessoalmente ao Brasil para treinar promotores brasileiros no uso da lei.

Em setembro de 2014 a Casa Branca publica uma "agenda anticorrupção global", na qual afirma-se que a luta contra a corrupção no exterior (por meio da FCPA) pode ser usada para fins de política externa americana. Um mês depois o procurador-geral adjunto do Departamento de Justiça faz uma declaração claríssima a respeito das intenções norte-americanas:

"A luta contra a corrupção estrangeira não é um serviço que prestamos à comunidade internacional, mas sim *uma ação de fiscalização necessária para proteger nossos próprios interesses de segurança nacional e a capacidade de nossas empresas americanas de competir no futuro".*

O governo dos Estados Unidos se mexe em apoio à Lava Jato. Além das cláusulas da FCPA, desenrola-se a rede de promotores e magistrados locais treinados pelo Projeto Pontes. Parte do sistema legal brasileiro passa a se portar como um anexo da Justiça americana. As ações dos promotores e de Sergio Moro vão se sucedendo, agora já sem qualquer controle por parte da cúpula do Poder Judiciário brasileiro.

Dados sobre os acordos que estavam sendo discutidos entre a Odebrecht e a força-tarefa são vazados para o Ministério Público da Suíça e para agentes do DoJ — de maneira "informal", como confirma Daniel Khan, que foi subprocurador-geral da República nos Estados Unidos e oficial sênior do DoJ.

Ele teve atuação destacada na Lava Jato e foi notícia em dezembro de 2021, quando se tornou pública a informação de que, para "representar clientes em investigações criminais e regulatórias, bem como em processos civis e criminais", havia se tornado sócio do escritório de advocacia internacional Davis Polk & Wardwell.

Uma das estratégias de Khan foi recorrer ao que os americanos chamam de "porta-giratória". Por ela, costumam passar procuradores que trabalharam no DoJ em casos relacionados à FCPA para se associarem a grandes escritórios de advocacia, que, obviamente, fazem uso das informações privilegiadas que obtiveram durante suas investigações.

Em entrevista que deu ao jornal *O Estado de S. Paulo*, em maio de 2019, ele afirmou que:

"(...) a cooperação dos procuradores americanos com os brasileiros na Lava Jato permitiu aos países desenvolver laços de confiança e seguir com o trabalho até hoje. Estamos muito, muito gratos pela oportunidade de trabalhar com os brasileiros. Tem sido uma das parcerias mais fortes que poderíamos ter com uma autoridade estrangeira".

Kahn classificou o relacionamento com a força-tarefa de Curitiba como "bom e forte", e explicou:

"Podemos chamar os procuradores da Lava Jato e dizer se há evidências do que estamos procurando e vice-versa, *o que permite agilizar mais o processo de obtenção da prova do que se fosse feito de uma maneira mais formal*".

O alinhamento rigoroso de Curitiba com tais medidas é revelado pelo próprio Moro, que, reitero, já expusera publicamente sua revolta ao ver várias de suas decisões sendo anuladas por motivos que classificou como "formalidades". Sim, um juiz de Direito trata como meras "formalidades" os direitos e a proteção da lei conquistados pela cidadania no mundo civilizado. Difícil encontrar manifestação mais eloquente de que para Moro os fins sempre justificarão os meios — não importa quais sejam estes meios.

Vejamos como ocorreu a "cooperação" com a Suíça. O tratado de cooperação jurídica entre o Brasil e a Suíça é regulado pelo Decreto 6.974/2009. Nele, consta que apenas um órgão tem autoridade para utilizá-lo: a Secretaria Nacional de Justiça do Ministério da Justiça. Todo pedido e autorização de cooperação entre os dois países que não passar por esta secretaria será considerado ilegal.

No dia 28 de novembro de 2014, o Ministério Público da Suíça confirmou, em nota à imprensa, que entregara documentos de interesse da força-tarefa da Lava Jato, armazenados em um pen drive, ao procurador brasileiro Deltan Dallagnol, que fizera uma viagem àquele país.

Não havia, contudo, pedido oficial para isso, conforme revelou o portal eletrônico *Consultor Jurídico*, em 5 de novembro de 2015: *Em ofício enviado à Procuradoria-Geral da República, a Secretaria Nacional de Justiça diz que "é de extrema importância que os documentos (....) não sejam usados para instruir processos ou inquéritos não mencionados no pedido de cooperação jurídica internacional, sem prévia autorização da autoridade central".*

Posteriormente, o Ministério da Justiça, ao atestar o desconhecimento dos motivos da viagem de procuradores do MPF à Suíça naquele mês de novembro de 2014, deixou claro que a entrega dos documentos não tinha passado pelas autoridades responsáveis pela cooperação jurídica entre os dois países, como obriga a lei.

Dallagnol, de forma cândida, tranquilizou quem estivesse com dúvidas: as informações que tinha recebido, de modo ilícito, não seriam usadas nas denúncias que viessem a ser feitas na Lava Jato.

Mas a força-tarefa de Curitiba, como já tantas vezes demonstrado neste livro, tinha seus próprios métodos, e voltou a agir quando o Ministério Público suíço, alegadamente em razão das investigações que estavam em curso no Brasil, também decidiu investigar empresas brasileiras com operações no sistema bancário local: colocou-se à disposição para apoiar os suíços em eventuais interrogatórios de pessoas que deveriam ser feitos no Brasil. Era um desdobramento da "cooperação" informal para driblar a lei e estabelecer uma linha direta de troca de informações.

Depois de quebrar o sigilo bancário de empresas e de cidadãos brasileiros com contas no país, o MPF suíço enviou, diretamente para o MPF de Curitiba, uma lista com os nomes das pessoas que deveriam ser ouvidas aqui, dentre as quais um executivo da Odebrecht. Junto com a lista vieram as perguntas a serem feitas e, anexados para "subsidiar" os interrogatórios, milhares de documentos, aqueles mesmos documentos que só poderiam ser obtidos através dos canais oficiais.

Em fevereiro de 2016, o Tribunal Penal Federal da Suíça considerou que essa parceria era ilegal.

Segundo a decisão do Tribunal, a ilegalidade se caracterizou porque no envio de dados bancários sigilosos de pessoas e empresas houve produção de provas, disfarçada de pedido de cooperação jurídica internacional: "Proceder dessa maneira torna os mecanismos próprios de cooperação ineficazes e, assim, infringe os direitos processuais" dos envolvidos.

Ao analisar o caso, o tribunal concluiu que o fornecimento de provas como aconteceu caracteriza uma forma de "auxílio judicial selvagem" que deve ser repudiado, e reprovou a transmissão de documentos bancários da Odebrecht para as autoridades brasileiras.

Entretanto, no dia 8 de maio de 2016, pouco mais de um mês depois, Sergio Moro se serve de todas as "provas" obtidas da forma descrita acima para decidir pela condenação de Alexandrino, Cesar, Marcelo, Marcio e Rogério.

Ele justifica na própria sentença: "O caso em questão não envolve quebras (de sigilo) autorizadas pela Justiça brasileira, mas quebras efetuadas pelas próprias autoridades suíças, em suas investigações próprias, tendo elas encaminhado os documentos à Justiça brasileira sem qualquer restrição para utilização nos processos daqui".

Sim, é verdade, porém a finalidade da remessa dos documentos era subsidiar interrogatórios. Não deveria haver restrição para uso não permitido.

O fechamento do raciocínio do juiz é um primor de cinismo: "As quebras foram decretadas pelas próprias autoridades suíças e a documentação pertinente enviada ao Brasil. Não cabe ao Juízo brasileiro examinar a validade das decisões das autoridades estrangeiras, sujeitas a lei própria".

Nas alegações finais da defesa já havia um questionamento sobre o uso daqueles documentos, e o argumento de que o pedido de cooperação vindo da Suíça deveria ter sido encaminhado ao Superior Tribunal de Justiça, e não ao MPF ou a ele, juiz das ações. Moro, na sentença, explica que ao STJ caberia decidir sobre a prestação de informações pela força-tarefa e a *colheita de depoimentos*, "mas não a autorização para utilização dos documentos. (...) Quanto à competência deste Juízo para autorizar a utilização das provas, é ela óbvia, já que se trata do Juízo competente sobre a presente ação penal, no qual as provas foram utilizadas".

E aqui a farsa se desvenda: se houvesse intenção real de *colheita de depoimentos*, o pedido dos suíços teria que passar pelo STJ. Mas não havia, de nenhuma das partes, o propósito de ouvir quem quer que seja. O executivo da Odebrecht, cujo nome constava da tal lista, jamais foi ouvido. Era apenas um pretexto para que Sergio Moro pudesse usar provas obtidas de forma ilícita em mais uma de suas condenações. Obviamente, essa "fidalguia" dos suíços foi retribuída à altura pela força-tarefa de Curitiba.

Voltemos aos Estados Unidos: a notícia sobre a passagem de Daniel Khan pela "porta-giratória" traz embutida outra informação importante: a Davis Polk é especializada em finanças e assuntos correlatos — incluindo reestruturação de empresas, gestão de investimentos, fusões e aquisições. E, desde agosto de 2020, presta serviços a um grupo de detentores de títulos de garantia (*guaranteed notes*) *emitidos pela Odebrecht* e algumas de suas subsidiárias em um programa de reestruturação extrajudicial de aproximadamente US$ 3 bilhões.

É outro indício de que a Lava Jato, ao atacar as empresas brasileiras, debilitando-as ao máximo na cruzada insana que empreendeu, acabou preparando o terreno para retribuir de forma generosa a cooperação informal e os favores que recebeu dos procuradores norte-americanos. Era a renúncia à soberania e a subordinação de autoridades brasileiras aos interesses de nações estrangeiras, não importando o que isso viesse a ter como consequência, seja para os diretamente envolvidos, seja para nosso país.

O jurista e professor Pedro de Araújo Fernandes trata com clareza do tema no boletim de notícias *Consultor Jurídico*, escrevendo o que segue abaixo:

> *A operação Lava Jato sempre recebeu críticas de vários tipos. Para além das críticas pelos abusos cometidos, pelo desrespeito ao devido processo, pelo fortalecimento de uma ideologia "antipolítica", ela é criticada, já há alguns anos, por ameaçar a soberania nacional e destruir grandes empresas do país.*
>
> *Neste sentido, o artigo "Lava Jato, the Brazilian trap" (A armadilha brasileira), publicado no jornal francês* Le Monde, *que causou grande impacto na opinião pública brasileira e de outros países, cumpre um importante papel. Demonstra-se no artigo a articulação entre uma estratégia de instrumentalização do combate à corrupção pelos EUA e a destruição de grandes empresas brasileiras de infraestrutura, empresas estas cuja expansão internacional estava associada a uma política externa independente e voltada para o Sul global.*
>
> *Essa crítica certamente não é nova. Muitos advogados, entre eles os advogados de defesa do presidente Lula, já a faziam, assim como diversos intelectuais do campo do Direito, da Economia Política e da Ciência Política, incluindo este que aqui escreve.*
>
> *Contudo, a publicação no* Le Monde *tem o papel fundamental de legitimar este tipo de crítica e contribuir para retirá-la do registro de uma "teoria da conspiração", rótulo constantemente acionado pelos apoiadores da operação para desqualificá-la.*
>
> *Em relação à dimensão internacional da Lava Jato, vigorava a perspectiva, orientada por uma falsa noção de neutralidade, de que as inciativas anticorrupção recentes no Brasil — muitas*

delas louváveis — eram simplesmente a incorporação das "boas práticas" ou "melhores práticas" internacionais de combate à corrupção, seja no âmbito do arcabouço normativo incorporado, seja no âmbito das cooperações — muitas informais — estabelecidas entre autoridades locais e estrangeiras.

Não há, neste enquadramento, muito espaço para considerações sobre soberania, conflito internacional e interesse nacional. Em suma, é uma narrativa com muito Direito e pouca Política que, contudo, sustentou uma atuação com pouco Direito e muita Política por parte de uma fração da burocracia estatal que se acostumou a desconsiderar a lei e a se comportar como se fosse o soberano da nação, só que a serviço de interesses alheios.

A estratégia, que foi em grande parte arquitetada, patrocinada e apoiada pelos EUA para "combater a corrupção no planeta", sustentou o propósito subjacente de eliminar do mercado as incômodas multinacionais brasileiras que faziam concorrência às norte-americanas. E atingiu plenamente seu objetivo: todas as grandes empreiteiras brasileiras foram punidas e perderam enormes fatias do mercado que detinham dentro e fora do Brasil. Uma cadeia produtiva imensa dos setores de engenharia, construção e petróleo foi praticamente dizimada. Grandes corporações, como Odebrecht e Petrobras, contam com interações complexas entre si e com toda a economia que as abriga e da qual fazem parte.

Uma grande empresa está para a economia como um órgão vital está para o restante do corpo que o abriga: não se pode golpeá-lo sem, com isso, incorrer no risco de causar severos danos ao indivíduo. A ruína de uma empresa de porte vai gerar, inevitavelmente, perdas econômicas significativas e, não raro, irreversíveis para a sociedade na qual está inserida.

O ataque selvagem a uma corporação como a Odebrecht afeta não apenas os acionistas, mas os trabalhadores, suas famílias e todo o tecido social. Sergio Moro, Deltan Dallagnol e seus comparsas sabiam disso? Se não sabiam, deveriam saber, como mostra o professor Fernando Teixeira no artigo citado algumas páginas atrás e do qual retiramos o que segue:

> *O choque promovido pela Lava Jato desarticulou cadeias produtivas (...) responsáveis à época por quase 20% do investimento nacional, enfraqueceu o ambiente institucional e trouxe reflexos político-econômicos duradouros. A economia brasileira pré-2014 mantinha níveis moderados mas estáveis de crescimento, endividamento e gasto público. A partir de 2014, uma combinação de choque externo, reversão de expectativas, colapso de setores produtivos e desmonte de políticas públicas produziram uma recessão de quase dois dígitos e estagnação de meia década.*

Por outro lado, se havia ainda algum incrédulo com a compulsão dos EUA em apoiar "golpes de Estado" não foi necessária a intervenção de algum hacker para que o mundo tivesse clareza de que não mudaram. Quem o garantiu, em entrevista de julho de 2022 à rede de televisão CNN, foi o ex-conselheiro de Segurança Nacional dos Estados Unidos, John Bolton, segundo o qual dar golpes de Estado não é algo difícil, "embora seja muito chato, muito aborrecido".

A "República de Curitiba" não era um delírio. Os falsos heróis tinham planos políticos e pessoais

Os objetivos pessoais dos membros da Lava Jato, os quais contaminaram suas ações enquanto agentes públicos, ficaram exemplarmente demonstrados pela trajetória de Sergio Moro. Quando vieram a público as mensagens trocadas entre os membros da força-tarefa de Curitiba, foi revelado que, segundo eles, seu chefe, Moro, aceitara o posto no Ministério da Justiça porque, assim, realizaria sua grande ambição: tornar-se ministro do Supremo Tribunal Federal.

Sintetizando: primeiro, Moro usa a Lava Jato para subverter o resultado da eleição presidencial de 2018; depois, usa as ilegalidades que cometeu como trampolim para virar ministro da Justiça; porém, o que buscava, de fato, era uma vaga no STF.

"Ele [Moro] tinha interesse no STF", disse a deputada federal Carla Zambelli sobre a saída do ministro do governo em uma entrevista à rádio Jovem Pan. Segundo a parlamentar bolsonarista, que era próxima ao ex-ministro, Moro fora para o governo já almejando esse objetivo.

Fora do Ministério, em 2020 Sergio Moro deixou o Brasil para ser diretor da área de disputas e investigações da consultoria americana Alvarez & Marsal. Há quem diga que, para que isso ocorresse, houve influência de instituições americanas. Transpôs a "porta-giratória". Por coincidência — ou não — a Alvarez & Marsal era a administradora judicial de várias empresas que foram quase destruídas pela Lava Jato, dentre elas a Odebrecht. A aventura americana dele teve vida curta. No final de 2021 o ex-juiz volta ao Brasil para tentar a segunda cartada — ser presidente da República, já que chegar ao STF se tornara um sonho impossível.

Filia-se a um partido em evento com grande pompa para não deixar dúvidas de que já estava em campanha. Em seguida, troca de partido sem sequer avisar ao primeiro que estava indo embora. Segue "candidato à presidência" e faz viagens ao exterior para apregoar essa condição. Já sob o escrutínio de seus novos colegas — os políticos — vai aos poucos sendo tirado de lado, e quando percebe só lhe resta a possibilidade de tentar uma vaga no Legislativo. Forja uma mudança para São Paulo (afinal, continua se entendendo como personagem de relevo na nação, e o Paraná não lhe parecia à sua altura), mas é pego pela Justiça Eleitoral. Retorna ao Paraná e se candidata ao Senado.

Consegue se eleger, e na terça-feira, 4 de outubro, dois dias depois do primeiro turno das eleições de 2022, Sergio Moro anuncia que iria apoiar Bolsonaro no segundo turno contra Lula.

Telefonou para o presidente e divulgou pessoalmente nas mídias sociais: "Lula não é uma opção eleitoral. (...) Declaro no segundo turno apoio para Bolsonaro". Deltan Dallagnol compartilhou a mensagem e disse que faria o mesmo.

O juiz, sua mulher Rosangela Moro, que foi candidata a deputada federal por São Paulo, e Dallagnol alavancaram suas candidaturas com ataques a Lula, aliados a Bolsonaro. "Temos um inimigo comum", diziam referindo-se a Lula, escancarando, definitivamente, o que os movia enquanto imperavam na Lava Jato: sim, eram inimigos de Lula.

As reações chegaram rapidamente. Juliana Dal Piva, no portal *UOL*, escreveu: "Moro e Deltan aparentemente esqueceram tudo que escreveram e disseram sobre os ataques de Bolsonaro ao combate à corrupção".

Diogo Mainardi, que no site *O Antagonista* e na revista eletrônica *Crusoé* foi um defensor abnegado dos dois, capitulou: "O apoio de Moro a Bolsonaro torna ainda mais deprimente o fim da Lava Jato. Quanto ao meu empenho pessoal, nos últimos anos, posso dizer apenas que falhei miseravelmente".

Para a cientista política Flávia Biroli, professora da Universidade de Brasília (UNB), citada pelo portal *BBC News Brasil*, "em termos ideológicos, o alinhamento de Sergio Moro ao bolsonarismo, que se revela, cada vez mais, não pela sua crítica à corrupção, mas mais pelo caráter de extrema-direita que tem, pela despreocupação com a relevância das instituições democráticas, é algo que, do meu ponto de vista, é absolutamente esperado (...) é coerente".

A Transparência Internacional Brasil, a mesma que se colocou como potencial parceira da "Fundação Lava Jato", emitiu uma nota oficial no dia 5 de outubro, na qual afirma "seu repúdio às declarações do ex-juiz Sergio Moro e do ex-procurador Deltan Dallagnol evocando a luta contra a corrupção para expressar seu apoio à reeleição de Jair Bolsonaro". E prossegue: "Cada qual é livre para expressar sua preferência entre as opções do 2º turno das eleições ou optar pelo voto nulo. Fomentar a intolerância a qualquer escolha é incompatível com a defesa da democracia. Mas associar a luta contra a corrupção ao apoio ao candidato Jair Bolsonaro é prestar imenso desserviço à causa e desvirtuar o que ela fundamentalmente representa".

No dia 2 de dezembro de 2021, comentando a saída de Sergio Moro de seu governo e as acusações que lhe fizera sobre interferências indevidas na Polícia Federal, Bolsonaro desabafou: "Esse cara está mentindo descaradamente. (....) Faz papel de palhaço, sem caráter.(....) Mentiroso deslavado. (...) Saiu do governo pela porta dos fundos. Traindo a gente".

Agora, conversaram novamente. E tudo foi "esquecido", disse Bolsonaro, que aproveitou para falar sobre a ida dos dois a um jogo de futebol em Brasília, em 2019, episódio que ficou famoso pela foto de ambos vestindo a camisa do Flamengo: "Eu que o levei ao estádio. Ele estava muito abatido com a publicação daquelas conversas dele com os procuradores durante a Lava Jato reveladas pelo hacker, que vinham sendo reproduzidas na mídia. Ele me disse na ocasião: Eu apagava todas as mensagens, mas o Dallagnol não fazia o mesmo. Deu nisso aí". Ou seja: as conversas, que Moro sempre insistiu em negar, aconteceram, e a confissão foi feita ao ex-chefe, depois inimigo, agora amigo novamente.

Quanto ao futuro, nada pode ser mais simbólico das ambições do ex-juiz do que a comemoração pela eleição ao Senado Federal: no domingo, 2 de outubro, à noite, ele recebeu as pessoas que foram à sua casa usando uma "faixa presidencial", aquela mesma que o presidente em exercício coloca em seu sucessor no momento da posse, como símbolo da transferência do poder. Foram cenas bizarras que o Brasil pôde assistir porque o próprio as distribuiu nas mídias sociais, aparentemente mandando um recado a todos nós de aonde pretende chegar.

Comparada à escandalosa "história profissional" pós-Lava Jato de Sergio Moro, a do procurador Deltan Dallagnol tem contornos mais mesquinhos. Dallagnol era o homem que, dentro da força-tarefa de Curitiba, respondia diretamente a Moro. Foi ele quem coordenou a infantaria da Lava Jato (composta por outros promotores, investigadores, delegados, policiais etc.) no assalto a todas as grandes empresas de engenharia do Brasil. Dallagnol era o ideólogo da Lava Jato. Moro era o líder.

Em 1º de setembro de 2020, com a Lava Jato sob críticas cada vez mais generalizadas, e já sem a proteção de Sergio Moro, Deltan Dallagnol informou que, por motivos pessoais, estava deixando a operação. Continuou ativo nas mídias e redes sociais, onde frequentemente elogia Moro, elogia a Lava Jato, elogia a si mesmo. Até que, em novembro de 2021, anunciou que deixaria o Ministério Público Federal.

Em vídeo publicado na Internet no dia 4 de novembro, ele de fato confirmou a decisão, dizendo que tinha várias ideias para o futuro, e travestiu-se de defensor do "voto consciente". Seu verdadeiro objetivo parecia claro: "Posso fazer mais pelo país", jactou-se, messiânico, "fora do Ministério Público" — ou seja, na atividade que exercera dissimuladamente durante toda a Lava Jato: a política. Tal como se supunha, em dezembro ele entrou para o partido Podemos, o mesmo ao qual Sergio Moro se filiara algumas semanas antes.

Foi eleito deputado federal pelo estado do Paraná. Em entrevista à revista *Veja*, em julho de 2020, ele tinha dito: "O eventual uso do aparelho judiciário para proteger amigos políticos ou para perseguir inimigos políticos é algo típico de regimes autoritários".

Durante a Lava Jato, e ao escolher Jair Bolsonaro como a melhor opção para o Brasil, foi coerente: demonstrou que ele e o presidente estão política e ideologicamente alinhados, e que se sente confortável em operar no ambiente que, aparentemente, descreve na entrevista como se fosse uma denúncia.

"Senhor Odebrecht, eu não imaginava que os brasileiros fossem tão autofágicos"

O patético final do que fora, de fato, a Operação Lava Jato acabou resumido em um sintético balanço publicado, no dia 18 de dezembro de 2021, nos jornais *O Globo* e *Folha de S. Paulo*, pelo jornalista Elio Gaspari:

> *Lava Jato virou sinônimo de espetacularização da ação policial. A expressão que designava ações contra a corrupção de políticos e empresários gerou um neologismo que designa teatralidades intimidatórias destinadas a condenar suas vítimas pela construção de espetáculos.*

A afirmação acima indica que a baderna na qual a Lava Jato jogou o sistema de garantias e salvaguardas legais da Justiça, outro de seus mais terríveis legados, ainda não cessou, mesmo que isso possa parecer estranho; afinal, a operação foi extinta em fevereiro de 2021.

Mas destruir, como bem demonstra a história, sempre foi (infelizmente) mais fácil do que construir, sob todos os aspectos da existência humana.

E a Lava Jato foi, em essência, uma campanha de demolição da premissa de que todo réu merece, nesta ordem: a presunção de inocência; o benefício da dúvida; e o direito de defesa.

Em lugar do império da lei havia o arbítrio. A tragédia é que do arbítrio nasce o medo, e do medo nasce a apatia diante da tirania, bem como o encolhimento da cidadania diante da barbárie (que não deixa de ser barbárie, ainda que togada). Leis deveriam ser a salvaguarda da sociedade contra a ira intempestiva daqueles que detêm o poder, mas, nos dias que correm aqui no Brasil, ainda o são? A Lava Jato feriu de morte a confiança individual e coletiva dos brasileiros na imparcialidade de nossos juízes e nos valores morais que os guiam. Forçou os limites do devido processo legal para além da fronteira do aceitável.

A operação ignorou a Constituição e até mesmo tratados internacionais de proteção aos direitos individuais dos quais o Brasil é signatário. Não por acaso, foi na imprensa estrangeira que apareceram algumas das reportagens mais fortemente críticas contra Moro e seus seguidores.

A sossegada e tradicional burocracia brasileira parece ter duplicado a lerdeza, conseguindo se tornar ainda maior nos últimos anos, principalmente para as grandes empresas. Como sequela do autoritarismo e das arbitrariedades da operação, os agentes públicos no Brasil, hoje, se omitem quando deveriam decidir. O voluntarismo e a busca por holofotes e pelo exibicionismo podem levar qualquer delegado de polícia ou promotor a transformar em um inferno a vida de um servidor; e ele praticamente não terá como se defender, da mesma forma que os servidores que foram caçados pela Lava Jato não tiveram garantido seu direito de defesa.

Eu pergunto — e o que testemunhamos recentemente não oferece respostas: até que ponto o Brasil destes últimos anos pode ser considerado uma democracia funcional e plena? Se o sistema de proteção legal dos cidadãos é violado, de cima, por juízes que pensam e agem como Moro, e por procuradores que pensam e agem como Dallagnol, então não há mais império da Lei no país; não há mais proteção dos governados contra eventuais violências dos governantes.

Sabemos que as ditaduras, nos dias de hoje, já não se instalam de forma abrupta, como no período da Guerra Fria, com tanques percorrendo as ruas, prisões ilegais, paus-de-arara e soldados armados. As ditaduras modernas se impõem através de operações como a Lava Jato. Consomem por dentro as democracias até desfigurá-las por completo.

Ao invés de estados de exceção, temos atualmente medidas de exceção a solapar as instituições e a corroer os direitos individuais. Foi o que fez a força-tarefa de Curitiba: corrompeu as leis ao ignorar os direitos dos acusados. Mas tudo, ao menos na aparência, dentro de um quadro democrático. As garantias individuais continuam a existir no papel, porém se tornam ocas, pois perdem efeito. Na prática, Moro colocou na cadeia quem quis, do jeito que quis e quando quis. Barganhou delações premiadas e cobriu de vergonha as páginas que contarão, no futuro, este capítulo torpe da história da Justiça no Brasil.

Em 2017, ouvi de uma autoridade estrangeira a seguinte afirmação: *"Senhor Odebrecht, eu não imaginava que os brasileiros fossem tão autofágicos"*. Ele se referia, obviamente, aos efeitos da Operação Lava Jato. Diante de tais precedentes, não podemos correr o risco, jamais, de permitir que no futuro fatos semelhantes voltem a ocorrer.

Agentes públicos não podem e não devem novamente usar o poder do Estado para acusar, prender e condenar homens e mulheres sem que lhes seja dado o devido direito de defesa. O que espero é que este livro sirva também para que a barbárie togada que foi a Lava Jato jamais seja esquecida — e não se repita entre nós.

EPÍLOGO

AS PRIMEIRAS ANOTAÇÕES PARA ESTE LIVRO FORAM FEITAS em 2016. Estávamos no olho do furacão causado pela Lava Jato, e eu entendia que seria útil deixar para as gerações futuras um relato sincero e isento acerca do que se passava. Circunstâncias fizeram de mim um personagem da operação que, durante sete longos e amargos anos, tantos males causou ao Brasil e aos brasileiros; se não o escrevesse, carregaria pelo restante de meus dias o peso da omissão — e disso nunca fui e jamais serei acusado.

Hoje, percebo como foram importantes as notas e lembretes que ia escrevendo e guardando, porque me protegeram dos riscos da memória. Em 2018, já com as emoções amainadas, comecei a dar forma ao texto, pensando principalmente, por um lado, em meus familiares, inclusive os de Santa Catarina, e de outros locais por onde andam hoje os descendentes brasileiros de Emil Odebrecht; e, por outro, nos clientes, nos amigos e naqueles que nos apoiaram e continuaram confiando em nosso Grupo. Concluí o trabalho em meados de 2022, mas, com o livro pronto, preferi esperar. Sabia que nas eleições deste ano o Brasil viveria momentos de tensão e polarização política extremada, sempre causadoras de instabilidades, anormalidades institucionais, incertezas e preocupação quanto ao futuro. Além disso, não queria deixar de lado algum fato particularmente relevante que viesse a ocorrer na campanha.

Por outro lado, lançá-lo naquele contexto não era compatível com minhas responsabilidades como acionista de um grupo empresarial cujo lema é "Sobreviver, crescer e perpetuar". Publicá-lo agora me pareceu a atitude mais sensata.

Escrever *Uma guerra contra o Brasil* permitiu que eu percebesse, uma vez mais, os erros que cometi ao longo do tempo. Não os nego: existiram e foram vários. Sei que eu e outros falhamos inúmeras vezes na condução de nossos negócios e no exercício de nossos papéis como empresários. No entanto, este livro pretende ser útil para a construção de uma nova agenda para o país, onde a prioridade seja a retomada do crescimento com desenvolvimento, impulsionada pela união de todos os brasileiros.

Foram muitas as pessoas que me ajudaram e a todas devo o mais profundo agradecimento.

Dentre elas, merece destaque especial o jornalista Eduardo Oinegue. Em conversa que tivemos, ele não usou meias palavras e me desafiou: "Emílio, você precisa escrever um livro para contar tudo o que viveu porque tem a legitimidade para desmistificar o noticiário que este país vem assistindo desde que tudo isso começou".

Destaco também as companheiras e companheiros de trabalho que deram depoimentos e fizeram contribuições ao conteúdo. Agradeço a Alexandrino Alencar, Edgard Telles, Maurício Ferro, Pedro Novis, Rodrigo Maluf, Rodrigo Mudrovitsch e Rubens Ricupero, que dedicaram tempo para cuidadosas leituras críticas e preciosas sugestões de ajustes; e, especialmente, a Guilherme Abreu, pelo apoio de sempre; a Márcio Polidoro, que muito me ajudou no trabalho de colocar esta história no papel, com o desafio de contar a verdade factual de quem viveu a Lava Jato, não soube dela por terceiros; e a Fernando Morais, que fez a revisão e o trato final do texto, tornando a leitura mais fluida, agradável e estimulante.

A operação foi extinta em 1º de fevereiro de 2021. Naquela data a PGR (Procuradoria-Geral da República) dissolveu as forças-tarefa formadas nos anos anteriores, e as missões de que estavam incumbidas agora estão sob responsabilidade dos GAECO (Grupos de Atuação Especial de Repressão ao Crime Organizado).

Mesmo depois de desmoralizados publicamente pelos tribunais superiores, os mandachuvas da Lava Jato viram o teto desabar sobre suas cabeças. Em abril de 2022, o Comitê de Direitos Humanos da ONU condenou Moro por parcialidade nos processos contra o ex-presidente Luiz Inácio Lula da Silva, com o objetivo de impedi-lo de disputar a eleição para a presidência da República. Embora pareça ser apenas simbólica, a decisão é legalmente vinculante e, como subscritor do tratado, o Brasil tem a obrigação de seguir a recomendação. Outro golpe que expôs os descaminhos da Lava Jato veio em agosto de 2022, quando o Tribunal de Contas da União condenou Dallagnol, o ex-procurador-geral da República Rodrigo Janot e o ex-procurador João Vicente Romão a ressarcir o Tesouro em R$ 2,8 milhões gastos em diárias e passagens, episódio revelador cujo desfecho está por vir.

Ao contrário do que talvez alguns (ou muitos) possam pensar, tais decisões não despertaram em mim qualquer sentimento de satisfação ou alegria, embora eu considere merecido o fim melancólico que a Lava Jato teve: sem cerimônia alguma, ignorada (quando não desprezada) por grande parte daqueles que no passado a apoiaram, elogiada quase que somente por seus próprios ex-membros.

Vale a pena lembrar que três semanas depois do fim da Lava Jato, no mesmo fevereiro de 2021, jornais, rádios, TVs e portais na Internet deram uma notícia que trazia revelação surpreendente. No mesmo lote de arquivos acessados e vazados à imprensa pelo *hacker* de Araraquara foi encontrada uma troca de mensagens, periciadas e encaminhadas ao ministro Ricardo Lewandowski, do STF (Supremo Tribunal Federal), entre o então chefe da força-tarefa de Curitiba, Deltan Dallagnol, e seu colega Orlando Martello, que o alertava de que os Estados Unidos poderiam quebrar a Odebrecht se tivessem acesso a todas as informações que os investigadores brasileiros, suíços e norte-americanos trocavam, em cooperação informal. Embora à época empregássemos cerca de 180 mil pessoas, principalmente no Brasil, Deltan só conseguiu reagir com escárnio: "Kkkk".

Desde que a Operação Lava Jato invadiu nossos escritórios e nossas casas (e prendeu pessoas da forma espetaculosa e prepotente que adotou como método), vários outros livros foram escritos, todos orientados pelas intenções de seus autores de expressar opiniões, fazer análises críticas ou simplesmente relatar o que aconteceu no Brasil desde que essa história começou.

Esses autores tinham objetivos diversos e, em sua maioria, dispunham de informações para fazer os seus relatos, mas *careciam da legitimidade que me confere a experiência pessoalmente vivida*. Talvez por isso nenhum, infelizmente, conseguiu apresentar os fatos como na realidade se deram. Além disso, muito foi escrito no Brasil e no exterior sobre meu papel na Lava Jato — por gente que jamais esteve comigo ou sequer ouviu de minha boca algum mero relato.

Decidi, portanto, escrever este livro como testemunho sincero, franco e definitivo para que você, leitor, soubesse o que vi, senti, compreendi e sofri como um dos protagonistas dos acontecimentos. Reitero um detalhe importante: comecei a escrevê-lo em 2018, logo após deixar a Presidência do Conselho de Administração da Odebrecht S.A.

O que me moveu a colocar no papel minha experiência pessoal na crise brasileira

Meu propósito foi trazer a verdade e contar o que se passou olhando para a frente, impulsionado por um sentimento de esperança. Sou um empresário otimista, que confia no futuro, com visão de longo prazo, e na perpetuidade de nossa espécie; e que, acima de tudo, confia no Ser Humano por natureza, acreditando que todo indivíduo pode ser agente do seu desenvolvimento e do seu destino.

Confiar é um valor universal, atemporal. Desconfiar não é um valor. Confiar é também uma escolha e um atributo daqueles que são movidos pelo espírito de servir. A confiança decorre do respeito entre as pessoas, e o respeito é fruto da disciplina nos relacionamentos.

Não carrego mágoas ou rancores, não me alimentam desejos de vingança nem me alegra ver os falsos heróis de outro dia finalmente colocados no escaninho do desprezo que lhes cabe na história.

Consciente de que não tenho o direito de colocar a emoção acima da razão, escrevi também movido pela responsabilidade e pelo compromisso com os jovens que trabalham em nossas empresas, e que devem ter como bússola nossa cultura, construída sobre princípios e valores humanistas, sem perder tempo em olhar para o retrovisor.

Quis falar com os clientes de nosso Grupo que sempre reconheceram nossa capacidade de servi-los e com aqueles com quem consolidamos relações de confiança e amizade. E espero que este relato chegue às centenas de comunidades onde estivemos por mais de 75 anos, com nossas equipes, integrados, solidários, parceiros das mesmas boas, superiores e nobres causas.

Do mesmo modo, desejo que, naqueles que um dia confiaram na Odebrecht e que continuam confiando na Novonor, não reste nenhuma dúvida sobre o que de fato ocorreu.

Finalmente, abri meu coração para que este livro possa ser lido como uma prestação de contas por toda a família Odebrecht. E não me refiro, como disse acima, apenas aos meus familiares da Bahia, mas a todos os descendentes de Emil Odebrecht — o imigrante alemão chegado ao Brasil há mais de 160 anos — que se espalham por todo o país. Sei o quanto todos sofreram, e espero que o livro nos ajude a reparar parte do que afetou tão profundamente nossos principais ativos tangíveis e, principalmente, os intangíveis.

Hoje o Brasil está fora do mercado mundial de engenharia e construção

A Lava Jato dilacerou famílias e arruinou empresas, deixou uma legião gigantesca de brasileiros desempregados; causou danos incalculáveis à economia nacional. E, não menos terrível, devastou parte do sistema de governança judicial que o Brasil erguera, a duras penas, após a redemocratização.

Não desejei atacar ou vulnerabilizar instituições, poderes constituídos ou os meios de comunicação. Quis, sim, provocar reflexões que levem ao aperfeiçoamento de legislações vigentes; a mudanças no comportamento de homens públicos e de fazedores de opinião. Que levem à concretização do sonho de termos uma mídia atenta à verdade, pautada por imparcialidade e independência.

Quando a operação começou, em março de 2014, o Brasil era a 7ª maior economia do planeta. Quando ela terminou, em fevereiro de 2021, nosso país encolhera para o 12º lugar na economia mundial. Outros fatores contribuíram para essa queda, mas nada foi tão impactante quanto a destruição de riquezas, de estruturas e de capital humano e material levada a cabo pela Lava Jato. A queda da posição brasileira no ranking econômico das nações é um indicador, verificável e incontestável, das perdas e danos que a operação de guerra montada em Curitiba causou contra pessoas e contra empresas.

Os exemplos parecem intermináveis. Fiquemos em apenas um setor: *antes da Lava Jato, nosso país tinha algumas das maiores construtoras do planeta. Eu disse algumas: a Odebrecht era a maior delas, mas existiam várias outras.* Eram empresas brasileiras que haviam se internacionalizado a partir dos anos 1980. Nós havíamos começado antes.

A engenharia pesada brasileira tinha forte presença em mercados como América Latina e países africanos. E, para cada nova obra em que era contratada no exterior, a Odebrecht levava consigo 300, 400 pequenas e médias empresas brasileiras, integrantes da cadeia produtiva dos serviços de engenharia e construção, para ajudá-la. Isso contribuía para um fluxo constante de moeda forte para o Brasil.

A atividade das construtoras nacionais era um dos grandes motores de exportação de nossa economia. Trabalhar dentro do país é bom, mas com isso só se movimenta a riqueza que já existe internamente; exportar traz riqueza nova. Era o que fazíamos. Fazíamos, é claro, antes que a Lava Jato destruísse o sistema de financiamento à exportação de bens e serviços do BNDES.

Hoje, o Brasil está fora do mercado mundial de engenharia e construção. Enquanto outras importantes economias mantêm o comércio exterior como um dos elementos centrais de suas estratégias de desenvolvimento, tratando essa atividade como uma política pública pelo que proporciona quanto a geração de emprego, renda, divisas, intercâmbio cultural e desenvolvimento tecnológico, desperdiçamos tempo discutindo teses absolutamente sem nenhum fundamento; numa palavra, *mentiras*, que vale a pena repetir:

- A execução de projetos no exterior ocorria em detrimento de obras no Brasil — *mentira*.
- Recursos nacionais eram destinados a criar empregos fora do país — *mentira*.
- Havia remessa de divisas para países estrangeiros e alinhamento ideológico na concessão dos financiamentos, oferecidos a taxas camaradas e com alto risco de calote do dinheiro do contribuinte — *mentira*.

A reprodução desses argumentos descolados da realidade serviu, em vários momentos, à Lava Jato e a pessoas, políticos e autoridades oportunistas para justificar ataques à engenharia nacional. Infelizmente, o comércio exterior é um tema ainda distante da opinião pública brasileira, que desconhece que exportar bens e serviços de alto valor agregado custa pouco para o país e é um bom negócio, não somente para quem exporta, mas sobretudo para a sociedade.

No resto do mundo essa ignorância já foi superada, razão pela qual os países utilizam todos os mecanismos disponíveis de apoio oficial para que suas empresas conquistem novos mercados internacionais.

A consequência está aí. Nos dias de hoje o que vemos, com imenso pesar, é que na África companhias chinesas tomaram o lugar que já foi de brasileiras. Na América Latina, companhias espanholas e também chinesas ocuparam o espaço que deixamos vago. Empresas americanas, italianas e portuguesas nos desalojaram de países onde operávamos há décadas. Nossas obras mundo afora eram ativos nacionais que geravam benefícios para os brasileiros, e delas, pouco resta.

Simbolizado em uma capa da revista inglesa *The Economist* de novembro de 2009 por um foguete rumo ao infinito, o Brasil pós-Lava Jato foi convertido em um trapo para o qual o mundo olha desconfiado. O estrago produzido pela "República de Curitiba" conseguiu atingir até as artes.

Soube que, com o original título de *Go, Brazil! Go!*, o diretor americano Spike Lee pretendia dirigir um longa-metragem sobre o grande Brasil do futuro que vinha aí. Um Brasil sem escravidão nem ódios raciais insuperáveis, apesar de aqui conviverem 200 milhões de pessoas de todas as origens. Qual um fantasma que espantasse projetos instigantes, Sergio Moro matou o filme. O longa-metragem teve que ser enterrado antes de nascer.

Os personagens principais da "República de Curitiba" precisam ser esquecidos. Mas algumas análises de quem são e do que foram capazes ainda merecem ser compartilhadas, como essa que vai adiante, escrita pelo já referido advogado Antonio Carlos de Almeida Castro. Foi originalmente publicada no portal digital de notícias *Poder360*, no dia 25 de março de 2022, e entendi que não poderia haver fecho melhor para o livro que você acaba de ler. Por isso, a transcrevo na íntegra:

A REPUBLIQUETA ESTÁ NUA

O desespero de Deltan Dallagnol e a agressividade com o Poder Judiciário demonstram que as investigações devem continuar

> "Por trás de todo paladino da moral vive um canalha". (Nelson Rodrigues)

O ex-procurador e atual pré-candidato Deltan Dallagnol (Podemos) evidentemente não merece um artigo. A vida desse indigente intelectual e moral é uma reprodução exata do grupo de hipócritas que se autointitulou "República de Curitiba" e agora agoniza em praça pública. Coordenado pelo ex-juiz Sergio Moro (Podemos), figura bizarra e que se esconde atrás de uma candidatura frustrada, o bando de Curitiba tenta se esquivar da Justiça, atormentado pelos inúmeros crimes que praticaram.

Como advogado, devo ressaltar a agressividade com que esse ex-procurador se referiu ao STJ (Superior Tribunal de Justiça) e ao STF (Supremo Tribunal Federal) ao se pronunciar sobre a sua recente condenação pelo uso criminoso, imoral e ilegal do tal powerpoint contra o ex-presidente Lula.

Incríveis a ousadia e a desfaçatez com se houve esse moleque ao se dirigir ao Poder Judiciário. Logo ele, que se locupletou do cargo para enriquecer e ajudou a corromper o sistema de Justiça. E não sou eu quem diz isso, são o TCU e o STF. Mas ele se julga acima dos poderes constituídos. Vulgar, banal e irresponsável.

Recorro a Pessoa, no "Poema em linha reta".

Quem me dera ouvir de alguém a voz humana
Que confessasse não um pecado, mas uma infâmia;
Que contasse, não uma violência, mas uma cobardia!
Não, são todos o Ideal, se os oiço e me falam.
Quem há neste largo mundo que me confesse que uma
[vez foi vil?

Há muito tempo tenho me dedicado a apontar a determinação desse grupo, coordenado pelo ex-magistrado Sergio Moro e secundado pelo Deltan e seu bando, que operacionalizou parte do Judiciário e do Ministério Público para atingir um objetivo político.

Corromperam o sistema de Justiça em prol de um projeto pessoal. Não hesitaram em fazer do Ministério Público e do Poder Judiciário instrumentos para um grupelho ambicioso e atrevido.

O país passou por um momento anestesiado, no qual esse grupo, com o apoio de parte da grande mídia, dominou a narrativa, e os seus integrantes eram tidos como semideuses e heróis nacionais. Eles se sentiam donos da vida e da morte. Hipócritas, inventaram falsas discussões, como o pacote anticrime e as 10 medidas contra a corrupção. Tudo de uma enorme fragilidade e desonestidade intelectual.

As propostas não eram sérias, tanto que derrotamos

fragorosamente esses projetos no Congresso. Eles representavam a face do obscurantismo e da miséria em termos de pensamento humanista. Uns pulhas sem nenhum verniz intelectual. Desse grupo de lavajatistas, nenhum se apresentava para qualquer debate, pareciam apenas entusiastas de reproduções de outdoors e de fake news.

Estão nus. Expostos à realidade e sem a proteção generosa de uma imprensa cúmplice. Mas, e eu tenho dito isto há tempos, agora é preciso aprofundar uma investigação sobre esse bando. A condenação do Deltan tem que ser apenas o começo. Em casos como esse, é apenas uma pena que está sendo puxada e, certamente, logo sairá uma galinha do esgoto. A apuração séria e independente do TCU (Tribunal de Contas da União) já começa a demonstrar que podem ter havido gravíssimos desvios de dinheiro público, seja através de diárias indevidas e passagens aéreas, seja na mal explicada relação profissional com o escritório Alvarez & Marsal, no qual o ex-juiz tinha como sócios até agentes da CIA.

A sociedade tem o direito de saber, com detalhes, como se portaram esses agentes públicos que se escondiam atrás das togas e da força do Ministério Público Federal. O destempero público do pré-candidato Deltan demonstra não apenas arrogância e prepotência, mas o desespero de quem sabe o que fez nos verões passados. Há muito o que analisar e esclarecer. O nebuloso caso dos bilhões que esse bando queria administrar pode mostrar o caminho da investigação. Basta seguir o dinheiro, como aliás sempre diziam os componentes da "República de Curitiba".

O esclarecimento da relação desse grupo com os delatores e o sistema de proteção e perseguição que foi montado pela força-tarefa tem que ser desnudado. O vínculo desses agentes com os advogados que acompanhavam as colaborações é um ponto-chave a ser desvendado. Criou-se uma indústria de delações e o país merece conhecer e entender tudo o que estava por trás da Operação Lava Jato.

A criminalização da política e da advocacia fazia parte de uma estratégia de marketing com o objetivo evidente e definido de assumir o poder. Foram os principais responsáveis pela eleição deste fascista que está na Presidência. E, é evidente, são sócios e corresponsáveis pela tragédia obscurantista que se abateu sobre o país. Se eles se afastaram de alguma forma do governo, quando o chefe do grupo deixou o Ministério da Justiça, foi apenas uma briga de quadrilha. Uma tentativa de assumir o poder com cara própria e não se confundirem com o caos estabelecido no atual governo.

O desespero quase infantil do Deltan e a agressividade dele com o Poder Judiciário demonstram que as investigações devem continuar. Afinal, o lema da operação protagonizada por eles era o de que ninguém está acima da lei. É hora de dar razão a eles.

Lembrando-nos do grande Rainer Maria Rilke:*

Aceita tudo o que te acontece: o belo e o terrível.
É só andar. Nenhum sentimento é estranho demais.
Não deixe que nos separem.
Perto está a terra
que chamam de vida.

Tu a reconhecerás
pela sua gravidade.

Dá-me a mão.

* Poema de *O livro de horas* em tradução de Karlos Rischbieter (1993).

POST SCRIPTUM

Quando este livro estava pronto para ir para a gráfica, Luiz Inácio Lula da Silva tomou posse, pela terceira vez, como Presidente da República.

Era 1º de janeiro de 2023 e o ato ganhou as primeiras páginas dos principais jornais do mundo.

A notável presença de autoridades estrangeiras deixou evidentes o prestígio de Lula e o sentimento de que sua prisão foi mais uma arbitrariedade de Sergio Moro.

Como disse páginas atrás, o ex-juiz se elegeu senador e Deltan Dallagnol deputado federal, ambos pelo estado do Paraná. Mas o segundo teve em 16 de maio de 2023 o registro de sua candidatura indeferido pelo Tribunal Superior Eleitoral (TSE), o que significa a cassação de seu mandato. O relator do caso, ministro Benedito Gonçalves, declarou em seu voto: "Constata-se (…) que o recorrido agiu para fraudar a lei, uma vez que praticou, de forma capciosa e deliberada, uma série de atos para obstar processos disciplinares contra si e, portanto, elidir a inelegibilidade".

Quanto ao ex-juiz não vale especular o que fará no Senado Federal.

O importante neste momento é saber que, do outro lado da Praça dos Três Poderes, em Brasília, estará Lula, escolhido por mais de 60 milhões de eleitores para liderar a missão de dar início à reconstrução do Brasil.

Este livro, composto nas fontes Minion e Trade Gothic,
foi impresso em papel Pólen Natural 80g/m², na gráfica Rotaplan.
Rio de Janeiro, janeiro de 2023.